破产法札记

Notes on Bankruptcy Law

陈夏红 著

法律出版社 LAW PRESS·CHINA

定个人破产法的好书。

陈夏红博士是我很熟悉的朋友，我八十自述的《沉浮与枯荣》是由他执笔完成的，为该书后来所获得的荣誉居功甚大。他写的《出没风波里：江平和他的时代》又为《沉浮与枯荣》补充了很多背景材料。出这本书时，他希望我能为他的新书作个序，我欣然同意，以此为序，推荐于读者！

破产法的春天

李曙光

中国政法大学教授、

中国政法大学破产法与企业重组研究中心主任

一年多的疫情下来，欠了七、八篇文债。夏红这本文汇新书，去年就想出版，一直在盼这篇序。债多人不愁，困在书桌前，就是写不出来。清明时节，三天假日，算有了一点心境，静下来想写点什么。坐在光线明媚的阳台，回眸一下2020年至今的破产故事，恍如隔世，忽感这已是春天了。破产法的春天也在不知不觉中春暖花开了。

想想2013年，正值《企业破产法》实施七年之痒时光，全国各级法院受理的破产案件才1998件，不到2000件，创下破产法实施以来案件最低纪录。而再过七年的2020年，仅江苏一省，全省各法院新收各类企业破产案件6625件，同比增长99.55%；而浙江在2020年，全省法院共受理破产申请审查案件4083件，经审查后正式立案受理破产案件3428件。2020年，这两省新收破产案件数已破万件，让人不敢想象，破产法魅力之细胞七年会完成一次整体的新陈代谢。

想想2016年10月，当大连市中级人民法院裁定受理阿拉善盟金圳冶炼有限责任公司对东北特钢集团破产重整的申请时，人们还在为东北特钢这个中国特殊钢行业的领军企业是否具备破产条件，应不应该适用破产法而争论不休。谁能想到，2021年1月29日这个黑色星期五，新闻媒体一下爆出北大方正、海航、南京雨润、华夏幸福四大品牌企业同期进入破产重整的大新闻。而根据全国企业破产重整案件信息网显示，2020年11月17日，包商银行因无法清偿到期债务申请破产清算，北京市第一中级人民法院于2020年11月23日裁定受理，并于2021年2月7日裁定宣告包商银行破产。包商银行负债总额超过二千亿元，这是中华人民共和国第一家按照市场经济破产法裁定破产的商业银行。

想想2006年8月，《企业破产法》通过之前，业内专家还在为第一部市场化的《企业破产法》能否获全国人大常委会顺利通过而忐忑不安，谁能想到，十五年后的今天，“破产”现象已成市场商业活动中的常态，被企业、商人、银行家、律师与老百姓所熟知；破产法更是成为许多政府部门的热门词汇，在各种政策文件中频频使用。不仅“企业”破产不稀奇，深圳“个人”破产条例已然试点实施。重要的是《企业破产法》已实施十四年，2021年这部始终引发国际高度关注、为中国营商环境获得突破好评、充满故事的《企业破产法》也迎来了即将大修完善的高光时刻。

破产法的春园，莺飞草长，风轻雨润，花团锦簇。破产法的春天确实到了。

在愈来愈有人气的破产法花园，夏红是位年轻又独树一帜的“老园丁”。二十年前，当他还在大二读书时，就与破产法结下了不解之缘。夏红对破产法的激情与勤奋、理解力与悟性以及组织协作能力，都极其出色。他对破产法孜孜追求的情感，破产界许多人难望其项背。这本新书即是夏红辛勤耕作的结晶。

这次出版的夏红新书，收入的文章我大都阅读过，这些文章伴随着这几年的破产法热，问题意识很强，很前沿，而且有开阔的视野和特别的关切。她们都传导出破产法春天的气息。这些文章不仅是给破产花园增添了新的生机，更隐含着破产法春天中生命精神的秘密，值得一读。

是为序。

目　录 CONTENTS

查漏

个人破产

补缺

跨境破产

瞻前 破产制度

顾后 破产往事

纸上 破产人事

天下

全球“破”局

查漏

个人破产

让个人破产，天不会塌下来

每逢“两会”时，我都会分外关注破产法相关的信息。2017 年 3 月 3 日，我所主持的“破产法快讯”公众号，推送了中国政法大学李曙光教授的文章《向两会进言，应将个人破产立法列入议事日程》。而在同一天，我们也专门整理 2008 年以来参加“两会”的人大代表与政协委员们关于个人破产立法的建议与提案情况。看着这些代表、委员“诲而谆谆，听我藐藐”，既感佩于他们的热忱，也略微感到有些寒心。个人破产立法，确实到了不立不行的时候了。

大体言之，个人破产立法的必要性，体现在如下三个方面：

第一，个人破产机制是“大众创业，万众创新”大战略最好的制度供给。鼓励“大众创业、万众创新”，是本届政府经济领域的新政策之一。2017 年 3 月 5 日李克强总理政府工作报告中指出，“大众创业、万众创新广泛开展，全年新登记企业增长 24.5%，平均每天新增 1.5 万户，加上个体工商户等，各类市场主体每天新增 4.5 万户。”

如此巨大的创业数据，一方面给人以欣欣向荣之感，但另一方面我们也应清醒地意识到创业失败的风险，未雨绸缪地为失败的“创客”提供制度出口。这种制度供给中，最核心的当属于个人破产法。我们应该通过个人破产法，让那些诚实但不幸的“创客”在资不抵债或不能清偿到期债务时，通过个人破产机制合理“解套”，轻装上阵，提高创业积极性，而不是让他们因创业失败而走上跳楼、自杀的不归路。

第二，个人破产法是破产法体系的重要支柱。从法律历史角度看，个人破产法先于企业破产法；人类法律文明的发展已证实，人类商业史先有商个人，后有公司，因此从破产法的角度看，先有个人破产，后有公司破产，“公司企业破产不过是个人破产的放大和延伸”。

职是之故，允许企业破产，而不允许个人破产，逻辑上不通顺，体系上不周延。就我国的破产立法与实践来说，个人破产法十分必要，《企业破产法》实施近十年，但始终未能摆脱“半部破产法”的尴尬，现在是时候填上个人破产的空白了。

第三，个人破产对于消除金融风险、促进市场经济发展意义甚大。进入21世纪以来，中国已逐渐进入信用经济的时代，“花明天的钱，圆今天的梦”不再是一句口号，“房奴”“车奴”“卡奴”等词汇的泛滥足以说明信用经济的无孔不入。消费经济的崛起，意味着在未来我们的经济生活还将在高负债情形下运行。

在这种情况下，通过个人破产法对于消除金融风险、修复市场信用机制具有十分重要的意义。债务清理对于市场经济能否健康运行的影响，可以说远重于其他任何一种经济形态。无论是企业债务还是个人债务，适时清理都是市场经济稳健运行的必然要求。如果不允许个人破产，巨量的信用风险逐级放大，势必将会导致金融体系的崩溃、市场信用机制的崩塌。

但事实上，对于个人破产立法而言，朝野各方即便完全认可上述必要性，可能还是会有一部分决策者犹疑：我国个人破产法立法的条件成熟了吗？对于这个问题，我们应该从两个方面给予积极回答：

从制度条件上来说，我国《民法总则》已经颁行，《民法典》也于第十三届全国人民代表大会第三次会议审议通过，《民事诉讼法》《公司法》《合伙企业法》等法律，亦先后在最近几年结合市场经济发展做了与时俱进的修订；而从破产法的角度，《企业破产法》已实施近十年，为立法机构、司法机构升级破产机制积累了大量经验，以破产管理人为核心的破产中介机构已悄然崛起。对于民商法体系来说，可以说万事俱备，只欠个人破产。个人破产立法的制度条件完全成熟了。

而从技术条件上来说，以往反对个人破产的主要理由之一，就是我国信用记录体系不健全，技术手段不完备。但随着央行个人征信系统的不断完善、

《征信业管理条例》的施行，以及互联网技术在民事司法领域中的广泛应用，尤其“全国法院失信被执行人名单信息公布与查询”等平台的建成，再加上金融系统之间的互联，合理获取个人信用记录可以说手到擒来，躲债、逃债将越来越躲无可躲、逃无可逃。从这个意义上来说，个人破产立法的技术条件也完全成熟了。

综上所述，个人破产立法已经不是应不应该的问题，而应该是何时立、如何立的问题。对于“如何立”的问题，兹事体大，绝非三言两语所能尽述，我将在另一篇文章中展开叙述。而对于“何时立”的问题，毋庸赘言，尽早启动，越快越好。但现在的问题在于，个人破产法立法能否尽速启动，完全取决于立法机构的意愿和决心。

我国《立法法》第 52 条规定，全国人民代表大会常务委员会通过立法规划、年度立法计划等形式，加强对立法工作的统筹安排。编制立法规划和年度立法计划，应当认真研究代表议案和建议，广泛征集意见，科学论证评估，根据经济社会发展和民主法治建设的需要，确定立法项目，提高立法的及时性、针对性和系统性。立法规划和年度立法计划由委员长会议通过并向社会公布。这也是任何法律进入立法轨道的前置程序。

但第十二届全国人民代表大会常务委员会 2014 年 1 月 2 日公布的“立法规划”中，无论是“条件比较成熟、任期内拟提请审议的法律草案”47 件，还是“需要抓紧工作、条件成熟时提请审议的法律草案”21 件中，甚至还有 2017 年之前连续几年的年度立法计划中，都看不到个人破产立法的影子。如果立法机构不将个人破产法纳入其立法规划，那么个人破产法的立法工作，势必将依旧停留在民间呼吁的层面。

在本文开头提及的文章中，李曙光教授提出，“个人破产制度各界呼吁已久，当前的消费文化、社会环境都已为立法推进奠定基础。立法机构顺势而为，适时加快推进个人破产立法当属刻不容缓”。对此，我完全认同，并馨香而祷祝之。

显而易见，让个人破产，天不会塌下来。

我们欣慰地看到，民间各界都站在不同角度，在为个人破产呼吁与呐喊；个别地方尤其是深圳经济特区等，已利用地方立法权，在地方个人破产条例制定方面做出了可贵的努力。这让我想起胡适先生在1932年说过的一句话："朋友们，在你最悲观失望的时候，那正是你必须鼓起坚强的信心的时候。你要深信：天下没有白费的努力。成功不必在我，而功力必不唐捐。"这句话，显然可以为热衷于个人破产法制构建的各位同人共勉。

（本文首发于《法制日报》2017年3月15日，第11版。）

制定个人破产法的时机还不成熟吗？

从2018年10月下旬开始，个人破产法相关话题，可以说刷足了存在感，甚至一度挤进微博热搜排行榜。对于“门前冷落鞍马稀”的个人破产制度，这可是“三千年未有之大变局”，与先前个人破产制度“十年寒窗无人问”的冷清，成为鲜明对比。

转机出现在2018年10月24日。是日，最高人民法院院长周强向十三届全国人大常委会第六次会议专题汇报法院解决“执行难”问题；周强提及，“在配套制度方面，我国尚未建立个人破产制度，与执行案件有关的救助制度也不完善”，大力呼吁“推动建立个人破产制度，完善现行破产法，畅通‘执行不能’案件依法退出路径。”随着舆论的发酵，10月29日《人民法院报》总编辑倪寿明亦在该报发表署名文章《积极推动建立个人破产制度》，对周强有关个人破产事宜的提法，作出积极解读。无独有偶，10月30日，最高人民法院审判委员会专职委员刘贵祥应中国政法大学破产法与企业重组研究中心之邀，莅临国际破产协会中国区一日研讨会，在发言中亦乐观展望个人破产法的前景……司法界破天荒地纷纷为个人破产法加持，难免令破产界内外载欣载奔，乐观其成。

但是，在这种热火朝天的氛围中，坊间对于个人破产法制定的必要性、可行性，仍然有犹疑。无论是破产实务界，乃至研习破产法的在校学生，持个人破产法制订时机不成熟论的人，依然大有人在。我想，或许是时候仔细研判一下个人破产法立法时机究竟是否成熟了。

2018年10月22日出版的《财新周刊》，其封面文章是《全民欠钱时代》。其中提及，自从2010年以来，中国居民家庭储蓄了持续下降，而杠杆率明显上升，家庭债务占GDP的比重从不足30%跃升至60%以上；而与此类似，个人消费信贷持续增长，信用卡发卡量和信贷额亦飞速攀升，信用卡违约率亦明显提升，中国以毋庸置疑地进入高负债时代。对于芸芸众生来说，高负债已经成为一颗悬在头顶的定时炸弹。没有人知道这颗债务炸弹何时爆炸，但谁都清楚，债务炸弹一旦爆炸，必然会将个人推入万劫不复的泥淖。

正因如此，个人破产制度将作为债务炸弹的排雷器，可以让诚实但不幸的债务人安全地从债务的枷锁中纾解出来。由此而言，个人破产法既是人类破产法文明发展的起点，也是我国破产法制度进化中必须要补上的一课。没有个人破产法支撑，企业破产行之难远，包括合伙在内的其他各类主体的破产更难以提上议事日程。

个人破产法的反对者或许会说，我们过去没有个人破产法，地球不也照样转吗？这显然是一种杠精逻辑。我们当然可以没有个人破产法，但没有个人破产法的恶果其实已十分明显，比如暴力催收引发的于欢案悲剧，比如茅侃侃等青年创客因为巨额债务而次第自杀的悲剧……一旦个人破产制度缺位，各种灰色化、黑市化的债务清理机制将会大行其道，各种悲剧的发生必然在所难免。在这种情况下，为数不少的个体承担了国家制度供给缺位的恶果。所以，我一直坚定地认为，个人破产法是人类文明进化程度的试金石：有个人破产制度，并不必然意味着该社会已经进入小康，但没有个人破产制度的社会，必然还处于前商业文明时代。甚至可以说，个人破产法制定从来没有时机成熟、不成熟之分，只有早制定与晚制定之别。

当然，更多的人对个人破产法制定不是反对，而是观望、犹疑。比如前不久，我应邀前往成都市破产管理人协会交流。在演讲结束，有听众提问时即问道，在现行信用状况普遍较差的情况下，个人破产法制定的时机是否确实成熟。坊间最有代表性的观点，即认为制定我国个人破产法的时机还不成熟，这一论调基本都指向中国同胞令人堪忧的诚信记录和素质，担心在当前社会的道德水准下，一旦有了个人破产法，将可能会更加鼓励部分人超前消费、过度消费，肆无忌惮地举债，然后通过个人破产制度逃废债务；这种论调甚至认为，我国现在信用体系还不完善，完全不足以应对这种人性之恶。

毋庸讳言，任何制度的有效实施，都是制度、技术与自律合力形成的结果。从这个意义上，我不否认技术层面信用征收体系对于个人破产制度高效运行的重要意义，我更不否认道德层面低素质社会可能会面临的人人逃债、欠债为王的可能。但我更想强调的是，从技术层面，如果说十年二十年前我国信用体系还难以建立，在今天互联网蓬勃发展、人工智能和大数据日新月异的时代，这将完全不成问题；从道德层面，固然我们难以一夜之间让神州上下人人温文尔雅、彬彬有礼，但科学的制度设计加上高科技的技术限制，必然会让滥用个人破产制度的可能性降到最低。

我在回答前述提问时强调，个人破产制度只有在实践中逐步调整，才能日臻完善，才能将滥用的可能性降到最低；我还特别强调，个人破产法立比不立好，早立比晚立好。如果现在制定个人破产法，纵然可能会有各种瑕疵，但毕竟是1.0版本，三年、五年、十年、二十年，我们总有机会进化到2.0、3.0乃至更高级的版本。如果现在不努力，三年、五年、十年、二十年后，我们依旧求个人破产制度的1.0版本而不得。

所以，归根结底一句话：个人破产法制定的时机，绝对成熟了。

（本文2018年11月14日首发于澎湃新闻财经频道“澎湃商学院”栏目。）

让破产法引导民间借贷理性化

2017年3月23日，《南方周末》发表《刺死辱母者》一文，深度报道了一年前发生在山东聊城的于欢案。这篇报道引发了公众对于债务清理灰色地带的深刻反思。简单来说，正常借贷渠道融资难催生高利贷，高利贷催生暴力催收，暴力催收激发债务人以暴易暴，层层递进、互为因果，最终形成了两辱、一死、三伤、一无期的惨案。

系列悲剧皆由民间借贷而起。有必要指出的是，现代借贷关系的本质，是一种担保关系。担保抵押可以确保借贷关系风险可控，有序进行，通过全额偿还或者抵押物变现，债务能够及时清理。苏银霞的悲剧正源于此，与其说是源于金融机构告借无门的制度穷困，不如说是源于自身担保手段匮乏的个体穷困。金融机构无论是出于自身利益，还是出于系统性风险的规避，都不可能也不会向这样的债务人放贷。这种“针插不进水泼不进”的金融机制，显然难以解决市场对资金的渴求，于是民间借贷应运而生。

无论古今中外，民间借贷的历史源远流长。民间借贷一方面可以弥补金融机制的缺陷，为市场提供了充分的资金；但另一方面，也在上下游诱发形形色色的问题，由此引发的社会问题不容小觑，于欢案所揭示出来的诸多问题，可能还只是冰山一角。正因如此，市场对民间借贷既爱又怕，爱恨交加。爱之者呼吁市场化、合法化，恨之者呼吁全面禁绝，斩草除根。理性地说，对民间借贷完全禁绝，理论上不可能，实践中做不到，我们唯一能做的，便是通过引导，使民间借贷尽量理性化。

在我看来，《企业破产法》应该在引导民间借贷理性化过程中发挥作用。抛开人格混同问题不谈，苏银霞无论是不能清偿到期债务，还是明显缺乏清偿能力，作为债务人，最该寻求的其实是破产程序的保护，而不是赌博式地举借高利贷。在这样的时刻，我们的《企业破产法》就该发挥作用了。从本质上来说，《企业破产法》就是一部债务清理法，让不能清偿到期债务或明显缺乏清偿能力的企业进入破产程序，进而要么通过破产清算使其退出市场，要么通过破产重整、和解程序使之重新复活。如果陷入财务困境的企业确实有拯救价值，在市场机制的作用下，破产重整程序一定能够发挥其正面功能。客观地说，《企业破产法》其实已经为像苏银霞这样的企业家们提供了一种合理的制度工具。可惜苏银霞并未选择申请破产，而是走向民间借贷，无异于饮鸩止渴。

民间借贷无所谓合法非法，只有受不受国家法律保护的区别。我国法律为合法的民间借贷，划定了清晰的界限。《民法通则》第 90 条规定，“合法的借贷关系受法律的保护”；而《合同法》第 211 条进一步规定，“自然人之间的借款合同约定支付利息的，民间借款的利率不得违反国家有关限制借款利率的规定”。2015 年 8 月 7 日，最高人民法院发布《关于审理民间借贷案件适用法律若干问题的规定》，第 26 条更明确规定，“借贷双方约定的利率未超过年利率 24%，出借人请求借款人按照约定的利率支付利息的，人民法院应予支持。借贷双方约定的利率超过年利率 36%，超过部分的利息约定无效。借款人请求出借人返还已支付的超过年利率 36% 部分的利息的，人民法院应予支持”。根据《最高人民法院民间借贷司法解释理解与适用》一书[①]，这一利率标准及统一规范模式，都是依照市场因素及我国实践，精心设计的结果。

而在刑事司法中，司法机构对高利贷行为涉罪问题，尤其在采取刑事手段惩罚高利贷行为方面，更是非常审慎。《人民法院案例选》2016 年第 1 期选载的精析案例《何伟光等非法经营案——民间发放高利贷的行为是否构成犯罪》中，[②] 对高利

---

① 最高人民法院民事审判第一庭编著：《最高人民法院民间借贷司法解释理解与适用》，人民法院出版社 2015 年版。

② 最高人民法院中国应用法学研究所编：《人民法院案例选》（2016 年第 1 辑），人民法院出版社 2016 年版。

贷行为是否触犯非法经营罪，持明确否定态度，将高利贷行为排除在《刑法》第225条非法经营罪“其他严重扰乱市场秩序的非法经营行为”这一堵截条款之外，坚守法无明文规定不为罪的法治底线。也就是说，除非放贷者在暴力催收债务过程中严重侵犯债务人人身权利或财产权利，或者在放贷前为了获得资金而骗取银行贷款或者非法吸收公众存款而构成其他犯罪，我国《刑法》对高利贷行为基本上保持沉默。

在这种制度供给的背景下，对于民间借贷，我们需要理性面对，合理管制，扬长避短，使之在不危及金融体系的稳定和公众生命财产安全的前提下，发挥积极作用，造福于社会经济的发展。显而易见，较之常规金融机构的借贷，民间借贷对抵押担保的要求会低一些，但其催收债务的能力则游走于合法与非法的灰色地带，远远高于常规民诉机制所提供的催收力度。陷入财务困境的企业家们，在采取这一方式融资之前，一定要三思而后行；在积极通过民间借贷融资的同时，更应学会合理运用《企业破产法》提供的保护机制，尽力避免采取饮鸩止渴式的高利贷融资并因此而陷入万劫不复的境地。

于欢案现已落下帷幕，但大量危困企业家们的日子还得继续。痛定思痛，除了加强针对企业家们的《企业破产法》债务清理机制、企业拯救机制宣传外，相关决策部门亦应及早启动个人破产法的构建。个人破产与高利贷是跷跷板的两极。合理的个人破产机制，能够使债务人合法地从巨额的债务中解套，这在理论层面必然会降低高利贷放贷者对“高利”的预期，最终会因为其风险太大、收益太低而另谋出路；政府机构、司法机构对个人破产法实施的积极助推，更将无形中提高暴力债务催收的风险和成本，也会引导高利贷行业的转型。职是之故，引导民间借贷理性化，破产法大有可为！

（本文首发于《法制日报》2017年4月5日，第12版。）

个人破产法与营商环境有关系吗？

2019年10月27日，山东省政府办公厅印发《关于深化“放管服”改革优化营商环境重点任务的分工方案》的通知。按照该通知，分工方案的内容之一，是“开展个人破产制度试点，探索推进个人债务清理程序，重点解决企业破产产生的自然人连带责任担保债务问题。完善个人破产配套机制建设，探索建立规范、严谨、具有惩罚性的公民信用体系及完善的财产登记制度”。这一任务将由山东省高级人民法院牵头，山东省政府有关部门及各市政府负责。

山东省推出个人破产试点，是我国个人破产制度建构过程中另一标志性事件。山东省政府对个人破产制度的试点，是全国范围首次由省级政府推出的试点方案，较之以往深圳、台州、温州等地的尝试，从行政级别上有所提升。

毫无疑问，个人破产和营商环境是我国社会当前两大流量之王。只是，我的困惑在于，个人破产和营商环境之间有无必然联系？

讨论这个问题，首先需要界定“营商环境”。如果泛泛而论，就像一千个人眼里就有一千个哈姆雷特，营商环境绝对人言人殊。营商环境并非法律概念。我们现在所说的“营商环境”，即对世界银行2005年以来在世界范围内推行的Doing Business评估的简称。如果脱离世界银行的营商环境指标而空谈营商环境，或者什么都往营商环境上靠，可能会曲解世界银行营商环境评估的意义。

我们可以以世界银行2020年度全球营商环境评估报告为例。2019

年 10 月 24 日，世界银行发布 2020 年度全球营商环境评估报告。这份报告，沿袭过去十多年来逐渐形成的指标体系，将营商环境细分为包括“办理破产”在内的十大指标体系，进而通过特定的二级指标和评分方式，尽可能在具备可比性的前提下，对全球 190 个经济体包括“办理破产”在内的各个指标打分，进而得到营商环境总分并排名。

按照 2020 年度的营商环境评估报告，我国总得分为 77.9 分，排名上升到全球第 31 名；在这一喜大普奔的成绩背后，“办理破产”也不再拖后腿，得分从去年的 55.8 分上升到 62.1 分，排名从去年的 61 位上升到第 51 位。

世界银行营商环境评估中的“办理破产”，分为回收率和破产框架强度两大指标体系：

回收率主要测算特定案例中，担保债权人通过破产程序实现债权所耗费的时间、经济成本和债权实现额度。基于可比性，案例是全球统一的：在样本城市（我国为北京、上海），有个 100% 内资的有限责任公司，董事会主席持有 51% 以上的股份，且其他任何股东持股比例不超过 5%，以酒店为其核心资产。该企业聘有职业经理人，有 201 个职工、50 家供货商，且均有拖欠行为。另外，这家企业跟内资银行有一份为期十年的借贷合同，以酒店不动产抵押，该笔抵押债务的总额，占该企业总负债的 74%，其余 26% 的债务包括货款、工资和税收，均为无担保债务。该企业的市场价值，为人均收入 100 倍或 20 万美元的较大者。现在该企业陷入财务困境，尽管现金流尚能应付日常开销，但有不能清偿到期债务之虞，该企业需要与债权人谈判，寻求债务展期。银行想尽可能快捷且低成本地实现其债权，无担保债权人想在现行法律框架下尽一切可能防止企业被分割变卖，主要股东们想继续控制公司，经理则想尽可能维持企业运营并保障就业。现在选项之一，即进入司法程序，选项包括重整、清算或接管。就此，需要根据相关经济体的破产法规定，测算时间（从破产程序启动到清偿之日所有展期后的总长度）、经济成本（破产程序对债务人财产的消耗百分比）及债权实现额度，通过一个精心设计的函数公式，综合测算三大指标和银行同期借贷利率后，得出回收率。

上述案例的情景设置也好，测算公式也好，更多的是出于世界范围内不同经济体之间在“办理破产”方面尤其是回收率可比性的考量。但得分高低，归根结底还是取决于相关经济体的破产法立法。我国 2006 年《企业破产法》颁布后并未经过修订，所以回收率指标在过去多年世界银行评估中，得分一直保持稳定：破产程序需要的时间为 1.7 年；经济成本为债务人财产的 22%；债权实现额度从 36 分/美元提高到 36.9 分/美元，这可能更多的是拜借贷利率的下降所赐。最终，我国回收率综合得分 39.8。

在国际范围内横向比较，我国“办理破产”指标下回收率整体比较低，较之市场经济体系比较发达的国家差距不小。在破产程序需要的时间方面，我国需要 1.7 年，跟大多数经济体差不多，但跟美国的 1 年，有明显差距。而在经济成本方面，我国的 22%，高于绝大多数经济体，印度、俄罗斯均为 9%，美国为 10%。回收率方面，我国为 36.9，相较于俄罗斯的 43、印度的 71.6、美国的 81，可提升空间较大。

由此，未来我国如果想在“办理破产”评估中获得更高的分数、更好的排名，那么不仅需要加速对《企业破产法》的修订，还需要有针对性地改良相关制度设计，比如适当压缩破产程序的时间，加速建议破产程度制度的设计，尽可能降低破产程序运行的经济成本，适尽最大可能提高对债权人的清偿率等。唯其如此，我们对营商环境评估的高度重视，才会迎来双丰收：外可以在世界银行营商环境评估中获得高分数、好名次，内可以让所有市场主体都能受惠于企业破产制度的优化。

破产框架强度指数的满分为 16 分，取决于如下四大指标：第一，破产程序启动指数（3 分），重点在于考察启动破产程序的难易程度，以及债权人、债务人的自主性和制度选项。第二，债务人财产管理指数（6 分），重点在于站在债务人企业利害相关方的角度，看其权益在债务人财产中是否获得优先重视。第三，重整程序指数（3 分），重在考察相关经济体重整制度构造，是否符合世界范围内偏重债务人企业拯救的趋势。第四，债权人参与指数（4 分），重点在于债权人在破产程序中是否有实质性参与。

与回收率相比，我国破产框架强度指数得分可以说十分优异。在过去五年间，我国破产框架强度指数一直是 11.5 分。但因为 2019 年 3 月最高人民法院发布《关于适用〈中华人民共和国企业破产法〉若干问题的规定（三）》并得到世界银行认可，该司法解释针对性地提高个体债权人在破产程序中的参与和明确新融资的优先顺位，最终使我国破产框架强度在2020年度的营商环境评估中得分从11.5分上升到13.5分。这一得分，距离满分16分已不远，在世界范围相比也不算低。

综上所述，世界银行营商环境评估体系尤其是“办理破产”的评估，是一项技术性、指标性非常明确的体系，也更多取决于相关经济体的破产法立法。除非法律或者类法律的框架（像我国司法解释这样，以世界银行认可为前提）有实质性修订，一个经济体的“办理破产”得分会保持稳定。

人类破产制度的进化，经历过从个人破产到企业破产的过程，无论是个人破产制度还是企业破产制度，都是现代市场退出机制的标配。可以说，我国将来构建个人破产制度更多是补课之举，是将“半部破产法”通过查漏补缺的方式升级为“一部破产法”的问题。

那么，回到本文开头的问题：个人破产制度和营商环境到底有无关系？答案显然是否定的。尽管我国确实需要尽早推动个人破产制度的落地，山东方面主动推进个人破产制度试点、改善营商环境的良苦用心也日月可鉴。但一码归一码，除非世界银行对营商环境评估尤其是“办理破产”的评估体系改弦更张，尤其是将个人破产纳入指标体系中，否则在现有指标体系下，“办理破产”得分高低关键还是取决于相关经济体有关企业重整或破产清算的制度设计。在这种情况下，或许让个人破产制度和营商环境保持距离，车走车路，马走马路，会更有利于两项事业并行不悖地前进。

（本文2019年11月16日首发于澎湃新闻财经频道“澎湃商学院”栏目。）

个人破产制度是否会沦为逃债工具？

2019年7月，国家发改委、最高人民法院等13个部门共同发布了《加快完善市场主体退出制度改革方案》，其中备受瞩目的是提出了建立个人破产制度的改革思路。这一构想倘若进入立法和实施阶段，无疑是我国破产制度的重大突破。

现代化的个人破产制度，其本质是一种针对债务人的宽恕和救济制度。但长期以来，我国并未建立起个人破产制度，在法律层面仅有《企业破产法》，以致被称为仅有“半部破产法”，并引发了一系列现实问题。一方面，在《企业破产法》实施过程中，自然人提供担保为债务人企业融资颇为普遍，但在债务人企业的破产过程中，自然人担保债务却无法得到高效清理，令其深陷债务泥淖而万劫不复。另一方面，随着高负债时代的到来，日常消费越来越仰赖于信用经济，住房、教育、医疗等开支更将社会推上高负债的“火药桶”。在此背景下，加快建立个人破产制度，既可以解自然人之忧，也可为全社会的债务“火药桶”开启泄压阀。

就更深的层面而言，人类历史就是一部债务人与债权人的关系史，商业文明的发展既需要企业破产制度，更需要个人破产制度。此外，企业家精神是商业文明兴盛发达的“发动机”，保护企业家精神，也就是保护企业家适度的创新和冒险，既然是创新和冒险，就可能遭遇失败的结局。而个人破产制度，恰恰能够为企业家体面退出、东山再起，提供制度性的保障。

尽管建构个人破产制度的现实性和紧迫性显而易见，但囿于我国破产制度文化尚欠发达的现实，社会公众对于个人破产制度的认知仍然存在不少顾虑，其中最大的担忧是，个人破产制度是否会沦为逃债工具？

应当说，这样的疑虑并非多余，这就需要在建构个人破产制度的过程中，设置相应的预防机制。比如，加强刑法和破产法的对接，强化对欺诈性个人破产的惩戒力度，让债务人不想、不敢也不能以欺诈手段逃废债务；建立对债务人的监督体系，编织起防止自然人滥用个人破产逃废债务的制度篱笆；构建合理的免责例外及不可豁免债务的体系，提高公众对个人破产法的认知和预期，等等。

除此之外，还需重点推进以下三个方向的改革进程：

第一，设立专门的破产行政机构。个人破产制度的实施，既需要监督债务人，也需要为债务人选任管理人。但在现有的制度框架中，法院不可能长期监督债务人，市场化的管理人队伍对于几近无产可破的债务人也兴趣不大。这两大功能的缺失，既会架空个人破产制度，也易诱发债务人逃废债的情况。而设立专门的破产行政机构，能够为法院和管理人恰当“补位”，亦会防止个人破产制度成为逃废债工具。

第二，推动破产审判体系更加独立和专业。现行破产审判体系局限于企业破产，更多着眼于债务人企业的营运价值和商业。而个人破产制度，更多着眼于救济及防止滥用，两者之间的价值理念差别甚大。这就需要破产审判体系作出合理的调整和完善。近年来，随着各地法院大规模成立清算与破产审判庭乃至成立破产法庭，破产审判的专业化、独立化趋势明显，但依然未到止步之际。未来，应该大力推动成立专门化的破产法院，改善对破产法官的考核机制，提高其对个人破产制度的理解和审判能力。

第三，加速立法进程，让个人破产有法可依。目前我国个人破产制度基本还停留在理念层面，部分地方的试点既面临着宪法层面的障碍，也面临着不小的现实压力。缓解这种紧张局面的根本出路是，在法律层面确立个人破产制度。无论是通过修订现行的企业破产法并将个人破产制度纳入其中，还是制定单独的个人破产法，“有法可依”都是个人破产制度落地、生根、完善的不二法门。

总而言之，个人破产制度是个好东西，但在历史的长河中，其滥用现象也是不绝如缕。可以说，个人破产制度的实施与滥用，始终是“猫与老鼠”的关系，此消彼长，此起彼伏。只有编织起精良的制度之网，才能在最细微的角落堵上被滥用的漏洞，从而使个人破产制度真正发挥其良性的制度价值。

（本文首发于《民主与法制》杂志 2019 年 8 月第 29 期。）

该怎么避免个人破产制度成为逃债工具？

2019年7月16日，国家发改委、最高人民法院等13部门联合发布《加快完善市场主体退出制度改革方案》。该方案站在“大市场退出”的角度，分别强调自愿解散退出、破产退出、强制解散退出及特定行业退出四大体系。

不出意料，对该方案，公众更聚焦于“分步推进建立自然人破产制度”一节，对个人破产制度在我国的落地，做了各种各样的解读和分析。其中有种声音认为，个人破产制度可能成为债务人逃债的工具。

这个观点本身，基本符合非专业公众对破产制度的认知。按照传统观点，父债子还、天经地义，债务永远是不可豁免的。在此情况下，看破产制度总难免有“瓜田李下”之感：无论是企业破产还是个人破产，凡经过破产宣告，在满足法定情形的前提下，剩余债务自然不用再偿还。既然事实上不用再偿还，那斥之为逃债、赖账，似乎也无可厚非。更何况，在当下，假破产、真逃债的情形并不稀罕。

债务不可豁免这一理念，属于人类荒蛮时代的遗迹。在古代，人类社会对于债务人的态度，十分严苛。无论是古罗马的《十二铜表法》第3表对债务人的拘捕、羁押、出卖和屠杀，还是英国直到19世纪还存在的债务人监狱，都是这一荒蛮期的见证。这种一抓乃至一杀了之的做法，极大地抑制企业家精神的孕育，也成为阻止商业文明发展的绊脚石，当然更不符合现代法治文明。

可以说，人类文明的进化史，也是一部对债务人的宽恕史。这也是为什么随着人类文明的进步，对债务人的宽恕、原谅乃至拯救，逐渐成为人类社会的共识，也成为包括个人破产制度内破产法体系的底色。放眼寰宇，债务清理制度或许千差万别，但这种底色，却是个人破产法的最大公约数之一。

但无论我们多么强调个人破产制度的正面价值，在构建我国个人破产法的过程中，我们必须警惕通过个人破产制度逃废债的可能性，必须全方位防止债务人滥用个人破产制度。

在我看来，在我国个人破产制度建构过程中，打出几个方面的“组合拳”，尤显紧迫。

第一，加强对欺诈性破产的惩罚力度。个人破产制度的底色，是将诚实但不幸的债务人，从债务的泥淖中解救出来。而通过个人破产制度实现逃废债，恰恰是对个人破产法的滥用，也是对债权人利益的最大侵犯。

纵容债务人滥用个人破产制度，实施欺诈性破产，其对商业社会的伤害或许比没有个人破产制度还大。这恰恰是我国现在破产刑法体系中最弱的一环。

我国现行《刑法》第162条之二和《企业破产法》第131条，尽管都有通过刑事手段惩罚欺诈性破产的相关规定，但相关规定失之于粗疏宽泛。在具体的破产案件中，既缺乏相应的审查和甄别机制；即便有蛛丝马迹，也缺乏相应的职能机构负责检控。

这种缺失，导致这一破产制度的“最后一道防线”，却成为破产法上的“睡美人条款”。至少在过去十多年间，全国因为欺诈性破产而受到惩治的债务人，少之又少。

而综观各国破产法，对滥用破产行为严防死守、严厉惩罚，无疑都是确保破产法律体系对债务人恩威并施的重要保障。我国在个人破产制度构建中，应明确破产行政机构、破产管理人的检控义务，既拯救诚实债务人于水火，也让欺诈性破产无遁形之地。

第二，建立对债务人的监督体系。各个国家和地区的个人破产制度，在特定期限内，将债务人置于监督之下，是个人破产制度的另一大共性。也就是说，自然债务人的债务并不因为宣告破产而直接豁免，只有在满足法定条件的前提下，经过三年到五年的监督期，债务人才获得完全豁免，进而恢复完全的民事权利能力和民事行为能力。

而在监督期内，不仅其民事权利能力、民事行为能力受限，其政治权利能力也可能受到限制，比如，在我国民国时期的宪法或宪法草案中，就有破产者不得当选为民意代表的规定。

这次《加快完善市场主体退出制度改革方案》中，提及破产行政机构设置问题。这一监督职责的实施，不大可能由法院或市场化的破产管理人群体来实现。最可能的选项，还是由破产行政机构实现。与此对应的是，在债务人的约束体系中，不仅要有对欺诈性破产的刑事惩罚体系，也需要对监督期内违反法定规则的责任体系。

第三，建立免责例外和不可豁免债务体系。要防止对个人破产制度的滥用，必须要在个人破产法律制度中，明确列举不可豁免的债务体系。

比如，在美国个人破产体系中，既有《美国破产法》第523条规定的“免责例外”，家庭抚养义务所衍生债务、教育贷款、恶意透支信用卡后申请个人破产的欺诈性债务等，均属于免责例外的范畴；还有《美国破产法》第727条规定的“不可豁免的债务”，比如欺诈性转让、破产犯罪或者放弃免责等债务，都属于“不可豁免的债务”。

也就是说，在坚持通过个人破产制度为诚实但不幸的债务人解套这一价值追求的前提下，也应适当收紧可豁免债务的口子，让那些最容易被逃废但确实不应该被逃废的债务，都能获得相应的保护。

任何制度，无论其设计多么精良，都会有被滥用的风险，这是人类理性的局限性使然。个人破产制度概莫能外。尤其在我国，个人破产制度尚在孕育阶段。作为即将新生的制度，无论是立法者还是全社会，都需要在实施中发现问题并及时填补。

完美的制度设计很难一步到位地实现，可能被滥用的空间也很难完全堵上。对此我们当有心理准备，也应该通过比较研究，尽可能实现周密设计。

唯其如此，方可能发挥个人破产制度的正面价值，培养企业家精神，让诚实而不幸的债务人“新生”，同时尽可能限制恶意债务人通过个人破产制度逃废债的概率。

（本文首发于《新京报》2019年7月18日A3版。）

让破产法为企业家精神插上翅膀

2017年9月25日，中共中央、国务院联合发布《关于营造企业家健康成长环境，弘扬优秀企业家精神，更好发挥企业家作用的意见》，首次以中央专门文件的形式，明确企业家精神在社会经济发展中的地位及价值，也对我国未来企业家精神的培养提出若干方向性意见。企业家既是通俗话语，又是微观经济学中的一个术语。在经济学层面，随着所有权、控制权的分离，企业家作为生产要素，在微观企业发展乃至宏观经济发展中的作用越来越重要。

不同时代的经济学家们，对企业家曾有多种多样的界定与解读，这其中尤其以熊彼特为代表。熊彼特在其《经济发展理论》中强调，企业家同创新紧密联系在一起，经营者只有在从事创新活动时才被称为企业家。由此，企业家精神内涵也越来越丰富，几乎成为创新、创业、冒险、赢利、担当、诚实、信用等商业经营活动中的代名词。随着学术研究的深入，企业家已成为经济增长理论中的重要组成部分，而在政策制定层面，鼓励、呼唤企业家精神，也成为各国商业政策的最大公约数之一。

前述有关企业家精神的文件，其第10点提出，要“树立对企业家的正向激励导向。营造鼓励创新、宽容失败的文化和社会氛围，对企业家合法经营中出现的失误失败给予更多理解、宽容、帮助”。这一论述，为我们从破产法角度思考企业家精神的培育，提供了重要提示。对于破产法与企业家的关系，中文文献鲜有论及。而英文学界，该话题固然算不上大热，但也绝对算不上冷门。其中，引用率最高的一篇文献，是约翰·阿莫尔（John Armour）和道格拉斯·卡明（Douglas Cumming）在2008年完成的《破产法与企业家精神》*Bankruptcy Law and Entrepreneurship*。在该文中，阿莫尔和卡明结合1990年到2005年欧洲15国和北美的自雇数据，认为消除个人破产法的消极后果，对自雇率有重大影响；该研究也确认，欧美在千禧年之后对个人破产法的改革，尤其强调其对失败企业家的宽宥以及更快捷高效的个人破产程序和债务免除机制，确实能够为企业家们从头再来提供更多的契机。

对破产法与企业家精神关系从学术层面的探索，正是欧美发达市场经济体企业家政策的反映。欧盟早已充分认识到优质破产法对企业家精神培育的关系，千禧年以来一直在力推更亲债务人的破产机制；尤其是在2015年修订《欧盟跨境破产规章（第2015/848号）》的过程中，如何给诚实但不幸的企业家们第二次机会，始终是欧盟立法者们设计破产机制时最为关注的问题之一。

那么，我们究竟该如何理解破产法和企业家精神之间的关系，才能让破产法为企业家精神的滋长插上腾飞的翅膀？从理念层面，破产法自身应真正具备宽容失败的精神内核。如前所述，企业家精神的核心要素甚多，但其最核心的特质在于要敢于冒险，去开创前无古人、后无来者的基业。这种冒险，既有成功的可能，当然更会有失败的风险。破产法要为这种冒险精神提供宽松的环境，应该让诚实但不幸的企业家们，能够通过破产程序轻装上阵、东山再起，而不是陷入债务的泥淖万劫不复。尽管我国2006年《企业破产法》引进了重整程序，但公众潜意识里还是把破产法视为清算法而非拯救法，全社会还是弥漫着破产可耻的污名化氛围。这显然不利于企业家精神的培育。

理念层面的愿望，当然需要落实到法律制度层面。我国2006年《企业破产法》只适用于企业，这较之1986年《企业破产法（试行）》当然是巨大的进步，但依旧远远赶不上实践的需求。严苛的破产主体资格限制，使破产法将大量市场主体排除在破产法的羽翼之外，既限缩了破产法空间和生命力，也为各种非法律债务清理机制的大行其道提供空间。在政策制定者大力呼吁“大众创业、万众创新”、呼吁企业家精神培育的时代背景下，我们应该加强破产制度供给，尤其是加速制定个人破产法和金融机构破产条例，为各类企业家通过破产机制退出市场或者重生，提供稳定的预期和制度出口，将“宽容失败”落实在制度层面。另外，企业家精神的培育，尤其是宽容失败的企业家，离不开破产法文化的大力普及。2017年8月26日，我在《破产法信札》首发式上分享了这么一组数据：2016年我国共出版31.9万种图书，但破产法相关的图书，却不到30本；而且寥若晨星的破产法图书，要么是教科书，要么是学术专著和译著，要么是破产法官和律师的执业纪录。在这种情况下，企业家、政府官员、大众媒体乃至公众本身，想从相对通俗的角度了解破产法，基本求告无门；久而久之，视破产若洪水猛兽自然在所难免，更不用奢谈活学活用、善加使用。所以正本清源，我们要培养企业家精神，尤其要向全社会宣扬宽容失败的精神，破产法文化的普及十分重要。

当然，最后也是最重要的，破产服务行业应大力培育企业家精神，让最优秀的管理人能够脱颖而出。2006年《企业破产法》引入管理人制度，除传统清算组之外，律师事务所、会计师事务所以及破产清算事务所等社会中介机构，成为破产服务行业的中坚力量。我们在看到这一历史性进步的同时，也应该看到这一制度自身的缺陷和《企业破产法》实施十年来展示出的问题。现有地方法院主导型管理人制度，无论是管理人准入门槛、选任机制还是报酬等，既忽略了债权人的利益诉求，亦严重滞后于市场需求。另外，全国性管理人行业协会的付之阙如，使地方层面的行业自治萌芽显得杯水车薪。就更高层面而言，管理人制度对内需要改革，对外需要开放，这些都需要摆在议事日程上。只有让破产服务行业插上企业家精神的翅膀，破产服务水平和标准才会突飞猛进，破产法的价值才会在市场经济中展示出来。

事实上，破产法与企业家精神的互动是个十分开放的题目。横看成岭侧成峰，远近高低各不同，我相信同行们对此还有更多的高见。但说一千道一万，让破产法为企业家精神插上翅膀，是讨论这一题目最低限度的共识。走笔至此，我想起白居易的《长恨歌》，“在天愿作比翼鸟，在地愿为连理枝”。在我看来，这便是对破产法与企业家精神最传神的描述。

（本文首发于《法制日报》2017年11月22日，第12版。）

诚实但不幸的创业者应活学活用破产法

2015年6月，国务院发布《关于大力推进大众创业万众创新若干政策措施的意见》，各级政府亦连续推出系列配套措施。趁着这一东风，两年之后，该政策已遍地开花，2017年3月李克强总理的政府工作报告指出，仅仅在过去的一年中，“大众创业、万众创新广泛开展，全年新登记企业增长24.5%，平均每天新增1.5万户，加上个体工商户等，各类市场主体每天新增4.5万户”。这当然是一个非常喜人的数据。我依稀看到千千万万的创业者们正仰望星空，脚踏实地，乘着政策的东风，跋涉在实现梦想的路上。

企业的发展壮大，仰赖于方方面面的因素，但最核心的因素，不排除良好的商机，更不能排除充足的资本。随着技术革新节奏的大大加快，新的商机会不断涌现；随着政策层面的松绑，创业者们的天地也会越来越大。但显而易见的事实也摆在这里，商机常有，但资本不常有，没有几个创业项目能够在个人积蓄的支撑下一本万利，绝大部分创业者们从一开始就需要融资，甚至一开始就不得不面临财务困境。我们应该理性地看到，创业史里不只有诗歌和远方，并不会每天都面朝大海春暖花开，也并不是每一只猪都会乘风飞翔。在看得见的未来，创业者既会面临融资难，甚至也会因为融资问题而背上债务的重负。

这原本是常态。人类社会不可能没有债务问题，市场经济亦鼓励适度负债。既然负债经营不可免，那么对于千千万万创业者来说，唯一能做的便是将之保持在适度的范围内，及时、合理地清理债务。合理的债务结构，能够让个人和企业都“花明天的钱，圆今天的梦”，当然会促进企业的良性发展；但负债经营也是“双刃剑”，不合理的债务结构，将会成为压垮创业者的最后一根稻草。在我看来，对于那些因创业失败而陷入财务困境的创业者来说，较之饮鸩止渴地高利贷融资，活学活用破产法则更为可取。对于那些诚实但不幸的创业者们，需要看到并充分发挥破产法的如下价值：

第一，破产法是最公平的债务清理机制，可以兼顾债权人和债务人的合法权益。我国《企业破产法》开宗明义规定，该法制定的目的是“为规范企业破产程序，公平清理债权债务，保护债权人和债务人的合法权益，维护社会主义市场经济秩序”。不同国家和地区的破产法，其规范固然各有千秋，但就其公平性来说，却很难找出比破产债务清理机制更为公平的制度设计。这也是为什么破产法在世界范围内历经数百年的发展，已经成为法律全球化最大的公约数之一。对于诚实但不幸的创业者来说，认识到破产法的公平性，认识到破产法不光保护债权人，也保护诚实的债务人，可以使其在符合破产条件时，合理地运用破产法提供的债权债务清理机制，摆脱债务的泥淖。

第二，破产法可以让诚实但不幸的创业者最体面地退出市场。失败是市场经济的一部分，对于创业者尤其如此。创业者既有扶摇直上九万里的可能，也有更大的概率在市场经济的惊涛骇浪中粉身碎骨。国家工商总局在 2013 年曾发布《全国内资企业生存时间分析报告》，指出中国企业的平均寿命只有 6 年，接近 70% 的企业寿命不足 5 年，而这也与国际范围内的数据类似；在大众创业、万众创新的大潮中，企业的死亡率只会提高，不会降低，创业者们胸怀梦想，但对此残酷的现实也应有清醒的认识，未雨绸缪，活学活用破产法。最近的山东于欢案后，公众对于民间借贷中令人发指的暴力催收稍有耳闻，而避免自己重蹈苏银霞悲剧的唯一方式，就是该破产时就破产，而不是借着高利贷的毒奶饮鸩止渴。破产清算机制以国家强制力为保障，但同时又充分赋予当事人自主权，时时处处也体现出民主的精神与市场经济的匠心，可以让创业者用最体面的方式，及时合理地退出市场，避免在债务的泥潭中万劫不复。

第三，破产重整制度提供了行之有效的企业拯救机制。按照现代破产法发展的理念，破产法既是死亡法，更是重生法；既能够让无望拯救的企业合理地退出市场，也能够让有拯救价值的企业恢复生命，实现包括债权人、债务人在内社会利益的最大化。按照我国现行《企业破产法》的规定，人民法院受理破产程序后，债务人或者债权人都可以向法院提出破产重整的申请，而且在破产重整期间，债务人可以向法院申请，在管理人的监督下自行管理财产和营业事务。对于诚实但不幸的创业者来说，重整程序既可以确保企业在自己的精心呵护下继续发展，免去创业项目花落别家的担忧，也能够通过合理的重整计划，解决到期债务不能清偿的难题。

当然，破产法的制度设计，远非公平地清理债权债务、体面地退出市场、有效地拯救企业这三者所能尽述。这三点只是破产法价值最基本的特征。诚实但不幸的创业者们只有活学活用，才会发现并巧加使用破产法提供的其他“葵花宝典”。

也许会有读者担心，诚实但不幸的创业者活学活用破产法，会不会导致创业者滥用破产法而实现其逃废债的目的？在我看来，这种担心完全是多余的。说其“诚实但不幸”，我已假定这些失败的创业者并非出于主观恶意，而对于这类商事主体，世界范围内的破产法都越来越宽容。而对于那些试图借助破产而恶意逃废债的创业者来说，我国《刑法》已通过“虚假破产罪”堵死了滥用破产的通道：“公司、企业通过隐匿财产、承担虚构的债务或者以其他方法转移、处分财产，实施虚假破产，严重损害债权人或者其他人利益的，对直接负责的主管人员和其他直接责任人员，处五年以下有期徒刑或者拘役，并处或者单处二万元以上二十万元以下罚金。”我相信，在合理使用破产机制跟虚假破产之间，雄心勃勃的创业者们一定会做出最合法、最有利于自己的抉择。

（本文首发于《法制日报》2017 年 4 月 26 日，第 12 版。）

让破产法的艳阳普照农村大地

新春未远，一元复始。2017 年 2 月 5 日，中共中央、国务院公布被称为“一号文件”的《关于深入推进农业供给侧结构性改革，加快培育农业农村发展新动能的若干意见》。这份文件明确鼓励农村事业的市场化、现代化改革，吹响了在农村领域深入推进供给侧结构性改革的号角，为新一年的农村发展奠定了基调。尤其在农业融资及农村金融创新等领域，2017 年“一号文件”亮点不少，政策制定者既提出“支持符合条件的涉农企业上市融资、发行债券、兼并重组”，亦提出要“严厉打击农村非法集资和金融诈骗”。这为我们从破产法的角度审视农村问题，提供了极好的机会和视角。

在我看来，该是让破产法的艳阳普照农村大地的时候了。

从破产法的角度，对农村问题有特殊考量和制度设计，这在世界范围内早已有迹可循。最为典型的当然是美国。《美国破产法》第 12 章专门规定了针对“有固定收入的家庭农场主”的破产程序及相关事宜。查《美国破产法》，第 12 章现有内容共分两节 19 条。第一节涉及破产管理人及破产财产，共有 8 条，分别规定了中止、破产管理人、债务人的权利与权力、充分保护、破产财产及驳回等内容。而第二节涉及计划，共有 11 条，分别涉及计划的提交、目录、修订、确认、偿付、豁免、确认后的修改、特殊税务条款等内容。爱波斯坦等著《美国破产法》一书对此制度的评价，导引到他们的另一本尚未被翻译成中文的专著中去了，可谓语焉不详，但这并不影响这一制度设计的亮点。尽管同样是涉农，中国的农业问题和美国的农业问题有着天壤之别，但《美国破产法》对涉农破产事宜“特事特办”的做法，依然能够启迪我们解决中国的涉农破产问题。

除了这种可资参照的样板外，从破产法的角度对涉农问题做出特殊关照，也有极其深刻的现实需求。在当下中国，涉农债务问题已到了必须引起高度重视的时候，高利贷泛滥，因市场波动、赌博、婚丧嫁娶等各种因素引发的不能清偿到期债务问题，亦不稀缺，甚至不乏由此引发的种种悲剧。我想这也是为什么前述2017年“一号文件”特别提出要“严厉打击农村非法集资和金融诈骗”的原因。现实如此骨感，我们更要构建丰满的理想，未雨绸缪，通过良好的制度供给，来为陷入债务困境的农民和涉农企业解套。

在我看来，要让破产法的艳阳普照农村大地，我们至少需要从如下方面做出努力：

第一，构建全国性的个人破产法。我国2006年《企业破产法》由于其将个人破产排除在外，一直被视为“半部破产法”。这种窘境，既造成立法体系的不周延，更是将包括广大农民在内的个人这一主流破产主体排除在破产法体系的范围之外。借着2006年《企业破产法》实施十周年的契机，我们应该坚定不移地推进个人破产法的立法工作。只有建立个人破产制度，才能有健康的债务豁免制度，才可能使在市场经济中失败的农民重获生机。在我国，农业人口在最近几年来有所下降，但依然在人口份额中占据着半壁江山，包括信用卡在内的各类金融服务，亦将农民视为主要的服务对象。构建个人破产制度，解决农民个人破产问题，将陷入财务困境的农民从如山债务重压下解救出来，给其创造重生的机会，将具有重要意义。农民个人破产问题的解决，可能远比解决涉农企业包括涉农金融机构的破产事宜紧迫。

第二，构建涉农简易破产程序。按照我国2006年《企业破产法》，涉农企业的破产当然可以被囊括在里面。但涉农企业毕竟不是严格的法律概念，在实践中其可能涉及各种各样的主体。仅在前述2017年“一号文件”中，我们就可以看到农村集体经济组织、农民合作社等各种各样的主体，其中提及的“新型农业经营主体”更是让人浮想联翩；而涉农中小金融机构中，亦有农村商业银行、农村合作银行、村镇银行等，亦是千奇百怪。这么多形形色色的主体，显然很难尽数被现行《企业破产法》覆盖；或者退一步说，即便这些主体都能被现行《企业破产法》覆盖，现行《企业破产法》复杂的程序设计、旷日持久的时间成本等，都会让相关涉农债权人、债务人在申请破产程序时望而却步。再退一步说，即便涉农主体有足够的意愿提起破产申请，烦琐复杂的破产程序，将对基层法院的破产司法提出极大的挑战。我们在涉农破产制度供给有限的情况下，能否通过涉农破产的司法供给来弥补这一缺憾，尚成疑问。在我看来，除了鼓励具有地方立法权的地方积极尝试之外，最高人民法院可以通过司法解释的方式，尽快出台涉农简易破产程序的规范。

第三，各级政府应在农村地区加大《企业破产法》的宣传力度，在农村地区培养鼓励尝试、宽容失败的法律文化。毋庸讳言，对大众来说，“破产”依然难以逃脱被污名化的窠臼，依然与失败、丢人、没面子等负面语汇紧密联系在一起。2016 年 5 月，清华大学国家金融研究院和中国政法大学破产法与企业重组研究中心联合发布《加强破产法实施　依法促进市场出清》的重磅报告。根据该报告，我国《企业破产法》实施主要涉及的问题之一，就是各方缺乏适用破产法的意愿；而导致各方缺乏适用破产法意愿的原因之一，则是公众对破产法缺乏正确认识，破产常被视为“失败的标签”。城市里面尚如此，农村里更是破产法的不毛之地，我相信绝大部分农民对破产法闻所未闻，“乃不知有汉，无论魏晋”；即便少数对破产法一知半解的农民，估计对破产的理解也不会比城市居民高明。综观上述 2017 年“一号文件”，政策制定者面向市场力推农业供给侧结构性改革的拳拳苦心跃然纸上。然而，真正的市场化，一定是充分竞争的市场化，一定是有生有死、有盈有亏的市场化。通过对《企业破产法》的宣传，至少可以使涉农企业潜在的债权人、债务人明白，破产法不仅是清算法，也是重整法；破产法既是濒死企业的“火葬场”，也是困境企业的“医院”。这些话在城市里或许很好理解，但对于绝大部分农民来说，不啻是天方夜谭。破除公众尤其是广大农民对“破产”的污名化想象，祛除公众心中罩在破产法之上的恐怖面纱，让广大农民喜闻乐见破产制度的积极价值，任重而道远，但绝对事半功倍。

上述诸点，既是提出问题，更是抛砖引玉，期待破产法学界内外的同行不吝指正。“农村是一个广阔的天地，在那里是可以大有作为的。”对于看似高高在上的破产法，这句话同样适用。当破产法的艳阳普照农村大地，充分市场化的社会主义新农村才会生机勃勃，万象更新！

（本文首发于《法制日报》2017 年 2 月 8 日，第 12 版。）

地方"试点"个人破产宜缓行

2019年7月16日，国家发改委、最高人民法院、央行等13个部门，联合发布《加快完善市场主体退出制度改革方案》。该方案着眼于市场退出机制改革整体，重点聚焦于破产法律制度的完善，为下一步破产法体系的升级和改造指明新方向，社会各界都十分关注。

这个方案中，有关个人破产制度的论述，尤其让人眼前一亮。在"分步推进建立自然人破产制度"一节，其中特别提及，要通过"研究建立个人破产制度，重点解决企业破产产生的自然人连带责任担保债务问题。明确自然人因担保等原因而承担与生产经营活动相关的负债可依法合理免责。逐步推进建立自然人符合条件的消费负债可依法合理免责，最终建立全面的个人破产制度"。与通过个人破产制度解决执行难这种工具化思维相比，这一表述是符合个人破产法律制度的发展逻辑的。应该说，这个方案既符合我国当前自然人债务高企但缺乏合理退出机制的实际，对于完善破产法律体系也具有重大意义。

但部分媒体报道时，径直将这一信息变成"个人破产制度有可能将在部分地方启动试点"，甚至加上"知情人士""独家获悉"等匿名信息源。这么处理，确实吸引眼球，但却让我如鲠在喉，不吐不快。我一直是个人破产制度的坚定支持者，但我对地方"试点"个人破产制度，却持十分谨慎的态度。

目前，我国不同地方对个人破产制度的"试点"，体现为如下三种类型：

一种是深圳型。深圳作为我国最早开放的经济特区，在破产法律制度试点和完善方面，一直先行先试，走在全国前列；而且，特区立法权本身也足以让深圳在个人破产法领域再次引领潮流。早在2016年，由国浩律师事务所深圳办公室合伙人卢林律师领衔主编《深圳经济特区个人破产条例草案建议稿附理由》，由法律出版社正式出版。而2019年1月20日，深圳市六届人大七次会议举行议案审查委员会会议，亦将《关于建立个人破产制度的立法议案》予以立案。

另一种是温州型。2019年3月“两会”期间，全国人大代表、浙江省平阳县鳌江镇联南村村委会主任陈爱珠即公开向全国人大常委会建议，考虑到温州民营经济发展情况，呼吁中央授权温州开展个人破产制度试点，将自然人纳入破产主体范围。

还有一种是台州型。2019年5月8日，浙江省台州市中级人民法院发布《执行程序转个人债务清理程序审理规程（暂行）》。据报道，该规程引入强制执行程序与个人债务清理程序衔接机制，尤其是在执行程序中对被执行人案件，实施管理人调查机制和债务清理机制；经管理人调查和法院审理后，如果认定被执行人无失信行为，且在执行阶段和债务清理阶段能够遵守相关法律规定，即可裁定终结对该被执行人的债务清理程序并下达行为保全令。这些措施，再加上执行义务宣誓退出机制，试图让诚信债务人退出强制执行程序等机制，给予诚信债务人回归正常工作生活的机会……种种努力，使之越来越具备个人破产法的部分要素。

这些努力，既有担当，也有想象力，在改革进入深水区的当下，确实值得表达温情与敬意。但作为学者，我更关注的还是法律体系是否统一和周延。究竟是否允许地方“试点”个人破产制度，本质上是破产法属于中央法还是地方法的问题。

兹事体大。这几年，我曾先后在山东大学、武汉大学、许昌学院以及中国政法大学等高校，数次讲过破产法与宪法的交叉问题。在我看来，从破产法的角度看中央和地方关系，便是讨论破产法与宪法关系的维度之一。

在这方面，美国的教训足以给我们提供深刻的警示。我们知道，美国独立之前，是由早晚不一的13个殖民地构成。殖民地与殖民地之间，法律体系各异，而且互不承认。各个殖民地在法律体系构建中，主要参考英国法律体系，但参考的同时也有大量地方化的改造。在债务清理领域，各个殖民地的破产法五花八门。有的殖民地，区分商人破产和自然人支付不能，并能够区别对待，商人破产相对容易即可获得豁免，而自然人则需要进入债务人监狱；有的殖民地，则不加区分，会将所有的债务人都投入监狱……正因如此，债务人自然地“养成”逃废债的习惯：只要逃入另一个殖民地，便可以逃之夭夭；或者说，即便同样都有破产法，但对债务人的宽容程度千差万别，只要愿意花时间花精力，总是能够选出一个最让债务人心满意足的殖民地法律体系。

债务人通过个人破产制度获得债务豁免，当然是福音，也是社会文明程度的指标之一。但这却是债权人的噩梦。我曾在《个人破产在美国：四十年回望》中，勾勒过最近四十年美国个人破产法进化过程中债务人和债权人的博弈。事实上，这种博弈完全可以追溯到更早的时候。

债权人们对债务豁免，尤其是逃废债，当然不会束手就擒。美国历史学家查尔斯·比尔德的博士学位论文《美国宪法的经济观》中，对美国制宪会议代表的经济背景做了详细分析。按照他的结论，美国制宪会议的代表，基本上都是当时的社会精英，2/3 以上的先贤们都是金融机构、种植园主等债权人阶层的代表。这也是为什么美国制宪会议的先贤们，毫不犹豫地在美国宪法第 1 条第 8 款有关联邦国会保留的权力中，写入破产法的立法权。在美国这样一个联邦国家，各州可以有独立的宪法，可以有独立的民法、刑法、公司法，可以独立决定是否废除死刑或允许同性婚姻，但对于破产法，各州缺鲜有置喙的余地。这也是为什么美国宪法中会有“破产条款”的由来。而美国宪法的这一创举，在南非宪法、澳大利亚宪法中都有移植。

破产法的中央化、联邦化，是稳定有序清理债权债务关系的前提。如果放任破产法地方化，那么一定会有差异的产生；只要有差异产生，就一定会有“破产移民”的崛起。

鉴于上述，我认为我们很有必要避开美国破产法发展过程中的教训。就破产法领域而言，美国的经验我们不一定要学习，但无论出于什么理由，美国的教训我们一定要警惕和吸取。否则，太阳底下无新事，我们今天费尽九牛二虎之力，试图推动个人破产法的落地；而明天，我们将不得不耗费数十倍的成本，再来堵上地方“试点”个人破产制度的漏洞。

确实，中国的改革一直是一种试点式改革。改革开放四十多年的经验告诉我们，中国绝大部分改革措施的出台，都经历点、线、面试点的过程。基于一种实用主义的立场，在大部分领域允许制度的试点，试点成熟再大面积推行，是事关改革成败的不二法门。但是，在个人破产法构建进程中，我们可能只有一个选项，那就是在尽可能考虑差异性的前提下，颁布并实施全国性的个人破产法。

个人破产制度的落地，颇有“一万年太久，只争朝夕”之感。随着《加快完善市场主体退出制度改革方案》的出台，13 个部门联合发力，个人破产制度的建构迎来前所未有的契机。但越是如此，我们越应该冷静、理性、谨慎，越应该避免因为地方“试点”而误入歧途。

（本文 2019 年 7 月 19 日首发于澎湃新闻财经频道“澎湃商学院”栏目。）

从温州个人破产“试点”看改革困境及其应对

2019年10月9日上午，温州中院联合平阳县人民法院召开发布会，通报全国首例具备个人破产实质功能和相当程序的个人债务集中清理案件情况。这个案件重要与否姑且不说，但接下来媒体冠以“全国首例‘个人破产’试点破冰”之类标题的报道，既让“温州经验”一纸风行，也再次引起公众对个人破产的关注，客观上为将来个人破产制度的落地添加正能量。温州司法系统敢为天下先，又一次在破产领域抢下“全国第一”的桂冠，无论是站在个人破产制度建构本身，还是从推动基层破产司法改革角度，这当然是好事。

作为学者，我在由衷“点赞”之余，也还在冷静地“在看”。显然，我国个人破产立法八字还没一撇，但温州、台州等地的司法机构，有望把个人债务集中清理的“生米”，做成个人破产的“熟饭”。

地方法院在个人破产领域的努力，与最高人民法院推动个人破产法的司法改革方向一脉相承。2018年10月24日，最高人民法院院长周强向十三届全国人大常委会第六次会议专题汇报法院解决“执行难”问题时提及，“在配套制度方面，我国尚未建立个人破产制度，与执行案件有关的救助制度也不完善”，大力呼吁“推动建立个人破产制度，完善现行破产法，畅通‘执行不能’案件依法退出路径”。从此之后，个人破产越来越成为传媒宠儿，地方法院也积极贯彻最高人民法院的指引，作出各种各样可以被冠以“全国第一”的尝试。由此，无论是最高人民法院，还是地方法院，对于个人破产的热情一以贯之。

司法系统在个人破产领域的积极努力，固然值得肯定和鼓励，对个人破产制度将来的立法不无推动之功。但需要强调的是，最高人民法院推动个人破产制度落地的核心动机，是畅通“执行不能”案件的退出路径，实现2016年时提出的“用两到三年时间基本解决执行难问题”这一重任。也就是说，司法系统试图把个人破产制度打造成解决执行难的工具。个人破产制度能否成为化解执行难的利器？执行难问题的产生与个人破产制度的缺失是否有因果关系？个人破产和化解执行难之间能否完美契合？……这些问题，尚需要深入的学术研究来寻找灵感。但这种把个人破产工具化的初衷，是否会导致个人破产在构建过程中变形走样，我们应该保持必要的警惕。

在此前的专栏文章《地方“试点”个人破产宜缓行》中，我已表达过地方“试点”个人破产可能会引发的中央和地方关系问题，以及可能会引发“破产移民”问题的担心。站在建设性的角度，推进个人债务集中清理工作也好，试点个人破产制度也罢，可能还需要解决如下几个问题：

第一，法律依据问题。尽管相关案例被媒体解读成“全国首例‘个人破产’试点破冰”，但在官方发布中，地方法院其实一直在很小心翼翼地避开“个人破产”，而是用“具备个人破产实质功能和相当程序的个人债务集中清理案件”拗口表达来代替。这种拘谨，一定程度上恰恰正是缺乏法律依据导致的困境。正因为缺乏法律依据，而我们又成事心切，所以只能“借用”企业破产法的基本构造和原理。对于这种缺乏法律依据的“裸奔”，或许我们应该更为冷静。司法权是公平正义的最后一道防线，正是基于此，司法权的行使应该谦抑、低调、保守。而推行个人债务集中清理，相当于对企业破产制度的类比适用。这种类比，既忽略个人破产制度和企业破产制度在内在价值追求上的差异，一定程度上也导致司法者自身面临无法可依的窘境。在缺乏明确法律依据时，对于司法权行使来说，较之借着试点的名义尝试，保守可能是一种更为合适的选择。

第二，“实施意见”的性质和效力问题。温州中院推行个人债务集中清理的依据，是该法院自行制定的《关于个人债务集中清理实施意见（试行）》。这一“实施意见”的制定主体，是温州中院审判委员会；而温州中院审委会制定该“实施意见”的由头，则是落实中共温州市委加快新时代“两个健康”先行区建设的总体部署和最高人民法院“开展与个人破产制度功能相当的试点工作”的意见。那么，这一“实施意见”的性质到底是什么？对当事人有什么样的效力？行政规章还可按照《行政诉讼法》，通过行政诉讼程序接受司法审查的机会，但“实施意见”显然不能被视为行政规章，脱离《行政诉讼法》的覆盖范围。由此，如果要把个人债务集中清理程序的合法性，寄望于这么一个性质不明、效力存疑的“实施意见”，确实还有很大的商榷空间。我们也不应该放任法院自己“立法”，这细思极恐，显然不符合现代社会三权分立的法治常识。

第三，可救济性问题。在普通的民事、刑事诉讼程序中，通过互相独立的审级设计，当事各方总还有在诉讼法允许的范围内，通过更高一级审判机构寻求救济的机会，这是程序正义的核心目标。但破产制度作为终局性的集体债务清理机制，不可上诉，不可逆转，对当事各方债权债务关系的影响生死攸关。正因如此，我们需要尽可能通过科学的制度设计和民主的立法程序，既让破产法能够扮演终局性解决争议的利器，也能尽可能降低因为缺乏可救济性而给债权人、债务人带来的伤害。万一有这样那样的问题，个人债务集中清理程序中的当事人如何寻求救济？这确实值得追问和深思。

第四，公平适用问题。现代法治的常识之一，即是法律面前人人平等。个人债务集中清理制度概莫能外，任何债权人、债务人都不应该因为地域、身份、性别、户籍等因素而被歧视。温州中院通报蔡某案中，我其实特别好奇几个债权人的身份。就我有限的了解，囿于金融机构内部管理尤其是呆坏账核销体系，金融机构债权人在企业破产程序中积极性往往并不高，金融机构怠于行使权利甚至已经成为《企业破产法》实施中难点之一。尽管温州中院《关于个人债务集中清理实施意见（试行）》第5条有金融债权一致行动原则，我并不十分确定这一“实施意见”能够改变金融机构债权人在破产程序中一以贯之的惰性。而这个问题不解决，个人债务集中清理程序最终可能会面临“看人下菜”的困境：只有个体债权人，久拖无望，才可能有足够的动力快刀斩乱麻地自愿豁免债务；金融机构债权人既面临内部管理问题，也面临业绩考核压力，不大可能轻易投下赞成票，要么通过强制执行程序“先到先得”，要么就无穷无尽往下拖，个人债务集中清理程序绝非首选。而从债务人的角度看，可能还得看外地法院是否已经对债务人采取执行措施；否则，光是不同法院之间协调解除保全措施，尽管法理上问题不大，但实际解决得费九牛二虎之力。这也就是说，个人债务集中清理程序实际上对债权人、债务人的具体状况十分敏感，只有万里挑一的案件可能才能适用。这就像修路，本来我们需要修建一条所有交通工具都能通行无阻的公路，为此我们甘愿冒巨大的风险、付极高的成本，但最后我们发现，我们修建的只是羊肠小道，只有温顺的绵羊能够行走，绝大部分交通工具都不能上路。

第五，欺诈隐患及监督机制问题。在温州中院发布的蔡某案中，债务人和债权人达成协议，“债务人可以自清理方案履行完毕之日起满 3 年后，恢复其个人信用。同时明确，自个人债务集中清理方案全部履行完毕之日起六年内，若发现债务人未申报重大财产，或者存在欺诈、恶意减少债务人财产或者其他逃废债行为的，债权人可以请求恢复按照原债务额进行清偿”。这个设计按说考虑十分周详。媒体特别报道，这个案件中 214 万只需要还 3.2 万，站在鼓吹个人破产余债豁免机制的角度，这当然是极好的案例。但是，在对债务人未来长达六年时间内监督体系缺位的情况下，存在潜在的滥用可能，绝非杞人忧天。在拯救债务人于水火的同时，如何堵上滥用个人债务集中清理程序之门，确实需要绞尽脑汁。

地方个人债务集中清理程序可能是一个好的尝试，没准真会成为我国个人破产制度落地前的预热。但无论我们如何想象它的未来，我们只有解决至少上述五大问题，这种美好的预期才有实现的可能。如果说自然人债务清理是一场史诗级的世纪大战，那么我们应该设法拿出的是“东风 41”洲际导弹，而不是尚在想象阶段的“立体快巴”。

当然，转型期的中国新问题层出不穷，司法机构又处在矛盾解决的第一线，在制度供给不足的情形下，不得不于无路处修路。套用邓小平同志的话说，我们应该“鼓励试，允许看，不争论”，不应该对改革者过于吹毛求疵。但这种对于改革者的温情与敬意，并不妨碍致力于个人债务集中清理程序或者个人破产制度的同侪们，平心静气地讨论问题，寻求共识，进而集思广益。

归根结底，地方试点的个人债务集中清理程序之所以困难重重，根本原因还是制度供给缺位的问题。核心解决方案，还是我们的立法机关应该真正动起来，尽快实现 1.0 版的个人破产制度供给，将司法机构从问题如山却无法可依的窘境中解脱出来。毕竟，任何法律都需要在社会生活的砥砺中才能进化，个人破产法概莫能外。我们不能期望毕其功于一役，现在就能够拿出完美的个人破产法。更为务实的思路，应该是加速个人破产法的出台，并通过及时评估和修订，让个人破产法与时代共同进步。在这个方面，最高人民法院不妨通过各个渠道，加强与全国人大的沟通，全力助推个人破产的落地。甚至，最高人民法院可以在深入研究中国国情和学习国际经验的基础上，先起草出司法机构版个人破产法草案，供立法机构将来参考。无论如何，立法机关按兵不动，司法机构做再多、再好，都难逃无法可依之嫌，甚至会落入动辄得咎的境地。如果我国个人破产法能够在较快时间内出台，无论是作为单行法，还是修订《企业破产法》并将之作为将来破产法的一章，一方面会让最高人民法院试图通过个人破产解决执行难问题的目标更好实现，另一方面也无须再让地方法院如履薄冰地做出尝试和探索。

（本文 2019 年 10 月 11 日首发于澎湃新闻财经频道“澎湃商学院”栏目。）

个人破产法与破产行政管理体系改革

2019年7月16日，国家发改委、最高人民法院、央行等13个部门，联合发布《加快完善市场主体退出制度改革方案》。该方案着眼于市场退出机制改革整体，分别聚焦于市场主体的自愿解散退出、破产退出、强制解散退出和特定领域的退出规则，为我国市场经济法律体系的“拼图”，补上至关重要的一块。

在该《加快完善市场主体退出制度改革方案》中，公众尤其十分关注个人破产制度。该方案就个人破产制度设立专节，提出要通过“研究建立个人破产制度，重点解决企业破产产生的自然人连带责任担保债务问题。明确自然人因担保等原因而承担与生产经营活动相关的负债可依法合理免责。逐步推进建立自然人符合条件的消费负债可依法合理免责，最终建立全面的个人破产制度”。这些表述，既回应并为解决现行《企业破产法》实施过程中的困局指明方向，也清晰描绘出个人破产制度在我国落地的“路线图”。

但公众对个人破产制度的特别关注，客观上分散了各界对其他内容的注意力。从加速推进个人破产制度落地、确保个人破产法落地后能够有效实施的角度，我认为尤其需要关注该方案中提及的“明确政府部门破产行政管理职能”。

一、个人破产制度的“初心”与“使命”

正如哈佛大学法学院教授伊丽莎白·沃伦所言，人类的历史，就是一部债权人与债务人的关系史。从历史的角度，债务清理制度的进化，与人类历史如影随形。在处理债权人与债务人关系的过程中，破产制度变野蛮为文明，逐渐替代传统的以剥夺债务人的自由乃至生命为核心的个体债务清理机制，而选择个人破产制度。个人破产制度已成为债务清理诸多选项中文明程度更高、相对更为公平的集体债务清理机制。

在今天的商业世界，企业破产往往更受关注，吸粉能力更强，也为行业带来巨量的利益空间。但就破产制度进化的逻辑而言，个人破产却是企业破产的先声，没有个人破产尤其是商个人破产制度，就没有企业破产制度。可以说，现代化的破产制度，正是在古罗马以降个人破产制度的雏形中，逐步发展演变而来。这种关系，暗示我国破产法律制度的发展和完善中，有必要在《企业破产法》的基础上，加速推动个人破产法的落地，补上“半部破产法”的缺憾。

在不同时代、不同国家，以个人破产制度为核心的自然人债务清理体系，有着不同的面孔和色泽，也经历从野蛮到文明、从原始到现代的进化。就其本质而言，现代化的个人破产制度，其内核是对“诚实但不幸”债务人的宽恕与原谅。

这种内核，建立在浓厚的人文色彩之上：没有人应成为债务的奴隶；任何“诚实但不幸”的债务人，都可以在个人破产法律框架内获得救济。从这一点来说，个人破产法具有浓厚的慈善色彩、社会保障色彩。这一点，也是个人破产制度有别于企业破产制度的根本所在。我国在加速推进个人破产法落地的过程中，也应“不忘初心，牢记使命”，确保个人破产制度在构建过程中，不变形走样成为债务人的惩戒法。鉴于眼下惩戒失信被执行人的措施有越来越严苛甚至株连九族的趋势，强调个人破产制度的底色，可以确保我们将来的个人破产法律制度不至于逆历史潮流而动，不幸成为诚实债务人的惩戒法。

在今天，不同国家和地区的个人破产制度，其设计和构造有较大的差别。但个人破产制度也有一些“公约数”，比如自动中止、如实申报、自由财产、免责、侧重债务人“新生”（fresh start）以及欺诈性破产的惩戒等。这些制度共同编织成制度之网，既让“诚实但不幸”的债务人能够通过个人破产制度解套，也能够防止恶意的债务人通过欺诈性破产逃废债。个人破产制度的构建，需要一手软、一手硬，既需要对债务人温暖的关爱，也需要对债务人高冷的威慑，两者不可偏废、缺一不可。

二、个人破产制度落地，破产行政管理不能缺位

正因为这种现实需求，我们有必要特别强调的是，在个人破产制度构建和实施过程中，破产行政管理工作不能缺位。否则的话，个人破产法难言完美；即便带着瑕疵通过，也一定会面临被滥用或者被束之高阁的命运。显然，无论是被滥用还是被束之高阁，这两种结果都非我辈同侪所欲。

我国当前《企业破产法》实施的困境，与破产行政工作的缺位不无关系。如果不考虑2015 年之后供给侧结构性改革对破产法实施的助力，很长一段时间来，《企业破产法》实施并不通畅，破产案件数量逐年降低，面临着被架空的危险；而相比之下，非法治化的市场主体退出机制则大行其道。而《企业破产法》这种“弱势”的背后，则是破产行政工作的缺失。

正是因为破产行政工作乏人问津，而在破产程序中地方政府又不得不主动或被动地介入，进而形成破产法实施中典型的“中国特色”:《企业破产法》并未在任何条文明确规定破产程序中的政府角色，但事实上，囿于中国特定国情，如果没有地方政府的支持和配合，破产案件必然面临着受理难、审理难、终结难等九九八十一难。这也是为什么这两年，各地法院和政府都热衷于构建府院联动的根本原因所在。这次《加快完善市场主体退出制度改革方案》中，重提“完善司法与行政协调机制”，绝非偶然。

毋庸讳言，在破产法律体系中，破产行政工作居于十分重要的位置。正因如此，早在2010 年，中国政法大学破产法与企业重组研究中心主任李曙光教授就曾在包括《南方周末》等媒体和不同平台上，多次呼吁设置破产管理局。2017 年 8 月，笔者亦曾在《法制日报》撰文《呼唤破产行政改革》……应该说，各方面的共识越来越明显。

《加快完善市场主体退出制度改革方案》中，特别提到要“明确政府部门破产行政管理职能”，应该说我国破产行政管理事业，走出历史性的一步。该方案特别提及，“在总结完善司法与行政协调机制实践经验的基础上，进一步明确政府部门承担破产管理人监督管理、政府各相关部门协调、债权人利益保护、特殊破产案件清算以及防范恶意逃废债等破产行政管理职责”。这些表述，尽管不可能一蹴而就形成破产行政管理新格局，但为将来的改革埋下伏笔，却是不刊之论。

需要特别强调的是，在个人破产法设计和实施中，如果不能未雨绸缪对破产行政管理工作早做设计，这一制约《企业破产法》实施的顽疾，必将会再次发作。或者换句话说，个人破产制度的落地及实施，取决于方方面面的因素，但其中是否有设计精当、功能明确的破产行政管理机构，确实是事关该制度成败的核心因素之一。

这里之所以特别强调破产行政管理对于个人破产法设计和实施的至关重要性，与个人破产制度的特性不无关系。个人破产制度要素甚多，但最核心的是免责制度。而免责决定究竟是属于司法事务，还是行政事务，是有争议的。在斯基尔所著《债务的世界》一书中，作者就提及，英国的破产管理体系更偏行政化，官方的破产管理人会审查债务人，并判断债务人是否可以获得免责；而在美国，基于其建国理念以及根深蒂固的对联邦权力的警惕，从 1898 年《美国破产法》开始，破产行政管理体系经历近八十年后，在 1978 年《美国破产法》中才大体尘埃落定，形成今天以美国联邦托管人为核心的破产行政管理体系。而且，按照斯基尔的观点，美国的破产法改革一直是亲债权人集团、亲债务人集团以及破产执业者集团共同博弈的结果，在"破产帮"肆意妄为、破产法官尚未独立时，人们只能把更高清偿率、更高效破产程序的希望，寄托于政府派出的监督人来监督破产程序。尽管美国的破产行政管理体系与英国大相径庭，但其注重破产行政的理念，却再明显不过。

鉴于上述，在我国启动破产行政管理体系改革，近则有助于更为精良的个人破产制度设计和实施，远则有助于解决长期以来制约《企业破产法》实施的痼疾，既能解决近忧，也能消除远虑。

三、个人破产中，破产行政管理能做什么？

在法治政府视野下，破产行政管理工作同样需要符合依法行政、比例原则、正当程序、信赖利益保护等现代行政法的基本理念。在笔者看来，个人破产制度的高效实施，不仅需要专门的破产行政管理机构，也需要破产行政管理机构切实承担起如下几个方面的核心职责：

第一，担任债务人的管理人。由破产执业者接管破产主体的财产，在提供高质量的破产服务，进而最大化债务人财产、尽可能提高清偿率后，按照所提供的劳务获取合理报酬，是市场化破产制度的标配。我国《企业破产法》亮点之一，亦即在传统的政府背景的清算组之外，创建以市场化、专业化为导向的管理人制度。但在个人破产中，市场化、专业化的管理人制度能够发挥作用的空间并不大。毕竟陷入个人破产境地的自然人，其财产及偿还能力大都十分有限，而管理人也不是慈善机构。对于以赚取报酬为己任的市场化管理人，个人破产案件的吸引力必然十分有限。这个时候，就需要破产行政管理机构依据法定职责，为债务人、债权人提供相应的破产服务，填补市场化破产管理人群体消极抵制而留下的空当。

第二，协调行政机构，督促债务人如实申报财产。个人破产程序启动之后，债务人需要如实申报个人财产状况，并在债务人财产变现后，在债权人之间等比例分配或按照债务重组计划分期清偿；债务人是否如实申报，就成为其能否通过个人破产制度获得免责的关键。这里面，需要破产行政管理机构协调征信系统、财产登记系统、税务系统、金融系统、公安系统、证券交易系统、民政系统等方方面面的机构和部门。如果没有破产行政管理机构，这些工作按照目前的框架只能由法院去做，其不良效果在《企业破产法》实施中已经凸显无疑。

第三，在免责之前，负责对债务人的日常监督。无论是对债务人财产一次性变现、部分清偿，还是在债权人谅解前提下分期清偿部分债务，在最终获得免责之前，都需要破产行政机构密切监督债务人，防止债务人有各种超出最低限度生活需求的高消费活动，进而让债权人利益受损。这一职能履行，具有一定的专业性，而且有一定的时间周期，既不可能配备给法院，也不可能配备给市场化的管理人，只能由破产行政管理机构来完成。

第四，决定对债务人是否免责。经过法定监督期后，需要有合适机构来核验债务人是否具备免责条件：如果具备，则赋予债务人免责资格，经过合理清偿后的剩余债务，自然免除；如果债务人不具备免责条件，那么则需要继续偿还各类债务。这一核验事务，必须要国家公权力机构实施。但在现行破产法权力架构下，法院本身案多人少，不堪重负，个人破产制度落地后，破产案件将更加呈现井喷之势。而且，甄别债务人是否具备免责条件，并不需要太多法律判断和适用，这一工作本质上更接近行政管理工作。更需要特别强调的是，鉴于破产程序进行过程中法院已经深度介入，甚至法官对债务人已有印象和成见；有鉴于此，为确保免责程序的公平性，也有必要由破产行政管理机构完成免责审查的重任。

第五，个人破产犯罪的侦查与起诉。尽管我国《刑法》已规定虚假破产罪，

《企业破产法》第131条亦明确规定破产相关犯罪行为的可追责性，但司法实践中真正因为破产相关犯罪行为受到惩戒的案例十分罕见。这与我国破产犯罪体系过于粗放有关，也与公安机关、检察机关对于破产相关犯罪行为缺乏关注有关。而在个人破产中，通过刑事惩罚威慑债务人，防止债务人做出隐匿财产、欺诈性转让、偏颇清偿、虚假申报甚至消极抵制个人破产程序等行为，无疑是确保个人破产程序良好运转的兜底性因素。

第六，个人破产法实施的评估。我国《企业破产法》实施不彰的因素之一，就是缺乏行政机构关注其实施状况；而立法机关自身有特定立法议程，也缺乏对破产法实施的特别关注。因此，应该充分考虑到对个人破产法实施及时评估、适时修订的重要性。尤其是经济发展日新月异，自有财产的范围和标准也需要与时俱进。这一工作，也应由破产行政管理机构来完成。破产行政机构应该充分发挥能动性，积极评估个人破产法的实施，并结合实施状况，及时向立法机构反馈并提出修订建议，确保个人破产制度能够与时代同一节拍。

第七，个人破产相关的法律咨询和援助。法律服务的可获得性，是评价一个社会是否属于法治社会的指标之一。在个人破产案件中，绝大部分债务人都会陷入严重的财务困境，缺乏经济能力，这很大程度上限制其享受个人破产相关法律服务的可能性。在这种情况下，政府机构有职责为债务人们提供必要的法律咨询和援助服务。破产行政管理机构应该发挥服务性能，为陷入财务困境但又无力支付律师费的债务人，提供必要的法律援助和咨询。

鉴于上述，个人破产法落地与实施，与破产行政管理体系的改革息息相关。在个人破产制度的建构中，破产行政管理问题应该提上议事日程。我们需要破产行政机构在个人破产程序中，加强政府部门内部的协调与沟通，充分发挥引导协调功能。各级政府对此应该有清晰认识和心理准备，积极发挥个人破产程序中行政部门的责任，确保这一制度的精良设计与良好实施。唯其如此，在破产行政管理机构的保驾护航下，个人破产法才能高效实施；如果缺乏破产行政管理侧的改革，个人破产程序中政府角色的缺失，可能会成为事关个人破产制度成败的阿喀琉斯之踵。

（本文首发于《大众日报》2019年8月14日，第8版。）

有些债，个人破产法也没辙

2019年10月，温州所谓“个人破产”第一案、贾跃亭在美国申请个人破产等案件，被媒体竞相报道。一时间，坊间热议不断，个人破产法的热度也上不断上升，真有点“高烧不退”的味道。这种持续发烧，可能会产生两种幻觉：一种是个人破产法马上就能落地，个人破产近在咫尺；另一种是个人破产法就是削减债务的万灵丹，天下万债皆可免。事实上，这两种幻觉，完全靠不住。今天先说说后一种。

毋庸讳言，免责制度是个人破产制度的核心。对于现代化的个人破产制度而言，免责制度为标配，宽恕和原谅债务人是基石。没有免责和宽恕的个人破产制度，不管披着多么璀璨的外衣，归根结底都是耍流氓。

但需要强调的是，尽管个人破产制度具有浓厚的人道主义色彩，具有浓郁的社会慈善性质，但究其本质，个人破产法并非人道法、慈善法。个人破产法既需要到让“诚实但不幸”的债务人能够通过免责制度获得新生，但也需要兼顾债权人的利益，让债权人有足够的动力为现代经济体系中的个人提供金融“血液”。在不同国家和地区的个人破产实践中，个人破产法可能有时侧重债务人保护，有时候侧重债权人保护，但无论天平指向哪一边，在特定的时空背景下，个人破产法都需要在债务人、债权人之间取得平衡。

这也就是说，站在债权人和债务人利益平衡的角度，个人破产法在强化免责功能的同时，也一定会有免责制度的例外。在这方面，《美国破产法》为我们提供了范本。

《美国破产法》下的免责例外，分为如下两种：

一种是《美国破产法》第727（a）条规定的不予免责的情形，我将之称为“相对免责例外”。按照《美国破产法》，第7章规定的是破产清算程序，可以适用于个人，也可以适用于企业；第727条是该法对个人免责及其例外情形的规定。第727条共分5款，第（a）款尤其关键。该款的构造是以免责为原则，以不免责为例外。

按照《美国破产法》第727（a）条规定，除去下列12类免责的例外情形，所有个人的负债，都可以因为免责而豁免：

（1）债务人不是自然人；非自然人主体将在破产清算后彻底退出市场，丧失法律人格，因而无所谓免责不免责。

（2）债务人在破产程序启动前一年内，有妨害、延误或者欺诈债权人的意图，实施转让、转移、损毁、破坏或隐匿财产等行为；比如说，债务人将财产以零对价的方式转让给亲朋好友，或者在破产申请前夕突然实施转让。

（3）债务人在缺乏合理理由的前提下，未能妥善保管财务账簿等资料；这项规定的潜台词，是要求债务人在提出破产申请时，做到信息完全披露，而隐匿、毁损、破坏或伪造财务资料，则视为债务人未尽到信息披露义务。

（4）债务人在破产程序中或与破产程序相关的案件中，构成破产犯罪；这种情况下，不仅债务人的债务无法豁免，债务人还会受到联邦检察官的起诉，雪上加霜。

（5）债务人对财务状况恶化的解释含糊笼统，无法让人信服地解释财务状况恶化的原因；比如债务人可以承认财产因为赌博全部输掉，但不能笼统地说家里的钱被狗吃了。

（6）在涉及上述几类行为中，债务人拒绝作证或者拒绝遵从法院的指令；破产程序赋予债务人一系列配合义务，比如交出财产、修改信息清单、准备文件、出庭、接受质询等，债务人如果拒绝遵从法院的指令履行上述义务，则被视为主观上故意违抗法院指令，将会导致剥夺免责的机会。

（7）债务人本人之外的“内部人”，在破产程序启动前一年内，从事禁止性的行为；这种行为包括债务人的亲属、合伙人等，将会导致这些“内部人”不能被免责。

（8）债务人在8年内第二次申请个人破产；2005年修订后的美国破产法，将两次个人破产的间隔从6年扩充到8年，防止债务人习惯性地破产；但实践中已经出现所谓第20章破产，即先申请第13章破产，然后再申请第7章破产。

（9）债务人在取得第12章农场主破产或第13章个人债务重组下的免责后6年内，申请第7章个人破产免责。

（10）债务人自愿书面放弃免责并得到法院批准；本项规定要求债务人在破产程序启动后，可以声明放弃免责，该制度设计的核心目标是防止债权人在放贷时加入放弃免责条款，让债务人在借贷合同中就声明放弃免责。

（11）债务人未能在破产程序启动前后完成财务教育课程。

（12）因为存在住宅豁免制度而推迟对债务人的免责。

泰步教授在《美国破产法新论》中指出，这一条款列举性规定个人破产中12种免责的例外情形，核心追求是确保债务人诚实地申请个人破产，并积极履行破产程序加诸债务人的义务。按照本条的构造，只要债务人没有上述12类例外情形之一，那么原则上债务人的债务就是可以免责的。

另一种是《美国破产法》第523（a）条列举的19种免责例外的债务类型，我将之称为“绝对免责例外”。按照本条规定，即便个人通过个人破产程序豁免了其他债务，但如下19种债务绝对不能免责，债务人仍需偿还：

（1）联邦税收债务；税收债务的不可免责，意味着公共政策目标优先于债务人“新生”政策。

（2）因为债务人的欺诈行为而获得金钱、财产、服务或者信用展期，因此而承担的债务；比如债务人在故意的情况下，申请大量信用卡并在短期内迅速消费完毕，然后申请个人破产。

（3）债务人未在其负债状况中列明的债务，导致相关债权人未能参与个人破产程序；本条旨在防止债务人故意将部分债权人排除在破产程序之外，不予免责将加重债务人的责任。

（4）负有特殊信义义务的债务人，通过挪用等行为实施信义欺诈而承担的债务；比如建筑承包商挪用工程款、雇主未按照法定义务为职工缴纳社保、保险代理人挪用保险费等。

（5）家庭扶养义务相关债务；本项规定旨在强调家庭价值的维系，保障婚姻中妇女儿童权益。

（6）债务人恶性且故意行为导致债权人受到伤害，并因此而承担债务；比如外科医生在手术者故意伤害病人的行为。

（7）行政罚款、处罚或刑事赔偿责任。

（8）教育贷款债务。

（9）债务人因为酒驾、毒驾等行为，致人死亡或者损害的债务。

（10）债务人在之前破产案件中放弃免责，或者未予免责的债务。

（11）涉及保险储蓄机构或信用合作社的信托欺诈或者挪用所产生的债务。

（12）债务人对联邦保险储蓄机构等机构作出的资本维持承诺后产生的债务。

（13）按照《美国法典》第18编《刑法及刑事程序法典》，债务人应偿还的债务。

（14）债务人对联邦税收机构之外其他税收机构的负债。

（15）家庭扶养义务之外债务人对配偶、前配偶、子女等的负债。

（16）破产申请后到期并在申请后持续欠费的物业费或分摊款。

（17）服刑人员因为起诉、申请、指控或上诉所施加的费用。

（18）债务人拖欠退休金、利润分成方案、股票分红方案或其他计划的欠费。

（19）债务人因为违反《联邦证券法》而承担的债务。按照本条的构造，债务人的上述负债，在个人破产程序中原则上不可豁免。

显然，个人破产制度构建是一项系统性工程，免责制度更是牵一发而动全身。免责制度的过分宽松或者过分严苛，都会导致个人破产制度失灵：过分宽松的免责制度，会让家庭、公共服务难以为继，也会让债权人的放贷意愿降到最低；而过分严苛的免责制度，则会使个人破产名存实亡，无法实现拯救债务人于水火的重任。

站在这个角度，我们或许应该丢掉对个人破产制度万能的幻想。而在将来免责制度及其例外体系的设计中，既应“举头望明月”，博采各国个人破产法发展之精华，寻求个人破产法的最大公约数，更应“低头思故乡”，结合我国的天理、民意与人情，接地气地设计出恰到好处的免责及其例外体系。对此，笔者特意写了一首打油诗曰：

天下万债或可免，例外债务不能削。

诚实守信是关键，政策考量要记牢。

（本文 2019 年 11 月 4 日首发于澎湃新闻财经频道“澎湃商学院”栏目。）

在个人破产的光影中，寻找“关根彰子”

《火车》是日本推理女王宫部美雪 1993 年完成的佳作之一。小说以病休警察本间俊介的追寻之旅为主线，为读者勾勒出一幅债务重压下的日本社会“百态图”：在这个光怪陆离的舞台上，破产人、讨债公司、破产律师、旁观者等人物次第出场，爱情、亲情、温情、阴谋等因素轮番亮相，读来荡气回肠，欲罢不能。

故事从外甥栗坂和也的求援开始。1992 年 1 月 20 日，在银行工作的栗坂和也，造访疏于联系的姑父——尚在病休的警察本间俊介。栗坂和也正在谈婚论嫁的当口，但他的未婚妻“关根彰子”，却突然在三四天前不辞而别。

“关根彰子”的失踪，并非两人感情有问题，而是“关根彰子”在申请信用卡的时候遭到银行拒绝——“关根彰子”因为个人破产的经历，在银行体系和信用卡公司体系共享的“黑名单”上。当栗坂和也想要从未婚妻那了解详情时，“关根彰子”凭空消失。栗坂和也无计可施，不得不求助于本间俊介。

通过后来本间获得的律师函和其他信息，我们可以复原关根彰子申告个人破产的过程：关根彰子 1964 年 9 月 14 日生于东京。1983 年，在她即将满 20 岁之际，获得信用卡。因过度消费，1984 年时开始不能按期偿还信用卡。为开拓现金流，关根彰子从 1985 年 4 月开始在金牌酒廊兼职；但兼职期间，身体健康受损，开源能力大幅度降低。1986 年年初，关根彰子的经济状况越发恶化，不得不向地下钱庄借贷。一系列“以债养债”的操作后，关根彰子负债近千万元，债权人有三十多人。随着讨债公司催收变本加厉，关根彰子不得不于1987年1月从葛西通商辞职，并向东京地方法院申告破产。1987年5月25日，代理律师沟口悟郎出具的律师函，确认关根彰子已申告个人破产这一事实。1988年2月，关根彰子通过个人破产获得免责，她转而前往拉海娜酒廊。1989年11月25日，她的母亲意外身亡；1990年1月25日，关根彰子为母亲的保险金事宜，再度拜访沟口律师。1990年3月17日，关根彰子从居住的川口公寓离奇失踪。

那么问题是，“关根彰子”去了哪里？本间俊介既出于警察的本能，也出于亲情的考量，决定放弃理疗，展开全日本追寻“关根彰子”的旅程。对于这位病休的警察来说，他连个人破产是什么都搞不清楚，但最终，他借助《现代用语辞典》和沟口悟郎律师，对个人破产制度有了非常专业的认识。从这一点，我不得不叹服于《火车》作者宫部美雪深厚的法学功底。宫部美雪早年有在律师事务所工作的经历，这让她对法律事务的描写，既专业又富有文采。

为寻找“关根彰子”，本间俊介先前往“关根彰子”工作的今井事务机公司。1990年4月20日开始，“关根彰子”开始在今井事务机公司上班。本间俊介通过在那里获得的工作履历，将寻访的重点放在“关根彰子”以前的工作单位。意外的是，这三个单位全是凭空捏造的，相关地址是根本没有这三家公司。甚至，进一步的调查发现，“关根彰子”只在今井事务机上班期间，新办理劳工保险，先前的工作经历中，连强制的劳工保险都没有……本间俊介百思不得其解。再三推敲后，他决定直接去找处理关根彰子破产事宜的律师沟口悟郎。

在《火车》中，宫部美雪不止一次地透露时代背景。从1960年开始，日本社会在经济腾飞的背景中，出现信用卡。信用卡产业在飞速发展过程中，短时间内创造出共计57兆亿元的产业规模，占当时日本国民生产总值的14%、国民可支配家庭收入的20%。信用卡产业完全成为日本经济活动的支柱。

信用卡行业的飞速发展，与20世纪80年代信用卡的泛滥成正比例：1983年各银行、信用卡公司及其他机构发卡为5705万张，1985年发卡8683万张，1991年发卡16612万张。随着信用卡的泛滥，“消费者信用”产业规模也飞速发展，1980年不过21.0359兆亿日元，而1985年则上升到34.7090兆亿日元，1990年则高达57.2165兆亿日元，在十年时间内翻了一倍还多。如果这还不够直观，

《火车》中提到的一个数据，更是让人惊讶于信用卡行业的泛滥与可怕：一个不到28岁的上班族，拥有信用卡33张，负债总额高达3000万日元，而其月收入不过20万日元；也就是说，他即便不吃不喝，工作150年才可能偿还得了所有信用卡债务。

卡奴的剧增，既提高违约风险，也为地下钱庄的滋生提供市场。信用卡的持卡人，开始尚可以通过拆东墙、补西墙的方式，偿还信用卡债务。但随着利滚利，这一方式再也不奏效，举借无门，无奈之下只能求助于地下钱庄。而一到地下钱庄，地下钱庄则会介绍客户去其他钱庄借钱，来偿还自己的债务，其他钱庄当然门槛更低、资金较少、借钱条件更为宽松，当然利息也更重……到那个时段的债务人，饮鸩止渴，有钱就敢借，根本不在乎数字的叠加。但最终，这个生态链会让债务人陷入深渊，成为多重债务人，永世不得翻身。沟口律师有句话让人印象深刻：债务人往往都是老实巴交、胆小懦弱的人，也只有这种人才既不会逃债也不会赖债，而只会一门心思想着还债，而在还债的过程中，陷入万劫不复之境。

显然，个人破产制度能够为这些债务人提供一把合法且安全的保护伞。在《火车》故事形成的背景下，日本个人破产制度已经落地生根有一定年头：明治维新之后，日本于1890年针对商人颁布《商法·破产篇》，针对非商人颁布《家资分散法》。1922年日本参照德国破产法，引入现代化的个人破产机制；而在1952年战后重建中，在驻日美军司令部的影响下，日本参照美国破产法，引入免责机制。

个人破产之后，债务人固然还得受各种限制，但毕竟可以不受债权人的滋扰，甚至在一定时间之后，也可以摆脱如山债务获得新生。按理说，个人破产对债务人来说，作为一种合法的削减债务的法律手段，有百利而无一害，债务人们应该趋之若鹜才对。

但实际上，个人破产对于日本公众而言，依然是讳莫如深的敏感话题。在当时，申请个人破产往往是自杀、跑路等奇招、险招用尽之后的绝招，并不是每个债务人都将之视为“金钟罩”。正如小说中沟口悟郎律师所言，“我呢，经常在演讲时说，总之在趁夜逃跑前、自杀前、杀人前，最好要想起来还有破产申请的手段可以一试……”

那么，日本公众为什么不喜欢个人破产制度？究竟是什么因素，让《火车》中的女主角们，对于法律规定的个人破产程序，要么讳莫如深，要么避之唯恐不及？在我编译的“远观”译丛破产法分卷中，选了一篇美国学者娜塔莉·马丁的论文《历史与文化在破产和破产制度发展中的作用》。在该文中，马丁教授指出，在日本羞耻文化的作祟下，日本公众更多将破产视为个人失败，而不是商业失败；违约或者破产程序，也会被视为个人性格的缺陷，而非商业生活中的常态；一旦申请过个人破产，会被社会唾弃并视为低等公民，认为其不配享有普通社会成员应有的救济。在这种耻感文化的熏陶下，债务人往往宁愿自杀，也不愿意申请破产程序的救济；即便退而求其次寻求破产制度的救济，也只会将之尽可能埋藏在无人知晓的角落，而不会将这段经历当作英雄事迹来大吹特吹。这种解释，具有一定的参考价值，《火车》的关根彰子将其个人破产的经历讳莫如深，绝非毫无缘由。

日本个人破产制度在1985年之前遭受公众的冷落，除文化因素外，跟当时的社会背景亦有很大关系。在信用卡行业发展初期，消费者信用贷款并未大规模普及，而以高利贷为生的黑社会金融亦规模有限；但随着信用消费行业的飞速发展，信用消费贷款大行其道，信用卡持卡人违约成为社会常态。按照山本和彦等在《日本倒产处理法入门》中的统计，1985年到2005年，恰恰是日本个人破产案件数量井喷的高峰：1980年全国破产案件不过2877件，但1985年为14,896件，1990年为11,480件；后来，随着经济泡沫的破灭和经济衰退，以信用贷款为诱因的个人破产案件数量再度大幅攀升，1995年为43,649件，2003年峰值高达242,849件。

个人破产案件的剧增，催生出与个人破产相关的法律服务行业。《火车》中的沟口悟郎律师，便是这个行业的代表。按照《火车》中的描述，沟口悟郎律师在个人破产潮井喷期间，通过个人破产者救助、演讲、专访等暴得大名，成为个人破产领域的知名律师，甚至成为美容院女性杂志的报道对象。

话说回来，对于债务人来说，如果不借助于个人破产，那么只会成为从正常社会消失的“破产难民”，丢工作、居无定所且不说，孩子也不能上学，最终家破人亡。但如上文所言，在全社会谈破色变的前提下，确实也没几个人敢于心安理得地寻求个人破产的制度救济，债务人无一不进退失据。

年轻的关根彰子，正是这个时代里千千万万进退两难的信用卡持卡人之一。她只是个普通人，本着让“想让自己生活得更幸福”这一朴素目的，很努力地生活、工作，但最终染上信用卡的“毒瘾”，在命运的火车上被迫下车。在葛西通商工作期间，关根彰子被讨债公司逼迫，无奈之下，申告个人破产，搬家逃到川口公寓，在拉海娜酒吧做陪酒女郎，聊以糊口。

关根彰子也正是通过前述报道，在万般无奈之下求助于沟口悟郎律师，申请宣告个人破产。而个人破产事务结束后近三年后，亦即1990年1月25日，关根彰子再度造访沟口悟郎，讨论她母亲死亡后的保险金领取事宜。

当然，如果止步于此，《火车》只可能是一篇纪实报道，而非令读者拍案叫奇的小说。宫部美雪设定的悬念是，本间出示的一张照片，揭开一个令人瞠目结舌的事实：1987年5月25日宣告个人破产的关根彰子，和1990年1月25日造访沟口悟郎的关根彰子，是同一个人；而栗坂和也的未婚妻“关根彰子”，是另一个人。

1990年3月17日，关根彰子从居住的川口公寓不辞而别。而四个月后，“关根彰子”开始在今井事务机公司上班，冒用她的身份生活、工作；甚至不仅是她的身份，她的户籍、她的父母等，都被冒用。“迎面驶来的火车……说不定是命运之车。关根彰子想要下车，她已经下过一次车了。但是现在想要顶替她的女子，不知这情形，却想要叫住火车。”宫部美雪写道。

那么，“关根彰子”是谁？她为什么要冒充关根彰子？她是如何一步步冒充关根彰子的？关根彰子的母亲是自杀还是他杀？关根彰子又去了哪儿？……整部《火车》，便围绕这些问题，抽丝剥茧般地分析、印证，直到最后揭开部分谜底。

过多的转述，会影响《火车》的精彩程度，但这里仍要请读者容忍我的“剧透”：和关根彰子年龄相仿的新城乔子，日本郡山人。其父母亲早年举债购房、过度消费，不得不举借高利贷，最终因不堪忍受讨债公司的催逼，举家逃出故乡郡山。为防止被讨债公司获得行踪，新城乔子一家天各一方，各奔前程，但还是被讨债公司获悉：母亲被逼迫卖春、吸毒，最终惨死；父亲好不容易逃出讨债公司的魔爪后，但已无劳动能力，在泪桥打来一个电话后不知所终；新城乔子好不容易遇到白马王子并成婚，但因变更户籍再度被讨债公司追逼。他们家的债务因为系父辈的债务，法律上不需要新城乔子偿还，但讨债公司无孔不入的威逼之下，新城乔子不可能置身于事外。

故事到这里，十分悲情：个人破产只能由个人申报，但新城乔子的父亲生死未卜，只有确认她父亲失踪或死亡后，才能由新城乔子到法院申诉要求继承父亲的财产；鉴于此时债务已让遗产成为负数，新城乔子继承后再申告个人破产即可。这个时候，她父亲到底是否死亡，就成为新城乔子能否申告个人破产、摆脱讨债公司滋扰的关键。新城乔子和她的丈夫前往东京图书馆，寻访“行旅死亡者公告”，甚至在重压下不停念叨：“拜托你，爸爸，拜托你死了吧，爸爸”“快死吧，干脆死了吧，爸爸”……耳闻目睹，她的丈夫承受不了新城乔子的扭曲，一段童话般美好的婚姻就此完结。

新城乔子打算开始生活的重建。她想要摆脱债务，想要过上正常的生活。但这哪有那么容易？她被讨债公司抓住，被迫从事不足为人细说的工作。她逃到朋友的住处时，身上只有风衣、内衣裤，兜里只有现金一千元，出租车费都是朋友代付的。新城乔子近乎神经质地害怕讨债公司，不敢搭电车，甚至连大阪、名古屋等陌生人汇集的城市大街上也不敢去，紧张到吃生鱼片之类的食品会恶心得呕吐……她想过正常的生活，想从被追赶的不安中解脱，想平凡幸福地结婚过日子。

稍微缓过神之后，1988 年 4 月，新城乔子进入专事女性内衣邮寄销售的“玫瑰专线”公司，利用玫瑰专线对客户信息管理的漏洞，同时也充分利用管理科科长片濑秀树的地下恋情，选定她可能冒充的对象：女性、年龄相仿、一个人生活……新城乔子有她的候选目录，关根彰子并非首选。此时，无论是父母还是法律，都已经不能保护她；她唯一可以依赖的只有自己。

新城乔子的第一目标是木村小末。1989 年 11 月 19 日，新城乔子通过纵火，准备除掉木村小末的姐姐。然而，这次计划实施并不顺利：木村小末的姐姐没有被烧死，而是被烧成植物人，直到 1991 年夏天才不治而亡；新城乔子自己亦受轻伤，并因高度紧张而发烧住院，11 月 26 日才离开。

1989 年 11 月 25 日，关根彰子母亲意外死亡。持续关注东京新闻的新城乔子，从媒体上获悉这一消息后，临时决定调整策略，假冒关根彰子。1989 年 12 月 31 日，新城乔子从玫瑰专线离职。她和关根彰子接触，尤其是 1990 年 2 月 28 日还前往绿色陵园参观并合影。1990 年 3 月 17 日，关根彰子不知所终。而新城乔子则开始以“关根彰子”的名义生活、工作，甚至和栗坂和也恋爱、开始新的生活。

关根彰子要不是极力隐藏其个人破产的经历，恐怕也不会让新城乔子的计划最终功亏一篑。新城乔子没想到的是，一张信用卡申请，让她天衣无缝的计划被击溃：关根彰子竟然有个人破产经历！新城乔子和关根彰子，同是天涯沦落人，同样陷入债务的泥淖而不可自拔。这可能是宫部美雪有意写下的某种隐喻。

新城乔子冒充“关根彰子”的计划最终穿帮，逼迫她不得不弃栗坂和也而去，同时十万火急寻求新的假冒目标，这时她当初准备假冒的第一候选人木村小末，重新进入搜索的雷达。

小说的最后，通过木村小末，本间俊介等一行最终总算见到“关根彰子”，亦即新城乔子。宫部美雪一句“阿保正将他的手放到新城乔子的肩膀上”，干脆利落地结束追寻“关根彰子”之旅：冷静、残酷，却又意犹未尽。

《火车》的背景，大致在1992年以前。而在这之后，日本破产法体系，又迎来革命性变化：2000年新修订的《民事再生法》实施，自然人债务重整等机制亦“飞入寻常百姓家”；接下来，《公司更生法》《公司法》等次第颁布实施，“倒产五法”体系基本形成。“倒产五法”就像销售破产程序的大超市一样，为日本社会各种经济主体，提供多元化选择。我一直在揣度，如果把关根彰子、新城乔子的悲剧放在近三十年后的今天，随着日本公众对个人破产的益发宽容，故事会不会有个更温暖的结局？

“火车今日过我门，哀怜欲往何处去？”《火车》中，栗坂和也突然哼起这首古诗。宫部美雪其实到最终，也没有明确告诉读者关根彰子魂归何处。其实，这个问题已不重要。

（本文2019年4月8日首发于澎湃新闻财经频道“澎湃商学院”栏目。）

有什么，给债务人面对每个清晨的勇气？

——读约翰逊《十一月的此刻》

在我看来，约瑟芬·约翰逊的《十一月的此刻》，是一本与债务有关的小说。当然，作者的目的，并不是通过小说来讲述债务问题，而更多是借助小说的形式，观察债务重担下的人性，流露出一种“珍惜生命，相信未来”的气质。如果说余华的小说《活着》是通过亲人的不断死亡来展示“活着”的意义，那么约翰逊的《十一月的此刻》，则是通过绵延不绝的债务重压，来展示“活着”的不易。

故事发生在1920年代。按理说，在1929年大萧条之前，那是个不坏的年代。美国尽管参加过第一次世界大战，但毕竟远离本土，而且美国还是战胜国。当战争的硝烟散尽，美国经济、社会的发展，也迎来短暂的春天。只是技术的进步、劳动生产率的提高，并未体现为普通人收入的大幅度增长。农产品价格的持续下跌、租金税金的持续上涨，更是让占全美国1/5人口的农民举步维艰。

正是在这种大背景下，玛格丽特一家，不得不放弃在城市里的生活，回到农村里。玛格丽特一家五口人，父亲霍德玛恩、母亲薇拉，姐姐凯琳和妹妹茉儿。在《十一月的此刻》里，作者化身为玛格丽特，从玛格丽特的角度，观察这个由父母姐妹，当然还有帮工格兰特、邻居、税务官等组成的小世界。

霍德玛恩十六岁就离开土地，在城市里工作、成家、立业；然而，工作多年之后，短短几个月间，“一切归零，不再被社会需要，自己的价值不再得到承认”，所有的努力和积累都灰飞烟灭。他万念俱灰，不得不举家迁回这片内战之后就属于霍德玛恩家族的土地。那片土地已多年无人耕种。在玛格丽特眼中，那片土地象征着牛羊满圈、瓜果飘香，虽然粗砺多石，但能给人希望；她母亲回来第一天，看见那片土地，也“马上兴奋地联想到了需要收割的庄稼”。玛格丽特一家似乎可以逃离都市，过上与世无争的幸福生活。然而，父亲的一句话，让希望烟消云散：“这片地也抵押了”。

玛格丽特，或者说作者约翰逊，都不是法学院的高才生，在小说里讲述与抵押相关的法律问题，既非小说的价值，也不是她们的长项。但这并不影响玛格丽特敏锐地感知到抵押的恐怖：“这里就是我们的土地，冰雪消融时洋溢着春天的气息，可是，又有丝丝的恐惧悄悄袭来——抵押，而父亲就一直沉浸在酸涩的愠怒和对未来的恐惧当中。母亲静静地坐在那里。父亲之前并没有告诉她抵押的事儿，而且，她一直以为，至少土地是不会被抵押的，土地是一切都失去之后全家最后的避难所。可是，就在这一刹那，她明白，这是一片充满不确定和变数的土地……”玛格丽特一家被债务扭曲的生活，便是在这种希望与绝望交织的氛围中缓缓展开。

面对如山的债务，玛格丽特一家人，有各自的承担方式。在玛格丽特眼中，父亲永远在忙碌。他有永远干不完的活，也没有时间和家人们共进午餐。父亲很努力，但似乎于事无补，“为了让我们能摆脱债务，父亲一直在拼命劳作，丝毫不理会他自己的身体已经不堪重负”。母亲大体也是如此。凯琳只是沉浸在自我的世界里，“凯琳不关心如何填平家里的债务深渊，对她来说，土地就是个安身的地方，是和山峰或孤岛一样寂寞的地方”。最后凯琳自杀，并长眠在这片土地上，似乎一切都是命中注定。相比之下，茉儿则在痛恨抵押贷款的同时，从未对此感到恐惧，“她对这片土地的热爱一点儿都不比我少。我曾想过，如果有一天我们摆脱了债务，那一定是由于她的执着与痛恨”。只有在极少数情况下，玛格丽特和姐姐妹妹才能回到孩子的世界里，看花开花落、鸟飞云散，纵然“债务却依然像永远也填不满的无底的泥淖，一年又一年，我们在这片多石的土地上洒尽了汗水，受尽了折磨，却还是眼睁睁地看着劳动成果被它无情地吞噬，一切苦难又悄悄地重新来过”。

玛格丽特内心的独白，让这种绝望和压抑扑面而来：“似乎我们永远都不可能改天换地。一切仅够维持生活——能吃饱，能思考，除了季节的更替、思绪的飞转之外，一切都交给了抵押贷款。”现实永远是灰暗、压抑的，“抵押贷款像巨石般时刻压在我们心上，无论播种还是收获时都感觉得到那种负担，即便收成很好，也仅仅意味着纸面上多了一个痕迹，一切将重新来过。我们需要感受到深耕播种、抛洒汗水的土地是我们自己的，脚下的每一寸土地不会因为一个花体签名不翼而飞”。未来只存在于想象中，“再有一个好年景，这片土地就又属于我们了。我都能够想象，摆脱了债务负担，生活会是多么自由，多么美妙”。

这本小说的所有人物、情节，多少都与债务有关。当然，大多数是和玛格丽特一家一样的债务人，但也有像邻居雷斯曼家这样“无债一身轻”的世外逸民。在玛格丽特的眼里，邻居雷斯曼家便是天堂：“他们家的生活看起来非常稳定，没有什么额外的希求。……他们的土地是自己的，没有债务负担。无论种了什么都属于自己，不需要付钱给某个隐形的债主。”但玛格丽特看到雷斯曼夫人脸上的祥和与絮叨，也联想到了债务问题：“她年轻时一定很漂亮。她的头发虽然白了，但眼睛依然明亮，双颊的皱纹里刻着幽默。我不知道安定的生活是什么样子。没有债务。我不能相信他们的生活中也会有不如意，就是那种安享舒适下面掩藏的变数。那个时候我觉得没有。”

在雷斯曼家，玛格丽特也看到另一个债务人拉姆齐。雷斯曼提及，“有色男人拉姆齐”曾到他家里来借钱付房租，“但是我也没有钱啊”，雷斯曼强调，“我有土地，有蔬菜，可是我没有钱啊。也许我该给他些球茎甘蓝，让他去付房租”。作者又通过玛格丽特，讲述家里帮工格兰特和拉姆齐之间的交流：格兰特给拉姆齐出主意，干脆不付房租，“就让他们把你赶走，看看会怎么样?”“要是换做是你，也许没事儿。——你不是黑人。你也没有老婆，没有七个孩子。黑人是不敢等着看会怎么样的，债主知道!”尽管格兰特在霍德玛恩家做帮工，尽管他家也两年无力交税，但他还是把钱借给拉姆齐。只是格兰特的善良，无法阻止拉姆齐一家最后被房主赶走的悲惨命运。玛格丽特叹息，“我想，这就是我们所有人的生存现状，我们沿着古老的车辙爬行，一点点铲除挡在我们面前的屎壳郎球儿一样的债务。债务比屎壳郎更烦人，因为屎壳郎还可以摆脱，把它埋了就行了。我们所有人都一样，当然除了雷斯曼一家”。

当然，拉姆齐一家固然悲惨，玛格丽特内心却丝毫没有优越感。当玛格丽特从拉姆齐家借到骡子的时候，同样喜忧参半：“我高兴借到了骡子，但是又感到心里沉甸甸的，已经开始害怕我们家的债务——现在已经负了足够的债务，不要再加上人情债吧。”

在这种绝境里，按理说，以教堂为象征的宗教世界，总该是个救赎的空间。然而，玛格丽特一家在领取圣餐前，仅仅因为不属于同一教区，还是被赶出来了。玛格丽特意识到，“世界上没有任何一条法则可以让我们摆脱债务的困扰”。

在这个时候，能够给玛格丽特信念的，只能是如镜花水月般的爱情。格兰特尽管只是家里的帮工，甚至父亲只能从微薄的收成中拿出一部分实物，作为给他的报酬，但格兰特出现，还是让玛格丽特姐妹们眼前一亮。这种朦胧的爱情，让玛格丽特觉得现世安稳、岁月静好，“那个月好美，甚至有些不真实。没有雨，可一切似乎都无所谓。我不再担忧。我忘记了抵押贷款，忘记了下个月的还款期限，我好像生活在一种无名的幸福之中，虽然这种幸福淡如薄雾，但却足以让我忘记恐惧……”雷斯曼仅仅提及格兰特，也让玛格丽特幸福感爆棚，“我感受到了一种甜甜傻傻的幸福——忘记了雷斯曼一家，忘记了抵押贷款，忘记了凯琳，只有树木带来的荫凉。我想，这部分是由于浓浓的花香，更多是因为我们谈起了格兰特，是因为我听到了他的名字”。

小说的结尾，不是皆大欢喜。拉姆齐因为无法支付租金，最终还是被赶走了。格兰特也走了。一场火灾让土地颗粒无收，母亲亦因此罹患重疾，最终驾鹤西去。母亲辞世前不久，姐姐也自杀身亡……读到这里，有没有穿越到《活着》的感觉？

唯一来的是税务官。税务官带来一大堆需要签署的文件，扫视着玛格丽特家的土地、房屋、奶牛、马、犁杖、拖拉机、100 只羊、9 头猪、100 只鸡、果园、牲口棚……当税务官还是怀疑是否有应纳财产税的物品没在清单上时，“我没钱交税，”父亲无奈地说，“你弄那些数字，纯属浪费时间”。最后，霍德玛恩甚至向税务官提出，“你借给我点钱，我就交税。如果一个人连收入都没有，他拿什么交财产税啊……”当然，税务也是一种债务，一种以国家强制力为后盾的债务，更让人无可奈何、无处躲藏。霍德玛恩为了交税，不得不卖掉大部分肉牛。即便没失去一切，但却连买肥皂、钉子、洗碗刷等都成奢望了。

在这些变故面前，“我们的抵押贷款得到了延期，但这并不意味着我们可以松一口气，或是发生什么重大的改变”。父亲也越来越老了，玛格丽特意识到，“芙儿和我将要背负那些债务——要背多少年我不知道，但也许会长得数不清。也许一辈子……”

这，便是20世纪30年代，玛格丽特一家债务重担下的生活。破产法领域的同行总难免有破产法是救世主的情结，总是在强调破产法的积极价值。但在玛格丽特一家的债务重担面前，破产法似乎睡着了。

当爱的信念随格兰特而去，生活的信念随母亲而去，玛格丽特的日子，该如何过得下去？还有什么，能够给她面对每一个清晨的勇气？

（本文首发于《法制日报》2018年2月7日，第12版。）

补缺

跨境破产

构建“一带一路”经济体跨境破产公约

“一带一路”国际合作高峰论坛于2017年5月14日~15日在北京召开。值此“一带一路”国际合作成果初现之际，我认为构建“一带一路”经济体跨境破产公约的时机已经到来。

就人类经济发展史的经验来看，高效运行的跨境破产协调机制，对经济合作的助益毋庸赘言。站在微观的视角，从债权人的角度，一个完善的跨境破产机制将极大地提高债权人的预期和确定性，提高投资的积极性，保障投资安全；从债务人的角度，有效运行的跨境破产机制，亦将尽最大限度保障债务人能够通过破产机制重生，或者有效地退出市场。而站在宏观的视角，跨境破产机制将为推动经济合作甚至实现经济一体化，提供实实在在的制度供给。

也正因如此，过去十多年间，国际范围内破产法的现代化，无不以跨境破产制度为主要突破口：联合国贸易委员会自1997年开始，即不遗余力地在全球范围内力推其《跨境破产示范法》，如今全球已有数十个国家宣布采纳参考该示范法；欧盟在2000年通过《跨境破产规章（第1346/2000号）规章》，并在2015年做了大幅度的革新与升级；美国在2005年引入《美国破产法》第15章，构筑了其跨境破产体系；我国在2006年《企业破产法》中，也实现跨境破产立法“零的突破”……随着经济全球化趋势的加剧，跨境破产在接下来势必将继续刷存在感。

正是鉴于跨境破产机制的上述重要性，随着“一带一路”倡议深入实施，我认为中国可以以“一带一路”沿线经济体为平台，在新一轮跨境破产立法和司法实践中有所作为，及早倡议并推动沿线国家构筑“一带一路”经济体跨境破产公约，对人类跨境破产事业有所贡献，也为这一大战略的实施夯实法治基础。

就人类现有实践看，跨境破产机制的构建，不外乎如下几种模式：

第一种，个案模式，亦即通过个案承认的方式，来解决跨境破产案件的承认和执行问题。比如，武汉市中级人民法院在2012年做出裁定，按照互惠原则，审查认定该裁定未违反我国的基本原则、国家主权、安全及社会公共利益，故鉴于德国柏林高等法院已于2006年5月18日作出判决承认中国江苏省无锡高新技术产业开发区人民法院某民事裁定，承认对德国 Montabaur 地方法院作出的卷宗编号为“14IN335/09”的破产裁定。这是我国法院做出的不多的承认国外破产裁定的案例之一，从个案意义上解决了跨境破产裁定的承认和执行问题。这种模式的优势是“船小好调头”，因时而异、因地而异、因案而异，灵活多变，但也容易遭遇各种障碍，进而极大地提高了不确定性。

第二种，单边模式，亦即在内国法中单方面规定跨境破产内容。我国《企业破产法》第5条规定，中国法院做出的破产裁定对债务人在境外的财产自动生效，而对外国法院做出涉及债务人在华财产的破产裁定，则需要依照按照国际条约或互惠原则审查，只有在不违反中国法律的基本原则，不损害国家主权、安全和社会公共利益，不损害中国债权人的合法权益，才能裁定承认和执行。这便是跨境破产立法中典型的单边模式。单边模式的好处是只受内国法的约束，在立法方面内国法主导性很大，不受外国的制衡，但其缺点则是外国接受度低，很容易成为一纸空文。

第三种，双边模式，亦即不同国家通过双边条约的方式，对两国之间跨境破产事宜做出安排和规定。《欧盟跨境破产规章（第2015/848号）》第85条列举了被该规章取代的30个双边跨境破产条约，涉及的国家包括比利时、法国、奥地利、荷兰、德国、意大利、英国、丹麦、芬兰、挪威、瑞典、冰岛、南斯拉夫、希腊、波兰、捷克、保加利亚、罗马尼亚、立陶宛、爱沙尼亚、拉脱维亚等数十个欧洲国家，时间跨度范围从1899年到1999年近一个世纪。这些形形色色的双边条约，便是欧洲大陆在2000年之前跨境破产领域的主要法律形态，可以为缔约双方的跨境破产事宜提供必要的法律基础。但这些双边条约千差万别，最终成为欧洲经济一体化的障碍，极大地阻止了欧洲内部市场的形成。

第四种，多边模式。鉴于上述林林总总的双边跨境破产条约，严重阻碍了欧盟经济的一体化，从 1960 年代开始，欧共体诸国的法学家和实务界人士就试图推动制定在欧共体成员国范围内通行的跨境破产公约。由于各种主、客观因素，尽管前后有多份草案，甚至个别草案只差个别成员国签字即可生效，但最终都还是功亏一篑。欧盟成立后，相关进程加快，欧盟立法机构最终通过 2000 年 5 月 26 日通过的《欧盟跨境破产规章（第 1346/2000 号）》，为长达半个世纪的努力画上句号。多边模式的优点是原则清楚、规则清晰，实施机构明确，对缔约国都有约束力，但其缺点则是前期谈判难度极大，寻求共识难度不小，需要付出很大的努力和耐心。

诚如上述分析，四种模式各有优劣，各有千秋。就"一带一路"沿线经济体跨境破产公约的缔结来说，由于就"一带一路"沿线诸国政治体制多元、经济发展各异、文化传统千差万别，显然从可预期性的角度，多边模式无疑是最为可取的方式，其他个案模式、单边模式、双边模式要么可预期性极低，要么谈判成本极高，要么两者兼而有之，不具有太多可操作性。

当然，"一带一路"沿线经济体跨境破产公约的缔结是一个非常繁杂的工程，其中需要论证的工作还很多，需要准备的工作亦不少。但无论如何，做总比不做好，早做总比晚做好，立法、司法、外交、商务诸领域的同行们，还需要坐下来共商大计，共成伟业。

（本文发表于 2017 年 5 月 10 日《法制日报》，第 11 版。）

韩进清算，中国何为？

2017年2月17日，韩国首尔中央地方法院正式宣布，鉴于韩进海运的清算价值要超过继续经营的价值，韩国韩进海运破产正式终止复苏程序，转为破产清算程序。

韩进海运破产案之前已持续近半年。2016年9月初，韩进海运宣告进入司法复苏程序，全世界都对此拭目以待。稍后的10月14日，韩国首尔中央地方法院裁定，出售韩进海运在亚洲、美洲航线的销售和营销网络。这鉴于韩进巨大的市场份额，该案在世界范围内引发了巨大的冲击，国内外很多港口都拒绝韩进船舶停靠，甚至第一时间扣留韩进船舶……随着不同利益方次第浮出水面，韩进破产案的影响还在发酵，不同国家和地区的债权人，势必将使劲洪荒之力来维护权益。这给中国境内的债权人出了一道难题，也极大地考验我国跨境破产法的运作。

就现在的形势而言，站在中国债权人的角度，无非两个选项：要么直接加入韩国的破产清算程序，通过破产清算，来维护自身的合法权益；要么针对韩进在中国的10个分公司、14个办事处，在中国境内申请启动破产程序。

这两个选项各有千秋。加入韩进在韩国的破产清算程序，优点是可以直接参与相关程序，使其债权通过破产清算得到部分清偿。但缺点也很明显，尽管韩国《债务人复苏及破产法》第2条赋予外国人和外国公司的国民待遇原则，但外国债权人依旧绕不开语言、法律等障碍，尤其是韩国的破产法律修订相当频繁，信息完全不对称。另外，按照当时的报道，中国境内涉及韩进的债权人数量和债权总额，在韩进海运总债权额中比重不大，这意味着中国债权人对韩进破产案的实质影响有限。而在中国境内申请启动破产程序，优点在于没有法律和语言障碍，但仅依靠韩进在华遗留财产，万一重整失败，极有可能导致清偿率低下。

另外，如要在中国启动针对韩进的破产程序，中国司法机构也面临要不要承认韩国破产清算程度的难题。如果承认，既牵涉双边程序的主、辅问题，亦涉及破产财产的移交问题；既涉及司法主权，亦涉及债权人利益。而如果不承认，中国境内韩进财产只在中国债权人间分配，但中国债权人失去参与韩进在韩国财产的分配；这也不利于中国树立开放、市场化的国际形象。

在实践中，中国的债权人则率先在中国法院提起诉讼。据报道，2016 年 9 月至 11 月，厦门海事法院陆续受理了 13 起涉韩进破产合同纠纷案，相关原告均以韩进海运本身或者韩进海运在中国的分公司提起诉讼。这 13 起案件中，有 6 起案件涉及诉前财产保全，法院采取保全措施后，当事人转而向仲裁机构提出仲裁，而剩余 7 起案件进入诉讼程序。2017 年 1 月 4 日，厦门海事法院对其中 7 起做出判决，全部由韩进在华分公司独立承担责任，涉案标的金额 1100 多万元。据悉，这也是全国首次甚至唯一一次由中国司法机构对涉及韩进海运破产案的诉讼做出判决。但就目前公开报道而言，这些判决执行情况不详，是否会引发韩进海运在华分公司的破产亦是未知数，会不会或者如何与韩国韩进海运破产清算案有所关联也不得而知。如果说破产程序的价值之一在于给予债权人、债务人某种特殊情况下的确定性，那么现在我们面临的形势，最稀缺的恰恰就是确定性。

关于境外破产程序的承认和执行，我国《企业破产法》第 5 条规定了国际条约或互惠原则的审查前提。2003 年 7 月 7 日中韩两国签署了双边《关于民事和商事司法协助的条约》，但该条约第 3 条明文规定，中韩民商事司法协助范围包括送达司法文书、调查取证、承认与执行仲裁裁决以及提供法律资料或司法记录等四方面。这也就是说，跨境破产不在条约范围内，中韩之间在跨境破产方面并没有条约。

因此，我们决定是否承认韩国韩进破产程序，唯一的法律依据就是《企业破产法》第 5 条规定的“互惠原则”。目前，中、韩之间似乎还没有涉及跨境破产案件互相承认和执行的先例，这里的互惠尚属空白。在这种情况下，势必要一方先向对方施惠，那么在韩国尚未施惠于中国的前提下，中国是否在韩进破产案中有足够的勇气和智慧先施惠韩国？这显然很考验中国司法机构。

在笔者看来，国际范围内其他国家的做法可供借鉴。2016 年 9 月 5 日，日本东京地方法院率先裁定在日本承认韩进破产程序，接下来英国、新加坡法院先后做出类似裁定；韩进也在美国提起跨境破产申请。目前，还没有哪个国家明确拒绝承认韩国的破产程序。显然，在现代法治精神的框架下，合理参与跨境破产程序，能带来债权人利益的最大化。上述选项都迫在眉睫，需要我们尽快做出选择。

除了针对韩进案在个案意义上的抉择外，在未来势必还会有其他类似案件。在这种情况下，我们需要至少从如下三方面革新制度，未雨绸缪：

从立法层面，我们需要细化跨境破产规则，为将来应对更多的跨境破产案提供法律依据。随着“一带一路”等国家战略的实施，我国将来的跨境破产案势必会越来越多，仅在《企业破产法》第 5 条原则性规定跨境破产事宜的做法已不合时宜。随着中国大国地位的提升，我们在跨境破产领域势必要与世界更为积极地互动。职是之故，我们应该以联合国贸易委员会《跨境破产示范法》为基础，细化跨境破产条文。从可操作性的角度，如果短期内修订《企业破产法》困难，可以考虑由最高人民法院通过司法解释的方式，细化有关跨境破产的规则。这种方式具有一定灵活性，可以根据实践需要及时修订，也可为将来上升到法律层面积累经验。

从司法角度，我们应在中央层面，推动破产审判的专业化。退一步，如果在最高人民法院设置破产庭不成熟，至少应设置常态化跨境破产审理机构，专门处理应对跨境破产案的输入与输出。我国破产审判体制改革方兴未艾，各级法院专门破产庭的设置如雨后春笋，但在中央层面目前并无专业破产审判庭，亦无专门跨境破产事宜处理机构。按照目前最高人民法院各业务庭的分工，民二庭主管商事案件，而民四庭主管海事案件及涉外民商事案件。假如韩国首尔中央地区法院就韩进破产案寻求中国司法机构协助，必然会面临一定程度的选择障碍。职是之故，长远来看我们可考虑在最高人民法院设置专门破产审判庭，短期来看至少可以由民二庭、民四庭联合组成常设跨境破产案受理机构，及时回应境外破产法院的相应需求，必要时积极组织境内债权人集体参与境外破产程序。

从人才储备的角度来看，我们的司法机构和法学教育机构应通力合作，大力培养跨境破产法律人才。囿于中国简陋的跨境破产立法及现有司法机制，我国法学界有关跨境破产的理论储备与实务经验都十分有限，跨境破产案件的处理与应对尚属于待开垦的处女地，实践中人才缺口不小。韩进破产案发生后各方进退失据，可以说是这种人才匮乏、知识不足的缩影。我们应以此为契机，推动跨境破产知识传播和相关人才的培养。

韩进破产案的影响力正在凸显。这既是危机，也是转机。倘若应对得法，不光中国债权人的利益能够得到合理维护，也能够促进中国跨境破产立法及司法的改革与提升。

（本文首发于《法制日报》2017 年 2 月 22 日，第 12 版。）

内地与香港的跨境破产机制筹设何时走起？

2016年8月16日，李克强总理在国务院常务会议上表示，深港通准备工作已就绪，国务院已批准《深港通实施方案》。显而易见的是，深港通作为2014年港沪通的后续，在内地和香港特别行政区证券资本市场的互通及中国资本市场的法制化、市场化和国际化方面，势必将发挥更为重要的作用。

这条消息，让我又想起中国内地与香港特别行政区的跨境破产问题。对这个问题，我在写英文博士论文初稿时，曾特别关注过。这几年来，尽管这个问题的解决举步维艰，但依然一直吸引着我的注意力。在我看来，由于政经传统及法律体系的巨大差异，在海峡两岸暨香港、澳门的跨境破产机制筹设中，内地与香港之间的跨境破产势必是最难的一关。一旦迈过这道坎儿，整个大中华区的跨境破产机制筹设便"晴川历历汉阳树，芳草萋萋鹦鹉洲"了。

然而，内地与香港之间的跨境破产机制筹设却迟迟无动静。1997年7月1日，中国恢复对香港实施主权并设立香港特别行政区以来，双边关系在各方面的沟通和联系中持续加强，但在司法合作方面，迄今为止二十年过去，代表内地的最高人民法院和代表香港的特区政府律政司也只达成了如下三个协议：1999年的《内地与香港特别行政区相互委托送达民商事司法文书的安排》《内地与香港特别行政区相互执行仲裁裁决的安排》和2006年的《内地与香港特别行政区法院相互认可和执行当事人协议管辖的民商事案件判决的安排》。

内地与香港之间的跨境破产机制筹设迟迟无动静，不是因为其不重要，而是因为其难度重重。破产本身既涉及程序法也涉及实体法，而跨境破产更在程序法和实体法之外，又涉及国际法层面的问题。就人类现有的跨境破产合作机制来说，任何司法辖区之间的跨境破产机制的筹设，既没有捷径可走，亦没有普遍适用的模式，既有的跨境破产制度建设的经验也各有千秋，同时又植根于相应的政经体系。当事各方只能一点点谈、一点点协调，最终让跨境破产制度在实践中不断接受检验并完善。就内地和香港之间的跨境破产筹设来说，这一点尤其明显。

内地与香港之间的跨境破产机制筹设之所以如此难，主要是因为双方都受制于很多因素。这些因素中，双方政治经济制度和传统的巨大差异是一方面，大陆法系与英美法系的绝大差异则是另一方面。内地与香港之间，除了跨境破产共同面临的难点外，还要面临“一国两制”的特殊情形。而更重大的差异则在于双方破产法律体系，尤其是跨境破产法方面的根本不同。

就内地而言，2006 年《企业破产法》及其他相关法律，为我们提供了一套相对市场化的破产法律体系，破产职业阶层有了用武之地，破产清算、和解和重整制度也为债务人和债权人之间的博弈提供了竞技场。随着司法解释的次第颁布，破产法的实施越来越规划，可预期性越来越强。过去十年来，包括律师事务所、会计师事务所和清算公司在内的破产职业阶层得到了迅速发展；司法系统亦在破产审判中积累了一定的经验，破产审判体制正在迎来革命性的变化；全国企业破产重整案件信息网的开通，破产司法开始与网络技术的发展无缝对接，破产司法将迎来信息化、智能化时代……如此等等信息，昭示着中国破产事业春天的到来。

与破产事业欣欣向荣对比，内地在跨境破产方面显然萧瑟寂寥。2006 年《企业破产法》第 5 条，对跨境破产做出简陋的安排：境内破产裁定的“出口”时，在境外当然有效并对债务人在中国境外的财产发生效力；而境外破产裁定的“进口”时，则需要按照中国参与或者缔结的条约，或者互惠原则进行审查，只有在不违反中国法律的基本原则，不损害国家主权、安全和社会公共利益，不损害中国境内债权人利益的前提下，才能得到承认和执行。你可以找一万条理由为这条规定的合理性辩护，但你不能回答自己：凭什么人家境外法院要当然承认贵国法院的破产裁定？显然，如此简陋的原则性规定，一方面会将大量境外的破产裁定挡在国门之外，但另一方面也会使境内的破产裁定在国门之外寸步难行。

香港特别行政区的境况也有其特殊性。就破产法律制度而言，香港现行的破产法律，主要由两部条例构成：《破产条例》（香港法令第6章）和《公司（清盘及杂项条文）条例》（香港法令第32章）构成。其中，《破产条例》主要规制个人破产事宜，而《公司（清盘及杂项条文）条例》则主要规制公司清盘事宜。在这两部法律之外，香港法令中还有诸如《破产欠薪保障条例》（香港法令第380章）等特别法令，规范诸如个人破产或公司清盘时雇员权益保障等破产相关的特定事宜。尽管香港贵为全球知名的自由港，香港却没有公司拯救机制，——尽管各界已经努力了十多年，但一时三刻还不会有大动静。而就香港破产法例的实施来说，香港司法系统十分活跃主动，长期以来已经积累了大量的司法判例，成为香港破产法渊源的一部分；而在行政层面，香港特别新行政区政府设有专门的破产管理署，在香港破产法的实施中发挥着建设性的角色。

就香港的跨境破产法律而言，很遗憾《破产条例》和《公司（清盘及杂项条文）条例》并未对此作出规定。在司法实践中，香港司法系统则将境外公司视为《公司（清盘及杂项条文）条例》第326条规定的“非注册公司”，同时在大量援引普通法系判例的基础上，发展出了香港特色的跨境破产制度。

然而，内地和香港的跨境破产机制筹设尽管困难重重，但不应该也不能止步不前。由于香港继续沿用普通法，香港司法机构作出的破产裁定，在普通法系国家能够得到顺利承认和执行，香港司法机构任命的破产执业者在普通法系国家也可以方便地行使其职权。就破产司法和执法而言，香港特别行政区与普通法系国家能够无缝对接。这便形成了一个近似于笑话的窘境：香港法院的破产裁定在香港之外畅通无阻，在同属中华人民共和国的内地反而既不能承认和执行；香港法院任命的破产管理人能够在境外实施权力，在中国内地却不能。纵然香港和内地地理上只有一步之遥，在跨境破产上的距离却有十万八千里。

这几天，我留意到这样一条的消息：2016年3月21日，最高人民法院副院长沈德咏与香港特区政府律政司袁国强，在香港就推进两地民商事司法协助工作展开会谈，并签署了双边纪要。在该纪要中，双方确认两地司法协助仍有很大的发展需要和进步空间。我相信这里的“发展需要和进步空间”，必然包含内地与香港间的跨境破产安排。我期待，在不久的将来，内地和香港在跨境破产机制筹设方面能够迈出实质性的步伐。

（本文首发于《法制日报》2016 年 9 月 7 日，第 12 版。）

欧盟跨境破产信息登记系统的筹设及其启示

2016年8月1日，我国最高人民法院创建的“全国企业破产重整案件信息网”正式开通运营。该网站的建成，是我国破产事业发展中非常重要的一步，势必将对破产审判的信息化、电子化带来极多的便利。在接受财新网采访时，我充分肯定了该网站的意义，同时提出一些完善建议；我特别强调，很多国家和地区在这方面已经做了有益的尝试，多学习可以少走很多弯路，并举了欧盟筹设中的跨境破产信息登记系统为例子。

欧盟立法机构在2015年5月20日正式颁布《欧盟跨境破产规章（第2015/848号）》。该规章将取代《欧盟跨境破产规章（第1346/2000号）》，为旷日持久的欧洲跨境破产法改革，画下了一个圆满的句号。欧盟跨境破产信息登记系统的筹设，即是《欧盟跨境破产规章（第2015/848号）》的创新之一。按照规划，该系统应在2019年6月26日之前建成。

欧盟高级立法官员帕尔·兹兰尼（Pál Szirányi）乐观地预期，一旦欧盟跨境破产登记系统建成，其将有效地促进欧盟范围内破产程序的透明度。不难想见，不管是从破产执业人之间、法院之间还是破产执业人与法院之间交流和合作的角度，还是从债权申报的角度，这一系统的建立将极大地便利破产程序的顺畅进行。

欧盟力推破产登记系统的学理依据是破产程序的集体性，这种集体性要求其保持一定的公开度。换句话说，为便于采取适当行动，破产程序的开始应该及时通知到与债务人的财产或者业务有关的任何人；而从债务人的角度，设立破产登记系统，也有利于提高达成统一解决方案的概率，这在公司拯救机制越来越重要的情况下确实有意义。而欧盟各成员国既有的破产登记系统，种类繁多，自成一体，无论是熟悉程度还是可接触性，当地居民都得天独厚，在跨境破产中难免厚此薄彼。如何有效地解决此问题，欧洲跨境破产制度的设计者们早在制定《欧盟跨境破产规章（第1346/2000号）》时就有关注，但当时由于技术手段限制和分歧较大而未能在该规章中予以规范；在该规章运作十多年后，这个问题也到了非解决不可的地步。

《欧盟跨境破产规章（第2015/848号）》序言第76条，详细地说明了破产登记系统的基本方案："为了改进针对相关债权人和法院的信息条款，同时也为防止平行破产程序的启动，成员国有义务在可公开访问的电子登记系统中，发布跨境破产案件的相关信息。为便利位于其他成员国的债权人和法院获取信息，本规章要求这些破产登记系统通过欧洲电子司法门户（European e-Justice Portal）互联。成员国可自由在多个登记系统中发布相关信息；较之每个成员国一个登记系统，这将使互联成为可能。"

对于破产登记系统内究竟发布哪些信息，鉴于各成员国法的多样性，《欧盟跨境破产规章（第2015/848号）》在序言中设定了最低数量信息标准。序言第77条规定，该规章应决定发布在破产登记系统中最低限度的信息，但不排除成员国发布更多信息的权利。照此思路，这一登记系统将对外开放，而且强制性公开如下信息：破产程序启动的日期，管辖法院及案例编号，破产程序的类型，主破产程序还是辅破产程序，法人或公司类债务人名称及登记号、登记地址或者通讯地址，个体类债务人的姓名、登记号、通讯地址、住址及出生年月日，破产执业人的姓名、地址及电子邮件地址，申报债权的期限及计算方式，主破产程序结束日期以及对管辖权的异议期等。在这些强制性信息之外，该规章并未限制成员国破产登记系统公开其他信息或附加相关文件的权限，但也未强制要求成员国破产登记系统公开未独立经商的个人信息。

根据该规章，欧盟破产登记系统的互联将会建立分散体系：先由成员国建成各自的破产登记系统，然后通过欧洲电子司法门户，将成员国破产登记系统在欧盟范围内互联。破产执业人或者占有债务人可以请求法院，对启动破产程序裁定及任命破产执业人裁定的通知，可以根据成员国法律规定的公布程序，在其他债务人具有产业的任何成员国发布。相关通知发布时，应明确所做任命及管辖规则，是属于主破产程序还是辅破产程序。如果破产执业人或者占有债务人认为有必要，亦可请求上述通知在任何其他成员国发布。

另外，如果债务人产业所在地成员国法规定且相关产业已在所在地成员国公共登记系统登记，或者债务人所有的不动产所在地成员国法要求前述启动破产程序的信息，在土地登记、公司登记或其他公共登记系统公布，破产执业人或者占有债务人应采取一切必要措施，完成此登记程序。如果登记所在地成员国法允许，破产执业人或者占有债务人可以请求在其他任何成员国完成类似登记程序。

较之该系统的制度设计，我也格外看重欧盟对破产登记系统中数据安全的保护。我们知道，人权保护尤其是个人隐私的保护是欧盟的基本价值观之一，与个人隐私有关的数据安全问题，是欧洲政治文化中极为敏感的问题之一。在欧盟跨境破产法的修订中，这个问题也成为欧盟立法机构设计破产登记系统时，各方面最为关注的问题之一；在一定程度上，这个问题甚至成为影响、制约甚至阻碍破产登记系统设立的主要因素。

针对上述破产登记系统潜在的数据安全问题，该规章专门增加了一章 6 条，确保相关个人数据的安全。该规章别重申该规章尊重《欧盟基本权利宪章》中规定的基本权利和原则，尤其是与个人数据保护、财产权、有效救济权及公平受审权相关的第 8、18 及 47 条。而从技术角度，该规章涉及的数据安全将依据《第 95/46/EC 号指令》和《第 45/2001 号规章》展开。

《第 95/46/EC 号指令》主要涉及欧盟范围内个人数据保护及流动。成员国将根据转化该指令的国内法规则，负责其国内数据库内数据的收集和存储，并使这些数据能在互联的登记系统可用，且可通过欧洲电子司法门户查询。而《第 45/2001 号规章》主要规范欧盟相关机构管理和使用的个人数据的问题。

作为基本原则，每个欧盟成员国都应采取技术措施，保障各国破产登记系统内个人数据的安全。该规章序言第 79 条规定，“为充分保护非运行独立商业或职业活动个人的信息，成员国可对相关信息设置补充检索标准，比如债务人的个人身份证号码、地址、出生日期或者相应法院的地区，或者根据相应适格机构的请求或根据合法利益验证”。另外，成员国亦有义务不在其破产登记系统中，提供非运行独立商业或职业活动个人的相关信息；在这种情况下，成员国应保证相关信息通过个别通知而提供给债权人们，而未收到该通知的债权人的申报权不受破产程序影响。

对于在国内破产登记系统中获取的个人信息，每个成员国都应向欧盟委员会传达该自然人或法人的姓名、依据转化《第95/46/EC号指令》第2（d）条的国内法而行使“控制人”（controller）的公共机关、代理机构或其他组织，并提供其在欧洲电子司法门户上发布的信息。另外，成员国有责任核查“控制人”对数据质量原则的遵守，尤其是其精确性及储存在各国破产登记系统内数据的更新。鉴于部分信息应提供给数据对象，以便他们能够行使包括删除权在内的其权利，成员国应该通知数据对象相关储存在破产登记系统内个人数据的可访问期限。

欧盟委员会行使则根据《第45/2001号规章》第2（d）条建立的“控制人”之权。基于此，欧盟委员会应该界定必要的政策，并采取适当的技术措施，来行使其“控制人”之权。在这种情况下，欧盟委员会可以执行相关技术措施，保障个人数据在传输中的安全，尤其是其保密性和与欧洲电子司法门户之间传输的完整性。当然，欧盟委员会的义务，并不影响成员国及其他机构在其内部联系的国内数据库方面的责任。在不违反根据《第45/2001号规章》第11、12条而提供给数据对象的信息的前提下，欧盟委员会有义务通知数据对象，其在数据处理中的角色以及这些数据处理的目的。

按照《欧盟跨境破产规章（第2015/848号）》，涉及任何内部联系的国内数据库中的信息，与数据对象有关的任何个人信息，都不会存储在欧洲电子司法门户中，而只存储在成员国或其他机构操作的国内数据库里。而存储在成员国破产登记系统中的个人信息，应与其国内法规定的期限一样，可以通过欧洲电子司法门户访问。

我国“全国企业破产重整案件信息网”在运行过程中，势必会根据“用户体验”做出一步步调整和完善。而欧盟在制度设计、个人隐私保护及数据安全等方面碰到的问题，我国迟早也都会面临。既然如此，我们何不未雨绸缪，博采众长，借包括欧盟在内世界各国破产信息系统设计的先进理念，来完善中国的破产案件信息网络？

（本文首发于《法制日报》2016年8月10日，第11版。）

跨境破产的欧洲经验

就世界范围而言，尽管很多国际组织、地区或国家都为跨境破产制度的建构做出了不遗余力的探索，也取得了丰硕的成果，但就目前而言，全球范围内唯一具有法律约束力的区际跨境破产法，依然非欧盟跨境破产法莫属。仅凭这一点，我们在任何时候探讨跨境破产，都不能忽略跨境破产的欧盟经验。

事实上，欧洲对跨境破产制度的追求源远流长。早在1302年，欧洲就有了最早见诸史籍的跨境破产案件：意大利的皮斯托亚共和国的阿曼纳提银行破产，其在罗马的分支机构亦不得不突然关闭，财产亦被转往皮斯托亚。当地的受害者们如同热锅上的蚂蚁，这里面就包括罗马教廷自身。为了维护罗马教廷的利益，博义八世首先发布谕令禁止银行的所有者瓜分银行资产，责成所有的债务人未经教廷批准不许分配财产；同时向位于欧洲各国的债务人们承诺其在罗马的安全，换取合作，最终借助其超越国界的权力，将位于外国的破产财产收集在一起并在债权人之间分配。这是世界上权力最大的破产管理人，也是欧洲乃至世界范围内首例有案可查的跨境破产案。

第二次世界大战之后几十年间，随着欧洲一体化的进程，欧洲跨境破产制度一直在努力，从来未成功。在这个过程中，除了各国曾签署过数不清的双边条约外，签署欧洲跨境破产多边条约努力就从未止歇。早在1960年，欧共体开始起草民商事裁定承认和执行条约，但在起草过程中，鉴于破产事务的复杂性，破产早早就被排除出该条约，而从1963年开始另组委员会，起草跨境破产条约，到1970年完成了第一份法语版草案，并在 1973 年对外发布英文版。这份草案野心勃勃地提出要制定统一的破产法，并指望其在各国普遍适用，未能走得更远。1980 年，欧共体各国完成一份新草案，并在两年后对外正式发布；只是由于种种原因，这份草案还未受到立法机构和学界的热烈欢迎，便销声匿迹。20 世纪 80 年代，欧洲各国破产法迎来革命性的变化，跨境破产共识进一步加强，各方在跨境破产领域达成 1990 年的《伊斯坦布尔条约》草案，为复杂的跨境破产提供了更为灵活的处理机制；遗憾的是，在签署期届满前，只有 8 个国家签署该条约，只有塞浦路斯通过该条约，该草案最终亦难逃厄运。五年后，各方在 1990 年草案基础上，提出 1995 年草案，但最终也因为疯牛病疫情的突然爆发而被英国绑架，英国将欧洲各国撤销牛肉抵制令作为签署并批准该条约的前提条件，稍一磨蹭，便错过了签署期。

直到 2000 年 5 月 29 日，欧盟立法机构才正式通过并颁布的《欧盟跨境破产规章（第 1346/2000 号）》。该规章作为欧洲乃至全世界跨境破产法发展史上的标志性成就，有着十分重要的意义，在过去十年的实施中也获得了大量的经验和教训，欧洲法院通过司法解释的方式，亦发展出一整套完备的判例法。在此基础上，欧盟立法机构于 2015 年 5 月 20 日通过《欧盟跨境破产规章（第 2015/848 号）》，为旷日持久的欧洲跨境破产法改革画下了一个圆满的句号。

在我看来，欧洲在过去几十年的跨境破产机制建设中，有如下经验，颇值得我们完善中国跨境破产法律制度、构建大中华区跨境破产机制时特别留意：

第一，在跨境破产制度中，国家主权尤其是司法主权值得重视，但不宜过分强调。就传统的国际政治来说，国家主权是外交政策的出发点和落脚点，除非有国际条约或者互惠原则的限制，国家主权就被视若禁脔，神圣不可侵犯。这当然无可厚非，在跨境破产制度构建中旗帜鲜明地捍卫国家主权，当是政府义不容辞的义务。但跨境破产毕竟涉及对境外破产司法裁定的承认和执行，亦涉及对境外司法机构任命的破产执业人员的承认与配合；在这个过程中，倘若过分强调国家司法主权，而不部分地在互惠原则下让渡司法主权，只采取有利于己方的立场，而不考虑对方的立场与利益，达成跨境破产协议将绵绵无绝期。欧洲在构建跨境破产的早期，起草者们希望本国的破产裁定在境外普遍适用，而境外破产裁定便要受到种种限制，双方针尖对麦芒，便使欧洲达成跨境破产协定的日期被推迟了几十年。

第二，构建跨境破产制度固然应该志向远大，但不能过于野心勃勃。欧洲1970年起草的跨境破产条约草案无果而终，很大程度上便是因为这个原因。鉴于欧洲多元的政治、经济和文化发展水平，更鉴于各国千差万别的破产法律体系，制定一部规范实体事物的欧洲破产法既不现实，也不可能。更为务实的态度，还是尽可能从可以协调的程序性事务做起，逐步视情况而推动。后来通过的《欧盟跨境破产规章（第1346/2000号）》及《欧盟跨境破产规章（第2015/848号）》，反复重申的便是这个立场。

第三，在跨境破产中保护本国债权人和债务人的利益，是跨境破产制度的应有之义，但应警惕对这一功能的滥用，不能也不应“护短”，进而发展成地方保护主义。对债权人的平等对待，或者不过度袒护本国债权人、债务人，是各方就跨境破产制度达成协议的最大公约数。欧洲在跨境破产制度的构建中，也是经过几十年的努力，各方最终才在平等对待境内外债权人方面，达到了微妙的平衡。这也成为欧洲立法机构最终通过《欧盟跨境破产规章（第1346/2000号）》的根本原因。

第四，要在确保跨境破产有效运行的基础上，尊重多样性、多元性，尽最大限度尊重辅破产程序启动国的法律与债权人、债务人利益。欧洲早期的跨境破产制度草案中，对主破产程序普遍主义的效力强调过多，而对辅破产程序启动国法律的尊重、当时债权人和债务人的利益保护不够，使政经传统千差万别、国家大小错落有致、经济发展参次不齐的欧洲大陆，始终难以达成各方都能认可的协议。而《欧盟跨境破产规章（第1346/2000号）》对辅破产程序启动国的法律适用、效力、当地债权人债务人利益的保护，都做了详细的规定，这使这个法律文本也最终被广泛接受。

第五，要对偶然因素的影响做好预案和心理准备。从历史的角度来看，欧盟各国达成1995年达成的《破产条约》其实是历次草案中最接近签署的一次。但就在签字的节骨眼儿上，欧洲爆发了疯牛病疫情，来自英国的牛肉受到整个欧洲大陆的抵制，英国政府也宣布将欧洲大陆撤回牛肉抵制令作为签署的先决条件。就这样几经往还，1996年5月23日签署期届满，但英国依然拒绝签字，该《破产条约》亦无奈流产。这一段被疯牛病“劫持”的欧盟跨境破产法史告诉我们，要警惕“蝴蝶效应”并尽可能未雨绸缪。

第六、跨境破产纵然艰难，但只要全社会矢志不渝地推进，如此利国利民的大事，总有成功之日。遥想1968年欧共体在其《关于民商事裁判管辖权及判决执行的公约》（布鲁塞尔公约）中，坚定地将破产排除在外，谁能想到四十年后，被当时的起草者们认为最为艰难的跨境破产事宜，竟然也有了通过之日。

当然，类似的经验，站在不同角度，还能列举很多，这本来就不是一个封闭性的问题。就跨境破产制度的完善来说，下面一副对联非常贴切：“有志者，事竟成，破釜沉舟，百二秦关终属楚；苦心人，天不负，卧薪尝胆，三千越甲可吞吴。”希望在未来中国跨境破产制度的革新方面，相关各界都能够卧薪尝胆、破斧成舟，有所作为，有所成就。

（本文首发于《法制日报》2016年9月14日，第12版。）

英国“脱欧”关跨境破产什么事儿？

2016年6月24日，欧盟一体化进程中最黑暗的一天，英国通过公投的方式，退出了欧盟。这绝对是欧盟史非常重要的悲剧性时刻。英国“脱欧”是一个很让人大跌眼镜的结果——很多人之前可能想，英国人就是投着玩儿，留欧派肯定会多于脱欧派；谁也没想到，英国的脱欧派最终以微弱的多数，将英国自绝于欧罗巴。

那么，英国“脱欧”关破产什么事儿？

我们知道，在欧盟范围内，普通的跨境破产裁定的承认和执行，主要由2000年5月20日通过的《第1346/2000号规章》规制；特定主体如保险、金融、投资等公司的跨境破产，则由相关指令转化成国内法后规制。按照《第1346/2000号规章》，欧盟跨境破产采用主、辅破产程序并行的框架，主破产程序的效力及于全欧盟，而辅破产程序只对程序启动国的债务人财产有效。鉴于欧盟范围内各成员国破产制度在实体法层面的巨大差异，这部规章只设定成员国之间相互自动承认和执行破产裁定的程序，而把相关程序所适用的法律留给成员国法。2015年5月20日，旷日持久的欧盟跨境破产法改革终于落幕，《第2015/848号规章》正式通过。在沿袭《第1346/2000号规章》框架的基础上，《第2015/848号规章》扩大了覆盖范围，加强了破产执业人之间、法院之间、破产执业人和法院间的沟通和联系，加强欧盟层面破产登记系统的互联，同时在集团公司跨境破产方面也迈出坚实的一步。在《第2015/848号规章》2017年6月26日生效之前，欧盟的跨境破产仍将适用《第1346/2000号规章》。

在欧盟立法机制中，规章是仅次于条约的法律渊源，直接适用于欧盟各成员国。但这一条在《里斯本条约》中有例外。《里斯本条约》在正文之外共有37份协议、2份附件和65份声明，专门对一些细节问题做出规范。其中有一份关于英国和爱尔兰地位的协议，规定除非英国或爱尔兰书面通知欧洲理事会主席，否则欧盟的相关规章将不适用于这两个国家。在《第1346/2000号规章》起草中，英国已表态其愿意适用该规章，这也就是说，欧盟跨境破产规章在英国具有法律效力。这一立场在《第2015/848号规章》得以延续。

在跨境破产的实践中，这意味着什么呢?

这意味着，欧盟其他成员国法院做出的破产裁定，在英国将得到直接承认和执行；而英国法院做出的破产裁定，在欧盟各成员国亦将畅通无阻。英国和其他成员国法庭任命的破产执业人，都可以在对方司法辖区内执业。在欧盟人力、物资自由流动的大政策下，鉴于英国破产法灵活、多样且对债务人更友好等诸多优点，越来越多的欧盟居民前往英国开设公司，然后在欧盟范围内追逐利润。也正因如此，不光英国的税务机构受益，英国的破产执业人士较之其他成员国同行，亦明显成为“既得利益者”。

然而，英国“脱欧”后，这一欧盟破产界的蜜月，将成为明日黄花。根据《里斯本条约》第50条的精神，每个成员国都有权基于其宪法要求决定退出欧盟。从这一点上来说，英国的“脱欧”没有违背任何法理。而决定退出后，相关成员国必须尽快和欧盟就退出的善后事宜，尤其是双方未来的关系，展开双边谈判。这一谈判期正常期限为两年，两年后欧盟所有法律将不再适用于该“脱欧国”；当然，如果必要，双方可以共同决定适度延长谈判期。相关善后事宜的内容，《里斯本条约》并未明确限定。

对跨境破产事务来说，这个善后谈判可能会有两种结果：

一种结果是英国和欧盟就继续适用《第2015/848号规章》，从而维持欧盟各成员国和英国之间跨境破产裁定直接承认和执行的法律关系。显而易见，这将是英国“脱欧”在跨境破产领域震荡最小的一种安排。但是，这种想法能否实现完全是个未知数，——这种安排必须要欧盟成员国全体一致通过。甚至有一种更有想象力的看法，认为欧盟和英国可以达成一致，允许英国以非成员国的身份留在欧盟跨境破产体系内，而英国在这些规章修订中的话语权将大受限制。我并不看好这种观点，毕竟这将与《第 1346/2000 号规章》和《第 2015/848 号规章》中有关其地域效力的条文直接抵触。

另一种结果就是英国和欧盟在破产领域达不成一致，无论是《第 1346/2000 号规章》还是《第 2015/848 号规章》，都将不再适用于英国。那么在这种情况下，跨境破产案件该怎么处理呢？

毫无疑问，英国自身的跨境破产法体系将发挥重要作用。首先，英国是现在世界上 41 个采纳联合国贸易委员会《跨境破产示范法》的国家之一；在欧盟成员国内，同样采纳该示范法的成员国还有希腊、波兰、罗马尼亚和斯洛文尼亚。那么，至少在英国和希腊、波兰、罗马尼亚及斯洛文尼亚的跨境破产中，可以按照《跨境破产示范法》的精神及其国内法来处理。其次，根据英国现行的《1986 年破产法》第 426 条有关英联邦成员国法院就破产审判开展合作的条文，英联邦成员国的跨境破产亦可通过这一途径来处理。最后，英国毕竟是普通法系的母国，而破产程序的"普遍主义"效力，则是普通法的基本原则之一，英国理论上可以宣告其破产程序的普遍效力；当然这还是需要英国与对应国达成正式协议才能真正实施，否则其他国家法院没有义务承认英国破产裁定的普遍效力。

但是，无论英国的跨境破产法有多精良，英国的主要商贸往来，仍然将在欧洲大陆。"脱欧"在破产领域的震荡将一步步展示出来：英国的破产程序将不会在其他欧盟成员国得到自动承认；破产执业人和法院之间的强制沟通和交流义务将不复存在，这意味着英国的破产执业人和法院可能对境外的相关破产程序一无所知；英国公司在其他欧盟成员国的财产，将不会享受在《第 1346/2000 号规章》第 3 条主破产程序的各种特别优待；欧盟其他成员国启动主破产程序后，英国将无法再启动辅破产程序来维护当地债权人利益；相关英国公司根据《第 1346/2000 号规章》第 5 条享有的对物权，亦将得而复失。

另外，英国"脱欧"将导致欧盟有关民商事判决承认和执行的《第 1215/2012 号规章》亦在英国失效。这样的话，英国破产体系之外著名的"债务偿还安排"（scheme of arrangement），将无法自动在其他欧盟成员国获得承认和执行。"债务偿还安排"并不属于英国破产法的一部分，所以也不在《第 1346/2000 号规章》和《第 2015/848 号规章》的承认的英国破产程序中，而由《第 1215/

2012 号规章》规范。英国“脱欧”后，“债务偿还安排”的红利亦将消失殆尽。

在这种情况下，除非英国与欧盟其他成员国之间达成新的双边或者多边协议，英国的债权人将不得不通过个案的方式，在其债务人财产所处的欧盟成员国法院，提起一个又一个破产申请；或者，英国的债权人将需要向欧盟成员国法院申请，请其承认和执行英国法院的破产裁定。考虑到欧盟各成员国差异巨大的法律传统和语言壁垒，这种方式的不确定性将大大增加，个体债权人的维权成本亦降大幅度增长。

显而易见，英国与需要与欧盟各成员国之间，就跨境破产的承认和执行展开双边或多边谈判，达成新的跨境破产条约，找到“脱欧”后解决问题的新思路。在这种情况下，参与缔约的英国和有关成员国之间的跨境破产，则可以根据新的条约来承认和执行。这也有其不确定在里面，能否达成、何时达成、在多大范围内达成、能否比现有欧盟跨境破产规章更有效，都是问题。仅就目前来说，英国只和比利时在 1934 年达成过一个民商事裁定相互承认和执行的双边条约。

且让我们拭目以待欧盟和英国之间的“脱欧”善后谈判如何展开。将来英国和欧盟间跨境破产的处理，必将是“脱欧”善后谈判的重点；无论这些国家的政客们秉持什么立场，债权人、债务人的利益他们不能不顾。从这一点来说，我对此问题的合理解决还是比较乐观的。

（本文首发于《法制日报》2016 年 6 月 29 日，第 12 版。）

欧盟个人破产法的352“密码”

从破产法的角度，欧洲的多元和融合一直让人心驰神往。从横向来看，从英吉利到法兰西，从德意志到尼德兰，从马耳他到安道尔……大陆法系和普通法系在这里碰撞，并间接地影响到不同国家破产法文明的发展。从纵向来看，从古希腊到古罗马，再到今天扑朔迷离的英国脱欧，白云悠悠，瞬间千年，罗马法已远去，但罗马法的精神和词汇却都还活跃在各国破产法中。尤其为人所称道的是，20世纪60年代以来，欧洲的破产法先贤们便致力于推动在欧罗巴大地上跨境破产程序的协调，这一努力在尊重、包容、多元的精神指引下，终于在2000年结成硕果《欧盟跨境破产规章（第1346/2000号）》，并在2015年进一步升级为《欧盟跨境破产规章（第2015/848号）》。包括个人破产法在内，欧盟跨境破产体系从多个方面为人类社会的破产法文明做出了突出贡献。

最近，鉴于国内个人破产法话题异常火热，我特别关注欧盟个人破产法的新动态。当我看到剑桥大学出版社2019年出版的《个人债务在欧洲：欧盟金融市场和消费者破产》（Personal Debt in Europe: The EU Financial Market and Consumer Insolvency）一书，便有种如获至宝的感觉。两位作者范德里克·法兰蒂（Federico Ferretti）、丹尼拉·范多尼（Daniela Vandone），分别在博洛尼亚大学和米兰大学完成学业，都属于欧盟新锐学者中的佼佼者。尽管这本书更多从金融角度展开对欧盟过度负债问题的分析，但从欧盟个人破产法的角度，这本书仍旧可以为我们提供很多有价值的信息。

受足球比赛启发，我索性从足球比赛的阵型中选择352，作为“密码”引导我们破解欧盟个人破产法之谜。

一、导致欧盟出现过度负债问题的三个因素

欧盟个人破产法的352“密码”中的“3”，是指导致欧盟过度负债问题出现甚至泛滥的三个因素：供给侧因素、需求侧因素和欧盟经济社会结构的转型。

据统计，从1995年开始，在短短二十年间，欧盟个人债务总额增加了整整4倍多：1995年仅为2.046万亿欧元，占国民生产总值的46.7%；而到2016年时，跃升至8.19万亿欧元，占国民生产总值比例提高到55.6%。这种增长的背后，房贷扮演了极其重要的角色。在比例最高的荷兰，房贷占个人债务的比例高达90%多，而在比例最低的保加利亚，房贷占比也近50%。而在房贷的贡献之外，其他非抵押贷款数量的飙升，也为这一增长立下汗马功劳。尤其是信用贷款，1995年时总额只有3300亿欧元，而2008年时则高达1.019万亿欧元，并在长时间维持这一高位。

管中窥豹，欧盟过度负债问题从上述数据可略见一斑。而导致这一情形出现的因素，则有如下三方面的因素：

其一，供给侧因素。从行业供给侧的角度，银行业和金融中介激进的营销策略，让公众逐渐接受并习惯负债生活。另外，随着金融市场的兴盛、金融管制的放松，市场自由化程度大幅度提高，信用风险管控措施升级明显，技术革新以及金融产品的多元化，让借贷变得越来越容易。供给侧力度的加大，合理的后果就是普通人借贷越来越容易、成本越来越低。

其二，需求侧因素。从金融市场需求的角度，20世纪80年代之后欧洲经历异常巨大的社会文化转型。随着代际的更替、观念的变化，量入为出、小心翼翼的传统消费模式逐渐退隐，存储与开销的比例失衡严重，“花明天的钱，圆今天的梦”反而大行其道。也正因如此，大量的普通人尤其是年青一代，悦纳并享受高负债的生活，整个社会进入高负债时代。

其三，经济结构性转型。尤其是在劳动力市场和社会政策的剧烈变化下，失业率增长、真实收入增长停滞，低工资和缺乏保障的工作，使整个社会工薪阶层

越来越仰赖于借贷。而公共健康、退休及教育问题如“三座大山”，更是让个人层面的举债需求高企不下。

二、欧盟层面统一个人破产法的五个动力

欧盟个人破产法的352“密码”中的“5”，指在欧盟层面统一个人破产法的五个动力。

欧盟个人过度负债问题，越来越成为一个社会问题。在欧盟特定的政制体系下，既需要欧盟层面有统一的立场和步伐，确保统一性；也需要在成员国层面有适当的因应措施，保障多元性。这种情况下，在欧盟框架内便有了绵延不绝的动力，来促进个人过度负债预防和救济方面的协调。由此，欧盟层面统一个人破产法的五个动力，大致如下：

第一个动力，便是欧盟内部市场（internal market）。内部市场可以说是欧盟能够萌芽、成行、发展的核心因素，在内部市场框架下，人口、商品、金融和服务的四大自由流动，是欧盟奠基者孜孜以求的梦想。在这种梦想的驱动下，具有跨境因素的个人破产案例越来越多，债权人、债务人甚至破产执业者都需要在欧盟境内寻找合适的退出机制。

第二个动力，便是防止破产移民或者“选择法院”。欧盟各成员国破产法律制度发展的土壤、传统、文化各有不同，由此也导致实体法层面，各国破产法存在较大差异。这便给债权人们和债务人们极大的驱动力去搞破产移民或“选择法院”。无论事实上如何，理性经济人假设在这里是适用的。如果有足够的利益驱动，破产移民或者“选择法院”，一定会大行其道。但这种现象不利于交易的确定性，所以从制度建构层面，需要在个人过度负债的背景下，构建合理框架，尽可能避免破产移民或者“选择法院”。

第三个动力，是欧盟各成员国的个人破产法，可能不是债务人友好型的个人破产法，甚至可能缺乏执行措施。前文已述及，欧盟各成员国囿于千差万别的历史传统，制度建构层面势必大相径庭。而现代个人破产法的本质，又是债务人的宽恕法、救济法，这就需要欧盟立法者尽可能在欧盟层面协调各国个人破产法的发展程度，确保欧盟公民都能够享受到大体类似的个人破产制度文明。

第四个动力，即削减债权人交易成本的需求。破产制度需要在债权人、债务

人利益之间取得平衡。而欧盟千差万别的破产法，在困扰债务人的同时，也困扰债权人，甚至一定程度上会限制金融服务的自由流动。由此，欧盟层面需要协调债务预防和清理体系，尽可能减轻债权人的交易成本，诱导债权人在提供更高质量金融服务的同时追逐合理利润。

第五个动力，是承认并促进世界银行、国际货币基金组织等国际机构相关指引在欧盟落地的需要。在国际经济层面，以联合国贸易法委员会、世界银行、国际货币基金组织等机构出台的“软法”为代表，发挥着远比成员国法、多边条约、国际公约、双边协定等“硬法”更为重要的作用。在个人债务清理领域，这些机构也不乏贡献，这就要求欧盟迎合世界大势，促进“软法”在欧盟的落地。

正因为上述动力，在欧盟层面统一个人破产法的需求一直非常强劲。当然，当个人过度负债成为一个社会问题，在欧盟层面统一步伐并出台体系化的应对机制，在上述五大动力之外，势必也还有其他因素让欧盟个人破产法的一体化程度更高，上述列举难免挂一漏万。

三、欧盟层面处理个人过度负债的两大法律工具

欧盟个人破产法的352“密码”中的“2”，是指欧盟层面处理过度负债问题的两大法律工具：破产前预防和破产后救济。

一方面，就破产前预防来说，主要涉及《消费者信贷指令》（Directive 2008/48/EC，Consumer Credit Directive，CCD）和《抵押贷款指令》（Directive 2014/17/EU，Mortgage Credit Directive，MCD）。

按照欧盟法律体系，“指令”（directive）是一种建议性的法律规范，一般适用于各国不便确立统一标准时。“指令”对各成员国没有直接的强制约束力，不能在各成员国直接适用；各成员国需要在规定的时间内，在兼顾基本要求和本国国情的情况下，将指令内容转化成本国法。

这里提及的《消费者信贷指令》和《抵押贷款指令》，都是欧盟基于“负责任的信贷”理念而颁布的法律规范。《消费者信贷指令》主要目标是在消费者信贷领域，防止消费者通过不合理的借贷合同而过度负债，要求借贷双方在消费者信贷领域都要达到最低限度的透明度，尤其要求贷方通过多种途径，核验消费者的信贷能力。《抵押贷款指令》聚焦于房贷领域，在继承《消费者信贷指令》大

体思路的前提下，特别强调贷方在广告、营销、产品特性、要约邀请、包括中介和代表在内的合同信息方面的义务。该指令特别要求贷方要对债务人展开债务管理、信贷获得等方面的金融教育，强调金融机构提供相关服务时对职工、中介动机的管控和报酬管控，在计算利息的方法方面确保透明，再度特别强调贷方通过多种途径对消费者的信贷能力予以核验。欧盟特别要求各成员国在制度架构中推出“拒绝信贷的义务”，宁可干预借贷双方的缔约自由，也不能放任滥贷于不顾。

应该说，以《消费者信贷指令》和《抵押贷款指令》，为欧盟飞速增长的个人过度负债难题，踩下了刹车。但再精密的网，也可能还会有漏网之鱼。这就要求欧盟层面的破产法，能够为过度负债的个人提供纾解的途径。

另一方面，就破产后救济来说，主要由《欧盟跨境破产规章（第2015/848号)》规制。该规章脱胎于2000年通过的《欧盟跨境破产规章（第1346/2000号)》，在2015年做过大幅度修订，是欧盟处理跨境破产事务的核心框架。按照欧盟法，“规章”（regulation）不需要各成员国转化成本国法律，即可以在各成员国直接适用。

欧盟跨境破产法体系的核心是互信。根据《欧盟跨境破产规章（第2015/848号)》，欧盟跨境破产程序的协调采取1 + X模式，即在债务人的“主要利益中心”（centre of main interests，COMI）启动主破产程序。主破产程序只有一个，适用启动该程序的成员国法律，其效力遍及全欧盟。而在债务人有“产业”（establishment）的成员国，则启动辅破产程序。辅破产程序可以有多个，适用启动辅破产程序的成员国法律。

就处理欧盟个人过度负债来说，欧盟跨境破产框架有一个特点，特别有针对性。无论是2000年的《欧盟跨境破产规章（第1346/2000号)》，还是2015年的《欧盟跨境破产规章（第2015/848号)》，都未在相关破产程序的主体上做文章。也就是说，无论是企业还是个人，抑或其他主体，原则上都属于欧盟跨境破产体系的覆盖范围。

但是，这并不是说欧盟跨境破产体系门户大开。欧盟立法者在充分考虑各国破产程序千差万别的基础上，采取附件列举的方式，来确认彼此承认的破产程序清单。凡是列入相关成员国项下的破产程序，不问其适用于个人、企业还是其他主体，均会按照上述原则，在欧盟范围内得到承认和执行；凡是未列入相关成员国项下的破产程序，则需要按照以《布鲁塞尔公约》为框架的欧盟民商事判决承认和执行体系，或者其他欧盟国际私法体系，来寻求欧盟境内的承认和执行。

以上，便是欧盟个人破产法的352“密码”。欧盟各成员国差别甚大，每个国家的破产法都可以像“一千零一夜”一样讲下去；在欧盟层面讨论个人破产法，无疑更是一种学力上的冒险。如果说欧盟个人破产法的世界是个迷宫，那么这个352“密码”，便是通往迷宫出口的钥匙。

（本文2019年9月24日首发于澎湃新闻财经频道“澎湃商学院”栏目。）

瞻前

破产制度

中国，需要一场破产法的“文艺复兴”

14 世纪中叶开始，在意大利产生了一股文艺复兴思潮。这场持续近三百年的思潮，以解放人性、肯定人的价值与主张为主题，反对愚昧与迷信，将人从神的威权中解放出来，成为人文主义的源头。文艺复兴、宗教改革和启蒙运动，被并称为西欧近代三大思想解放运动。稍微了解世界史的读者，都不会忽略文艺复兴运动对全球近现代化的伟大意义。几百年过去，尽管人类世界尚未完全摆脱愚昧，但文艺复兴旗帜的高扬，却也是不争的事实。

在我看来，中国，现在也需要一场破产法的“文艺复兴”。

破产法的“文艺复兴”，需要打破部分主体不能破产的神话，要让市场经济中的所有主体都可以破产。可破产性，是衡量一个国家破产法体系开放度、包容度乃是生命力的指标之一。可破产的主体类别，与市场经济发达程度成正比例关系。在 1986 年《企业破产法（试行）》立法之前，“破产是资本主义社会的专利”“没有破产是社会主义制度优越性的体现”等教条，一度甚嚣尘上，成为破产法反对者们的尚方宝剑。幸运的是，破产法的倡导者们，最终站在胜利的一边，让国有企业不可能破产的神话不再。这也是为什么 1986 年《企业破产法（试行）》纵然简陋不堪，但却来之不易，值得我们保持基本的敬畏与感激。我国破产法的发展史，从国有企业可以破产，到民营企业可以破产，到企业可以破产，走过漫长的道路。但如今，我们不能仅仅满足于历史，我们更需要创造历史，让地方政府债务可以重组，让合伙可以破产，让个人可以破产，让金融机构破产，也有更坚实的法律依据。

破产法的“文艺复兴”，需要破产执业者制度的开放，让更多的兼具专业素养与市场意识的主体，参与到破产程序中来，也让债权人及债权人会议，成为破产程序决策的主体，而打破法院本位对破产程序时时处处的管制。2006年《企业破产法》的亮点之一是摒弃政府色彩浓厚的清算组，而创建市场化的管理人制度，让律师事务所、会计师事务所和清算公司成为破产执业主体，催生新的破产服务行业。但现在回过头来看，当年设计的管理人制度，已经越来越不能满足市场经济对破产制度的需求，当年的很多假定，现在看来也不无商榷之处。比如，我们把清算人、监督人、重整执行人等各种角色，都放置在管理人这个大筐中，为消弭破产服务行业多元化的需求，让法律层面的简单易行变成简单粗暴。又如，我们假定机构管理人比个人管理人更有信誉，但实际上可能恰恰相反，个人管理人会像爱护自己的眼睛一样爱护自己的口碑，但机构管理人可能就没那么在乎。再如，我们假定法院能够比债权人或者债权人会议更为公正，甚至把编订管理人名册、指定管理人的大权都委诸法院，但实际上可能恰恰相反，“鞋子合适不合适，只有脚知道”，债权人乃至债权人会议才会对自己的利益更为敏感、更为在乎；债权人多分点少分点，对于审理破产案件的法官来说，其实是无所谓的。甚至再进一步说，律师、会计师都可以全国执业，但从事管理人行业，却需要进入一个又一个的管理人名册，司法权不仅被行政化，而且造成事实上的行政许可与垄断，也让本来可以市场化、国际化的破产服务市场，变得支离破碎，成为每个地方法院的自留地。

破产法的“文艺复兴”，需要明确破产法实施中的政府角色，让政府真正做好简政放权、放管结合、优化服务。较之1986年《企业破产法（试行）》，我国2006年《企业破产法》的行政色彩之弱化，不可以道里计，甚至通篇找不到“政府”二字。但在《企业破产法》的实际运行中，越是看不见的手，权力越大；法院表面上的高高在上，在债权人、管理人、债务人面前威风八面，但实际上，地方政府却是破产程序能否顺利进行的胜负手。神州大地一片府院联动风，但这种尝试只能够解决问题于一时一地，没法从法律层面为破产程序中的利益相关方，提供稳定的预期。我们应该成立破产服务局，让破产行政机构成为行业准入、培训、监管的主体，及时向立法机关反馈法律实施状况并提出修改建议，实现破产法的与时俱进。

破产法的“文艺复兴”，需要破产程序超市化，让债权人们和债务人，根据自己利益、喜好做出最优选择。毋庸讳言，从 1986 年《企业破产法（试行）》的和解与整顿、清算，到 2006 年《企业破产法》的重整、和解与破产清算，破产程序中行政色彩越来越淡，市场色彩越来越浓。但从市场反馈来看，还有很多需要填补的空间，破产程序的供给依然不够丰富，比如简易破产程序的纳入，比如预重整制度的法律化，比如个人债务乃至地方债务的重组等，都还需要更为精细的制度设计。

破产法的“文艺复兴”，需要拆除严苛的地域主义的藩篱，尤其是在跨境破产领域。全球化时代的来临、中国坚定不移改革开放的国家战略，都让国内外在经济层面更为紧密地联系在一起。这要求我们的跨境破产制度，体现甚至积极回应这种全球化潮流，多些普及主义，少些地域主义。《企业破产法》第 5 条在涉及境内破产裁定输出时，采纳普及主义的立场，而在涉及境外破产裁定输入时，又采取严苛的地域主义立场，极尽各种审查之能事。坦率说，天下哪有这样的事情？我们应该勇敢地拆除自己的藩篱。我们可以看到，最高人民法院在 2018 年 3 月发布的《全国法院破产审判工作会议纪要》已有这种迹象，但这距离法律层面的改革，“道路阻且长”。

2018 年恰逢改革开放 40 周年，我国的改革开放大业又到一个再出发的关口。1986 年《企业破产法（试行）》的最终通过，成为 1978 年以来改革开放的先声；现在更需要一场破产法的“文艺复兴”，来成为 2018 年往后改革开放的先声。在这个历史节点上，破产法领域应该率先改革。中国，真的需要一场破产法的“文艺复兴”，我们需要更进一步将债权人、债务人、管理人从各种迷信与权威中解放出来，用更多元的程序供给和自主选择，在实现破产程序公平的同时，实现破产法意义上的正义。

（本文 2018 年 11 月 30 日首发于澎湃新闻财经频道“澎湃商学院”栏目。）

呼唤破产行政改革

2017 年 8 月 3 日上午，最高人民法院围绕破产审判工作召开新闻发布会，民二庭庭长贺小荣应邀介绍了有关情况。看得出来，在供给侧结构性改革大背景下，最高人民法院在破产审判领域做了大量卓有成效的努力：比如形成包括破产企业识别机制、府院互动机制、利益平衡机制在内的破产审判的三大工作机制；比如破产立案制度化取得很大成效，“立案难”有一定缓解，破产案件数量节节攀升；比如一年多成立近九十多个破产审判庭，破产审判专业化大幅度提高；还有比如破产审判信息化建设明显加速，互联网上召集债权人会议、网络拍卖破产财产处置等，极大地提高了破产案件的效率……应该说，在破产审判领域，最高人民法院交出了一份很漂亮的成绩单，我们理当向奋战在破产审判前沿的法官和政策制定者们，表示敬意与谢意。

但看了这个成绩单，我也有某种隐忧。我整体感觉，最高人民法院在破产审判领域已经付出了洪荒之力，也将现行体制下司法系统权限内的工作做到了极致。而且，这种成就既有司法系统努力的因素，也有供给侧结构性改革以及司法改革等上位改革驱动、支持的因素。在未来更长远的时间内，司法机构所能做的，可能很难再像过去这两年的改革一样让人目不暇接。

这种隐忧的根源，绝不是司法界破产同行们不够努力，而是因为更深层次的原因。这种原因，就是我国破产行政机制的付之阙如。在我看来，未来《企业破产法》实施的成效如何，或者说未来破产制度能否为我国市场经济的发展提供源源不断的驱动力，既取决于破产司法的努力，更取决于破产行政改革。

破产行政改革，意味着破产行政专门机构的设立。早在2010年，中国政法大学李曙光教授就曾在《南方周末》撰文《中国迫切需要建立破产管理局》。2016年《企业破产法》颁布十周年之际，清华大学国家金融研究院和中国政法大学破产法与企业重组研究中心联合完成《加强破产法实施，依法促进市场出清》课题，再次针对《企业破产法》实施的窘境，提出设置破产管理局的设想，同时提出具体方案。中国正在全面深化市场经济改革，在一个行政本位的社会里，没有专门行政机构的推动，破产事业终究只会浅尝辄止。

破产行政改革，意味着破产司法权、破产行政权的重新配置。就目前《企业破产法》的架构而言，在很大程度上司法机构其实担负着破产行政的职能。比如破产管理人的选任与监管问题。破产管理人本质上是服务中介，跟律师、会计师一样，是市场主体，而非司法机构的分支。也正因如此，在破产法相对成熟的经济体中，破产管理人基本都是行业协会自治为主、行政机关监管为辅。

具体而言，行业协会承载着成员的培训、自治与权利维护，而行政机关则从行业准入与退出的角度予以监管。破产管理人与司法机构之间，只有在个案中提供服务，或者需要承担司法责任时，才有直接联系，而且债权人对于选择破产管理人有着很大的发言权。但因为历史的因素，《企业破产法》起草过程中，破产管理人的指定、报酬权等权限，最终都花落法院。且不说这有违法院中立的本性，迫使法院既当裁判员，又当运动员；更严峻的问题是，开放式的授权使司法机构在破产管理人的指定、报酬确定等方面，可以通过司法解释，给自己配置极大的自由裁量权，无论是破产管理人行业也好，还是债权人本身，很难真正挑战法院在破产管理人指定方面的权威。权力意味着责任，我们也知道绝对的权力很容易导致绝对的权力寻租。我倒是主张，由行政机构承担起破产管理人的准入与监管之责，同时加速破产管理人行业协会的成立，保证破产管理人的合理竞争，也赋予债权人在破产管理人选任方面更大的发言权、更多的选择权。

破产行政改革，意味着破产案件中行政机关内部协调的重任可由破产行政机构行使。现行《企业破产法》并未太多着墨于破产案件中行政机构内部的协调，但这并不能掩盖破产实务中，行政机构的配合程度对破产案件的立案乃至破产程序的顺畅进行，有生死攸关的影响。在具体的破产案件中，国资、工商、税务、劳动、金融监管甚至公安之间的配合与协调至关重要，稍有不慎，便会使法院和破产管理人的努力前功尽弃。也正因如此，各地也创造出了各种各样的府院联动机制，最高院也将之视为其成绩之一。但这些地方性创造，归根结底还是一种被动式协调，也缺乏法律层面明确的授权与规范，而且在实务中因案而异、因地而异，具有极大的不确定性，制约了国内统一市场的形成，也浪费了大量本已十分有限的司法资源。如果在地方政府层面成立破产行政机构，政府部门内部协调事务，完全可以由该行政机构来承担。

破产行政改革，意味着破产行政机构对《企业破产法》实施情况的及时调研，大力推动其修订与完善。毋庸讳言，现行《企业破产法》在当年颁布时充满前卫性，较之1986年《企业破产法（试行）》更是天壤之别。但同样不能否认的是，《企业破产法》留下的不足与遗憾，比比皆是，比如个人破产制度的缺乏、跨境破产机制的简陋、金融机构破产制度的付之阙如、非企业法人难以破产、破产管理人协会的设置保持沉默等，都还有很大的改进空间。这些不足与遗憾，一部分是因为当时的经济发展水平决定，还有一部分则是因为观念、配套制度、部门利益等因素。在《企业破产法》实施十周年之际，这些缺憾显得尤为突出，甚至成为制约破产法高效实施的短板。破产行政机构设立之后，理应承担起这一部分职责。

当然，任何改革都会触动既得利益，都会意味着必要的成本，甚至都必然会面临不断试错的过程。破产行政改革概莫能外。但“天变不足畏，祖宗不足法，人言不足恤”，我们应该继承邓小平先生当年所说，“允许看，不争论，大胆试”，参照市场经济发达国家在破产行政方面的经验与教训，合理地设计出我国破产行政机制，并通过实践检验使之臻于完善，最终使破产事务中司法机构与行政机构各司其职，比翼齐飞，使破产制度能够造福于债权人、债务人乃至社会公众，成为推动我国市场经济升级发展的核心驱动力。

（本文首发于《法制日报》2017年8月9日，第12版。）

破产法教育要从娃娃抓起

有一条消息刷爆了法学界的朋友圈：华东政法大学马长山教授主持编写的《法治教育》（试验本）通过上海市中小学教材审查委员会的审查，由中华地图学社出版，并从2016年秋季学期起在上海市中小学试用。而在上海之外，最近几年国内也零零散散地出现了多种版本的法治教育读本。就整个民族的法治启蒙来说，这实在是一条大快人心的好消息。

法治教育要从娃娃抓起，这里面的必要性毋庸赘言。中国法治事业的进步，归根结底还是取决于法治舞台上的人们；没受过法治启蒙的民众，不大可能在法治的荒漠里建设出文明的绿洲。梁启超当年振聋发聩地呐喊："制出将来之少年中国者，则中国少年之责任也。"诚哉斯言！在这法治的寒冬里，即便我们这代人无福享受现代法治的福利，把希望留给下一代也好。早年李慎之先生在世时，就有编辑中学生公民读本的想法，《法治教育》的出版，在一定程度上可以说部分地实现了李慎之先生的遗愿。法治教育要从娃娃抓起，守正笃实，久久为功，总有一个法治的未来值得期待。

除了法治教育，在我看来，破产法教育也应从娃娃抓起。

2016年是现行2006年《企业破产法》颁布十周年。在过去十年里，这部制度设计上看起来颇为现代化的《企业破产法》，实施的效果并不理想，破产案件的数量逐年走低，大量的企业通过吊销、注销的方式退出竞争，形成今日"僵尸企业"遍地的难局。2016年5月，中国政法大学破产法与企业重组研究中心与清华大学国家金融研究院联合发布有关破产法实施的研究报告《加强破产法实施 依法促进市场出清》，该报告提出，我国破产法实施的最大问题之一，便是各方缺乏实施破产法的意愿：一方面，政府、公众甚至民营企业家对破产法缺乏正确认识，谈“破”色变；而另一方面，囿于破产法人才的稀缺，再加上评价机制的问题，司法机构对受理破产案件也意兴阑珊。

当然，平心而论，社会各界谈“破”色变，并不是一点道理都没有。尽管我当年在硕士论文《近代中国的破产制度变迁》中，极力在民国时期民商事习惯调查中发掘中国民间的破产智慧，但毋庸否认的是，现代破产制度依然是不折不扣的舶来品，从1906年清政府颁布《大清破产律》开始，到2006年颁布《企业破产法》，我们一个世纪来的破产制度建设中，受制于国际范围内破产法的知识储备和积累，本质上采取的都是清算本位的破产法律体系。按照这种制度设计，破产就是清算，清算就是死路一条。在这种长达百年的知识积累下，人们谈“破”色变并不算意外。正因如此，重整制度纵然是2006年《企业破产法》最大的制度亮点，但对非专业人士来说，破产法就是死亡法的观念根深蒂固，没几个真能欣赏并理解重整的制度价值，要从灵魂深处根除这种误解，绝非一朝一夕之功。

全社会谈“破”色变，表面上是因为我们对破产法宣传不够，而深层次原因，则是我们破产法教育的失败。我们现行的法学教育表面上欣欣向荣、百花齐放，实际上还是教育部“全国山河一片红”，全国几百家法学院，其核心课程的设置都毫无例外地受制于教育部法学学科专业主干课目录。加上2016年扩充的环境法与资源保护法、劳动法与社会保障法，法学教育中最受重视的课程，不外乎包括法理学、宪法、中国法制史、刑法、民法、商法、知识产权法、经济法、刑事诉讼法、民事诉讼法、行政法与行政诉讼法、国际法、国际私法、国际经济法等16门专业主干课。对于这个课程设置的不合理之处，法学界已有不少质疑和批评，但无论如何，这种“指挥棒”在教育高度行政化的时空背景下，导致包括破产法、金融法在内的诸多市场经济急需的课程，在法学院里极其边缘化，法学院传授的法学知识体系陈旧、落后，远远赶不上千变万化的市场经济。仅就破产法而言，部分法学院将之作为商法的一部分，部分法学院将之作为经济法的一部分，即便师资条件特别好的学校，破产法至多也只是一门选修课，对大多数法学院师生都缺乏制度压力或吸引力。这意味着我们法学院毕业的本科生，大多没有受过破产法的启蒙，甚至不知道破产法为何物。如果法学院毕业生都不知破产为何物，我们怎么可能指望那些没受过法学教育的地方官员力推破产法的实施？我们怎么可能指望法院会张开门受理所有破产案件？

破产法的制度设计与运行，对市场经济有着重要的影响。李曙光教授提出，市场经济的法律体系表面上纷繁复杂，但大体可以为分为三部分：市场准入法、市场运行法和市场退出法。在他看来，公司法、证券法等都属于市场准入法，负责市场主体的“生”；而包括反垄断法、反不正当竞争法、消费者权益保护法等在内，则作为市场运行法，负责市场主体的“活”；除此之外，破产法则在市场经济中发挥着市场退出法的作用，负责市场主体的“死”。我颇为认同这种观点，任何国家市场经济的健康发展都离不开破产法，这也是包括欧盟、WTO 等国际组织在内，在认可一个经济体的市场经济地位时，始终将是否具有现代化的破产机制作为衡量市场经济地位的重要指标的原因。正因为上述因素和背景，我坚定地认为破产法教育应该从娃娃抓起。

在我看来，唯有将破产法教育从娃娃抓起，才可能纠正上述弊病。职是之故，我十分期盼在未来的类似《法治教育》等读本中，能够多一些破产法的内容，尤其是多宣扬破产法的公司拯救机制，多宣扬破产法的正面价值。唯有如此，我们才会逐渐纠正全社会盛行的仇“破”心态，才可能为破产行业提供更多包括法官、破产管理人在内的破产人才。到那个时候，破产行业恐怕就不是今天这般万马齐喑，而是万马奔腾了。破产法教育从娃娃抓起，功在当代，利在千秋！

（本文首发于《法制日报》2016 年 9 月 28 日，第 11 版。）

金融机构破产条例何以迟迟还不颁布？

2018年3月14日，国务院对外公布《国务院2018年立法工作计划》。这份立法计划中，对《金融机构破产条例》未置一词。显然，按照中国的立法逻辑，除非有特别重大的变故或者决策层有重大新政，根据该立法计划，《金融机构破产条例》在理论上，不大可能会在当年出台。

兹事体大，得从《企业破产法》的“庄严承诺”讲起。2006年8月27日，十届全国人大常委会第二十三次会议通过《企业破产法》。根据《企业破产法》第134条的规定，“金融机构实施破产的，国务院可以依据本法和其他有关法律的规定制定实施办法”。也就是说，全国人大常委会不仅将金融机构破产事项立法的效力位阶明确为行政法规，还授权国务院起草颁布。时间如白驹过隙，《企业破产法》已经实施十多个年头。然而，传说中的《金融机构破产条例》，依然遥遥无期。笔者禁不住想问：我国《金融机构破产条例》何以迟迟还不颁布？

十多年来，对于颁布《金融机构破产条例》的必要性，朝野各方不乏共识。尤其是每年两会期间，金融机构破产立法事宜，往往是人大代表或政协委员关注的热点之一。比如2018年“两会”，全国人大代表、中国人民银行西安分行党委书记兼行长白鹤祥在接受不同媒体采访时，就多次呼吁应尽快制定金融机构破产法，建立金融机构市场化、法治化退出机制，推动实现我国金融市场的有序出清。更早之前，2016年1月，时任银监会主席尚福林亦在《中国金融》杂志发表

《"十三五"银行业改革发展方向》一文，特别提出要完善金融机构市场化退出机制，"建立适合我国国情的银行业金融机构处置和破产法律体系，加强行政退出与司法破产之间的有效衔接，推进金融市场退出机制常态化、规范化"。……类似的呼吁、建议，可以说言者谆谆，听者藐藐。

在涉及金融机构破产事项的立法中，国务院尤其是下属金融监管机构，并非毫无动作。据王卫国教授在陈景善、张婷主编《东亚金融机构风险处置法律评论》第1辑序言中交代，在2006年《企业破产法》颁布并实施后，国务院法制办曾酝酿过起草银行机构破产条例的动议，并委托银监会负责具体事宜。随后，银监会与中国政法大学联合展开具体工作，2008年4月曾完成初稿，由银监会在征求各方意见后，于2009年年初完成正式讨论稿。但不幸的是，全球金融危机的爆发，直接导致这一起草工作的止步不前。2011年银行业金融机构破产条例重启，但除银监会曾在2013年对外表示正在征求意见外，这一工作似乎再无下文。

导致银行业金融机构破产条例起草工作止步不前的障碍之一，便是《存款保险条例》的付之阙如。毕竟对银行业而言，存款人利益如果受损，非常容易在全社会范围引发恐慌和挤兑风潮，进而引发金融机构的系统性风险，非常容易引发金融稳定与安全，确实需要慎之又慎。正因如此，2015年2月17日，国务院颁布《存款保险条例》，补上了金融安全体系中缺失的一环。

《存款保险条例》共有23条。其核心制度在于，为保护存款人的合法权益，及时防范和化解金融风险，维护金融稳定，在中国境内设立的商业银行、农村合作银行、农村信用社等银行业金融机构，必须投保存款保险，形成存款保险基金；一旦相关投保机构陷入财务困境，存款保险基金管理机构不仅承担向存款人偿付最高限额为人民币50万元的义务，还需要建议银行业监督管理机构，对相关投保机构采取进一步措施。

按照外界的预期，《存款保险条例》的颁布，肯定会扫清颁布《金融机构破产条例》最主要的障碍，《金融机构破产条例》的通过将指日可待。但实际上，这种预期过于乐观了。事实是，《存款保险条例》颁布后，《金融机构破产条例》起草反而陷入更长久的停滞。这也就是说，《存款保险条例》恰恰为金融监管机构停止推进《金融机构破产条例》，找到了合理的借口。

按照行政机构的思路，行政接管及《存款保险条例》的实施，完全可以确保金融机构在陷入财务困境时，确保存款债权人的核心利益；而在金融机构破产中，如果存款债权人的核心利益得到保障，那是否再按照破产法的思路，推动金融机构进入司法性的破产程序，需要慎重考虑，毕竟破产程序耗费时间、徒增成本。由此，《存款保险条例》颁布后，再颁布《金融机构破产条例》，颇有叠床架屋之虞。

我对此持保留意见，理由大致如下：第一，行政接管程序纵然有着效率高、节奏快的优点，但毕竟缺乏必要的司法审查和限制，很容易形成行政权的专横，也容易引发“萝卜快了不洗泥”的隐忧。尤其在处理涉及利益冲突的金融机构财务困境时，按照行政、司法互相独立和制衡的法治构造，司法机构在理论层面，能够更中立、更公平地审查并处理纠纷。第二，金融机构陷入财务困境后，需要处理的并不仅仅是存款人的权益问题，还有其他债权人甚至债务人本身的利益。即便退一步说，哪怕《保险存款条例》百发百中，但其也仅仅能够处理境内商业银行、农村合作银行和农村信用合作社三类银行业金融机构的存款保险问题，却远远解决不了全球化、新技术背景下金融机构陷入财务困境时问题的复杂性、多样性。第三，存款保险制度的建立，可以预防破产，也可以为破产债权人提供救济，但代替不了破产制度。这完全受制于存款保险基金及其管理机构自身的职能。存款保险制度并不必然或当然地直接改善银行业的财务健康状况，化解金融危机。

金融机构破产立法事宜，牵一发而动全身，急不得，但更慢不得。新一届政府新政频出，在金融稳定与安全角度，不仅成立金融稳定发展委员会，同时及时回应混业经营的大势，改革分业监管的体制，及时将银监会、保监会合并。按照李克强总理2018年的政府工作报告，防范和化解金融风险，无疑是新一届政府施政的重中之重。在这种背景下，金融机构破产事宜的建章立制工作，必须尽早提上议事日程，做比不做好，早做比晚做好。期待新一届中央政府能够有所担当，有所作为，尽早完成2006年《企业破产法》第134条的“庄严委托”，也为金融机构退出市场，提供丰富、多元的制度供给。

（本文首发于《法制日报》2018年4月4日，第12版。）

开发商破产时，破产法站在哪一边？

幸福的人生是相似的，不幸的人生各有各的不幸。人生四大喜千篇一律，人生四大悲则有不同版本。在今天，我觉得新人生四大悲中，无论如何列举，购房逢破产，绝对可以排在首位。

“破产就破产呗，不是有《企业破产法》嘛?”

读者诸君，破产可不是闹着玩的。破产程序一旦启动，基本上停不下来。如果不是和解或者重整，破产清算走到底，度尽劫波，九死一生，最后，终于到破产清算分配的环节。现行《企业破产法》第113条第1款规定甚为清楚：“破产财产在优先清偿破产费用和共益债务后，依照下列顺序清偿：（一）破产人所欠职工的工资和医疗、伤残补助、抚恤费用，所欠的应当划入职工个人账户的基本养老保险、基本医疗保险费用，以及法律、行政法规规定应当支付给职工的补偿金；（二）破产人欠缴的除前项规定以外的社会保险费用和破产人所欠税款；（三）普通破产债权。”不仅如此，第113条第2款更强调了破产法亘古不变的原则，“破产财产不足以清偿同一顺序的清偿要求的，按照比例分配”。

如果你是一个购房户，交房的事八字还没一撇，开发商已进入破产程序，那你读到这里，可能内心的悲凉，绝对不亚于五雷轰顶。你最不愿意面对但又不容回避的真相，就是，按照《企业破产法》现行制度，购房户只能按照“普通破产债权”处理。而按照破产法的机理，普通破产债权只能叫天天不应、喊地地不灵。在破产法里，普通破产债权就是韭菜，几乎任何其他债权，都能来一茬又一茬地割你。

显然，破产法并没有站在购房户一边。按照《物权法》第9条不动产登记方可取得所有权的硬性规定，购房户在房地产项目烂尾之际，并未取得所购房地产的所有权，预告登记、网签等行政性管理手段，均不能作为取得所有权的依据，进而也不能行使取回权取回，只能以普通债权人身份参与破产分配。在这种情形下，购房户究竟是付完全款，还是只付50%，甚至只付定金，只有数额上的区别，没有法律性质上的不同，在破产法语境下，也不会有实质性的差别。

清偿顺位是破产法的重要机理。清偿顺位的制度的构造，则是既保障破产分配的有序进行，同时也基于价值之间的平衡和判断，让担保债权、破产费用和共益债务之外的各类特定的群体，无论是弱势群体如职工债权，还是强势群体如国家财政，得到更为优先的清偿。这是一种既充满温情但也有无可奈何的制度安排。破产清算时的分配，是一个零和游戏，在破产财产有限且总量恒定的情况下，债权人甲分得多，债权乙肯定分得就少；优先顺位债权人先到全得，普通顺位的债权人只能分配剩下的残羹剩渣。这是破产法温情脉脉的地方，也是破产法冷若冰霜的地方，更是其生命力所在。

购房户的债权在房地产企业的整个资产负债表中可能是九牛一毛，但是对于很多以自住为目的的购房户来说，一套房可能是几代人、数家人积蓄的结晶。没有谁能破产得起，但购房户尤其破产不起。在这种背景下，法院可以说进退两难：不照顾购房户，购房户必然闹事，最终法院必然要面对来自各方面的维稳压力；但不坚守破产法，既无法向其他债权人交代，也无法向法官内心对法治的信仰交代。

正是基于这一背景，考虑到社会稳定的需要，司法实践不得不在《企业破产法》硬性规定之外，通过各种政策，对购房户利益保障予以特别关照。在这种背景下，2002年最高人民法院发布的《关于审理企业破产案件若干问题的规定》第71条有关非破产财产的认定中，“特定物买卖中，尚未转移占有但相对人已完全支付对价的特定物”，成为屡用不爽的重要的依据。除此之外，最高人民法院2002年发布的《关于建设工程价款优先受偿问题的批复》第1、2条，也成为给予购房户优先保障的理由，人民法院在审理房地产纠纷案件和办理执行案件中，应当依照《合同法》第286条的规定，认定建筑工程的承包人的优先受偿权优于抵押权和其他债权”。消费者交付购买商品房的全部或者大部分款项后，承包人就该商品房享有的工程价款优先受偿权不得对抗买受人。① 另外，2015 年最高人民法院发布的《关于人民法院办理执行异议和复议案件若干问题的规定》第 29 条，也提出消费性购房户的理念，凡是所购商品房系用于居住且买受人名下无其他用于居住的房屋且支付的价款超过合同约定总价款的百分之五十的购房户，其权益在排除执行时可以获得支持，这在一定程度上催生消费性购房、投资性购房的区分，也被援引在破产领域。

以上种种政策，在司法实践中因地而异、因人而异、因时而异。尽管这在一定程度上的确可能化解社会矛盾，但却无法常态化，也不具有参照性、普遍适用性。尤其是司法实践中，投资性购房与消费型购房区分难度甚大，这让法院破产案件审理中在赋予购房户优先权问题上，一直极为犹豫和审慎。甚至，这种明显突破《企业破产法》债权顺位的做法，极不利于提高破产法的可预期性，更不利于树立全社会对破产制度的信心。

高效运行的破产法，当然需要精密健全的社会保障体系配套。不幸的是，我们的破产法设计尚难称精良，社会保障体系更难称得上精密健全。在这种社会转型时期，破产法有时候不得不补上社会保障体系不足的缺漏。如果说我国破产法有什么中国特色，破产制度不堪重负怕是最大的特色之一。至少在过去四十年的破产法实践中，破产法承担太多功能，比如保障职工的职能，比如维护社会稳定的职能，比如维持国家税负的功能。我国破产法制度的再设计，很难摆脱这种宿命。

那么，这种难局，该如何解决呢？作为破产法学者，我极为纠结：一方面，希望破产法可以尽可能向全社会展示其温情和慈悲，让类似于购房户这种承受能力相对更差的弱势债权人，能够在破产这一不幸的状况下，还能够感受到法治的余温；另一方面，我又希望为破产法减负，让破产法回到其“初心”，回归其本位。

---

① 《民法典》第 807 条规定，发包人未按照约定支付价款的，承包人可以催告发包人在合理期限内支付价款。发包人逾期不支付的，除根据建设工程的性质不宜折价、拍卖外，承包人可以与发包人协议将该工程折价，也可以请求人民法院将该工程依法拍卖。建设工程的价款就该工程折价或者拍卖的价款优先受偿。

笔者认为，可能的思路之一，即在将来的破产法修订中，对于弱势债权人问题予以前瞻性设计，必要时可以在正常清偿顺位之外，经过债权人会议的议决或者法院的裁定，将弱势债权人的地位前提。这一构思的初衷，并不全是赋予弱势债权人优先地位，而是把弱势债权人优先地位的前提，从难以预测的司法政策和地方实践，转化成更有可预期性的法律，确保全国范围内破产法实施的统一。这个想法看似激进，但可能还是有一定现实针对性。比如，房地产企业破产涉及众多购房户，或者比如企业破产时涉及众多受害者时，这类涉及面广、承受能力相对较差的弱势债权人，可能都需要破产法予以特别的关照。无论是将其清偿顺位适度前提，还是在破产分配中针对这一敏感债权人群体预先提存并使之成为信托基金，都能够让弱势债权人“破”有所依。

当然，再精良的构思，也难免挂一漏万，这更需要我们在具体制度的设计中殚精竭虑、集思广益。这里有两个难点：第一，如何确保债权人会议能够议决同意这一方案或防止法院滥用强制裁定权利的空间；第二，如何认定弱势债权人，让投资型购房和消费型购房泾渭分明。这两个难点任何一点如果没有精良的设计，只会成为腐败和滥用的“温床”。比如，在房地产破产语境下，如果弱势债权人可以获得一定的优先顺位，那么对于谁是弱势债权人、什么样的情形下可以将之列为弱势债权人，可能就需要十分明确的标准。

上述想法尚是一得之见。或许只有如此，破产法才能稍稍地站在购房户一边，——破产法做不到“安得广厦千万间”，但可能做到房地产企业破产时，“大庇天下寒士俱欢颜”！

（本文2018年12月2日首发于澎湃新闻财经频道“澎湃商学院”栏目。）

破产业的未来会怎样？

如果不考虑个人破产的因素，公司制度当然是破产制度的基石。换句话说，公司的未来，决定破产业的未来。那么，公司的未来会怎样？公司的未来又会在多大程度上影响甚至决定破产业的未来？破产业的未来会怎样？……日本经济学家岩井克人的著作《未来的公司》，或许能够为这些问题提供些许求解的线索。

岩井克人出生于1947年，早年就读于东京大学经济学部，获得麻省理工学院PhD学位；先后执教于耶鲁大学、东京大学以及国际基督教大学等机构。岩井克人著有《不均衡动力学》《威尼斯商人资本论》《货币论》《21世纪的资本主义论》《公司是谁的?》《经济学的宇宙》等著作，但这些著作都没有中译本；只有这本《未来的公司》，经张永亮、陶小军翻译，由东方出版社于2018年7月出版。

这本《未来的公司》，最早出版于2003年。根据作者在“后记”提供的信息，这本书的底稿是一篇采访稿。作者在2001年接受《月刊百科》杂志西田裕一专访，围绕“公司会去向何方”，畅谈14小时。在采访稿的基础上，作者以公司职员为潜在读者群体，全面重写，有机整合作者对资本主义和公司制度的观察；这使得这本书体系性并不强，未能彻底摆脱采访稿的旧痕。而这次采访更大的背景，则是日本社会朝野各方都在反思日本“失去的十年”，试图通过反思和改革，寻求方案，走出经济衰退。这些背景，有助于解释为什么这本书充满洞见，但却又不太像纯粹的学术专著。

本书大体分为两部分。前半部分主要对比日本和美国的公司治理结构；后半部分则主要在分析资本主义的发展史及其对企业经营的影响。在前半部分，作者从日本公司为什么要“重组”谈起。在日语背景下，“重组”是裁员的同义词；这种委婉的用法，在日本极其罕见，长期以来日本社会都以其终身雇佣制而自豪。在此基础上，作者重新反思公司的基本结构，并用大量的篇幅详细分析企业、公司与法人的区别，并在揭示法人制度的本质上，详细比较日本式公司治理与美国式公司治理的本质区别。在作者看来，日本式公司制度脱胎于财阀体制，“二战”后由法人交叉持股代替；由于交叉持股，股东对公司制度的影响微乎其微，在终身雇佣制、年功序列制等习惯的促进下，职工高度忠诚于企业，企业也不能轻易裁员，经营者和从业者利益成为企业经营主要考虑的因素，经营者几乎完全脱离股权所有者的监督与控制。而美国式公司则股东主权至上，股东通过董事会控制经营者；经营者以为股东营利为主要目标，如果无法达到这个目标便会被替换；由此，埋下经营者为取悦股东、避免被替换而挖空心思掩埋经营不善问题的病灶，也合理解释包括安然丑闻背后美国式公司治理结构的弊端。本书后半部分，作者则聚焦于资本主义本质的追寻以及资本主义的代际划分。在作者看来，资本主义可以分为商业资本主义、产业资本主义和后产业资本主义三阶段；而在后产业资本主义阶段，IT 革命、全球化及金融革命，近乎完全颠覆公司制度的游戏规则和评价标准。

那么，这本《未来的公司》，有哪些奇思妙想，可以为我们思考破产业的未来提供灵感呢？在我看来，在日、美公司治理结构比较之外，岩井克人对于资本主义的诸多论述和观察，尤其包括但不限于如下几个方面，可以为我们的头脑风暴，提供必要的路标：

第一，岩井克人提出，资本主义发展至今，先后经历商业资本主义、产业资本主义和后产业资本主义三个阶段。无论是哪个阶段，利润只能从差异中产生，这是颠扑不破的真理。在商业资本主义阶段，商人往返于不同市场、寻求价格差异，进而赚取利润；在产业资本主义阶段，产业革命大幅度提高劳动生产率，而大量来自农村的产业后备军则使实际工资率持续维持在低位，两者之间的差异形成利润；而在后产业资本主义时代，以 IT 革命、全球化和金融革命为代表的新产品、新技术、新组织形态和新市场，形成生产者之间的差异性，也成为生产者赚取利润的不二法门。

这一观点对于破产业界的启迪在于，衡量企业的拯救价值，需要从寻找差异性入手。如果缺乏差异性，说明该企业不具有拯救价值，破产清算可能是更好的选择；如果有差异性，就有盈利空间，说明企业具有拯救价值，拯救成功率也才会更高。

另外，这一观点对破产业界的启迪还在于，在重整计划的草拟中，也需要在形成差异性、寻找“四新”上做文章。最高人民法院 2018 年 3 月发布的《全国法院破产审判会议纪要》提及，“重整不限于债务减免和财务调整，重整的重点是维持企业的营运价值”。“人民法院在审查重整计划时，除合法性审查外，还应审查其中的经营方案是否具有可行性。”按照我的理解，这里的“可行性”，可以理解成岩井克人提及的“四新”；如果不具备这“四新”，那企业的营运价值、重整计划的可行性，都无异于镜中月、水中花。

第二，岩井克人提出，在 IT 革命、全球化和金融革命的交互影响下，资本开始在全世界范围内流动。这不是资本统治力增强的表现，而是资本统治力减弱的表现，资本家不得不满世界寻求投资，才能维持其获取利润的初心。在这种背景下，20 世纪 80 年代以后世界范围内的金融革命，意味着只要有足够的信用，任何人都可以按需并且低成本地融资，企业融资成本大幅度降低。

对破产业而言，意识到这一点十分重要。探究公司制度的缘起，成立股份制有限责任公司的基础的主要驱动力之一，便是融资；能否获得足够的融资，是企业生存和发展的生命线。但在后产业资本主义时期，一个组织不再仰赖于股本而生存和发展，企业生存和发展对股本的依赖性可能会越来越低；市场上大量游资寻求出口，而且成本低廉，可能会远方便于股份制企业。这可以在某种程度上鼓舞破产执业者，寻求投资并非难事，而且并不是所有投资都需要对股权结构伤筋动骨，更高的利率、更高的回报、更好的经营思路，都可以让投资者对参与重整趋之若鹜。

另外，注意到这一点，在重整方案制定中也会有用。重整方案首当其冲的核心，无疑是调整债权债务、股权结构。那么在股份制融资功能逐渐消退时，在股权结构调整方面，则可以有意识地使之降到最低，而通过市场上唾手可得的游资来解决资本难题。甚至，在公司拯救方案的筹划中，或许可以寻找比股份制更为便利的组织形态，这样可以极大地减少对原有股权结构的冲击，当然也会极大地减少阻力。

当然，还有一点，就是破产企业处置时对于这种资本权属的界定。北京师范大学贺丹副教授在其《互联网经济发展与破产法变革趋势》一文中，已经初步讨论这一问题，如何界定这种投资的权利属性，尤其是将其界定为股权还是债权，对投资人来说影响甚大，对债权人来说同样如此。这一问题在后产业资本主义如火如荼的今天，尤其突出，既需要学术研究有所突破，也需要法律制度有所跟进。对于破产执业者来说，在寻找投资方时事先约定，未雨绸缪地排除地雷，也是其本分之一。

第三，岩井克人提出，在产业革命时代，机器、设备和厂房等固定资产，是生产并赚取利润的核心所在，得设备者得天下，规模经济、范围经济大行其道，也让人力资本牢固地附着在设备上，成为组织专用型人力资产。但是在后产业革命时代，企业的竞争力更取决于其核心竞争力，即“在不断变化的环境中，结合生产现场的生产技术、开发部门的产品开发能力和经营层的经营手段，有效且迅速地不断制造出震惊市场、具有差异性的产品”。岩井克人指出，这种核心竞争力的要素不再是专利、秘方、品牌或顾客等物化的知识资产，而是能够产生这种知识资产的人力资本的总和。比如，微软2001年市值390亿美元，但有形资产不过23亿；另一项研究表明，1978年美国上市公司中，有形资产价值占市值比例高达83%，但1998年时降低到31%。正如中译本序言作者陈宇断言，“互联网时代的伟大企业是没有实物资产，也没有人力资产的，只有人力资本。……离开了这些人的智慧和才华，公司再多的物品和员工都无法往前走一步”。这也就是说，人力资本成为决胜后产业时代的法宝，相比之下人力资产、固定资产的重要性，不再如往昔般重要。

岩井克人的人力资本论，对于未来的破产业既有启迪，也有挑战：从启迪的角度，企业重整中，挽留或者引进具有市场竞争力的产品研发团队，尽最大可能提高企业制造差异性的能力，可能越来越比引入新的投资重要。但是从挑战的角度，如果以研发团队为主的人力资本，成为企业的核心资产，但是在企业进入破产程序后的资产处置中，人力资本作为核心资产又不能随意处置，这既会导致债务人财产的缩水，同时将会大幅度地降低债权人的清偿预期。我也在隐隐担忧，这种事实会不会根本性地颠覆破产财产分配制度。

第四，岩井克人提出，尽管人力资本的重要性前所未有的突出，但公司制本身并未过时。在未来更为流行的模式可能是硅谷模式，即风投基金基于分散风险的考虑，同时为多个有创意和才能的团队投资，既解决研发团队的融资难题，也在风投项目孵化上市时，通过股票交易实现利润最大化。

岩井克人特别论述了破产制度在硅谷模式中的助推作用：尽管从面上看融资成本和门槛越来越低，但在任何时候，单纯拥有创意和才能，并不能轻易地融资。这个问题站在放贷者的角度很好理解：第一，在放贷者眼中，拥有创意和才能者，并不必然是好的经营者，其创意在商业化过程中失败的风险居高不下；第二，现代社会不允许卖身为奴、以人抵债，传统的担保制度在借贷关系中可以在一定程度上缓解投资人的借款忧虑，但如果没有担保制度支撑，创意和才能的拥有者也不可能卖身为奴、以人抵债，放贷人的放贷意愿则会降到最低；第三，如果仅凭创意和才能便能轻易融资，那必然会导致创意者大量编造甚至滥用创意来融资，并将骗来的资金收入私囊后宣布破产，而导致放贷人血本无归，这当然不利于维持健康的借贷关系，最终的结果必然是创意和才能的拥有者无法融资。而硅谷模式则会将合理地分散风险，形成投资人与创意者双赢的局面。

硅谷模式的核心，依旧是股份制公司。只不过未来的公司的规模，可能会更加两极分化，要么极大，要么极小。当然，为了解决研发团队的后顾之忧，比如担心被挖墙脚或者担心投资者逃之夭夭，可以为他们戴上利益的“金手铐”，比如约定领取养老金、退休金和实现股票期权的基本期限，以金钱的形式直接给予使之留在企业内部的动机。

这一点论述，对破产业界有两个启迪：一方面，破产执业者将来的竞争，也越来越体现在团队能力等核心竞争力上，而团队能力的前提又是关键人物的个人魅力和能力，因此，破产执业者团队建设，应该在增强平台对关键成员及其团队的吸引力上，让利害关系成为增强平台凝聚力的核心因素，而不是单纯谈情怀、诗歌与远方。另一方面，这个观点能够成为推行债务人经管制度的重要支持。除非证明债务人经营团队有重大故意或者过失，都应该将债务人经营团队视为构成企业核心竞争力的积极因素，利用其了解市场、热爱企业等积极因素，提高公司拯救的可能性。

……

当然，横看成岭侧成峰，远近高低各不同。不同行业、不同的人、不同的时间读岩井克人的《未来的公司》，可能都会有不同的发现，也会感受到不同的启迪。我想，岩井克人的《未来的公司》，其意义不仅在于这本书的论述本身，而在于提出一个十分开放的问题，即未来的公司究竟是什么样子？回到本文开头，在不考虑个人破产制度的前提下，公司制度是破产制度的基础，公司制度的变革必然会引来破产业的变化；主动也好、被动也罢，唯有准确因应公司的未来，才有破产业的未来。由此，破产业界应该有一种“生于忧患、死于安乐”的心态，紧密关注公司制度的新动向，既兢兢业业地图现在，更踌躇满志地图将来。

（本文2018年12月12日首发于澎湃新闻财经频道“澎湃商学院”栏目。）

企业破产时，政府不该与民争利

2016年8月底，《中国税务报》的一则报道曾引起了广泛的讨论：浙江省温州市国税局以债权人的身份，在温州市鹿城区和永嘉县人民法院分别对涉及欠税的企业，提起破产清算申请。相关受理法院在审查相关资料后，对破产案件予以立案。对于温州国税系统主动提请破产申请的行为，是者是之，非者非之，众说纷纭。我们究竟该怎么看待这起独树一帜的破产申请呢？

我国2006年《企业破产法》第7条将破产申请的提出权，授予债务人和债权人，其中规定，“债务人不能清偿到期债务，债权人可以向人民法院提出对债务人进行重整或者破产清算的申请”。在这个意义上，温州市国税局作为破产企业潜在的债权人，向法院提起破产申请，至少字面上并未明显违反《企业破产法》。既然税收机构可以和其他债权人一样参与破产重整或清算程序，那么税收机构和其他债权人一样，行使破产申请权，似乎也能说得过去；甚至我们可以说，积极行使权利，总比躺在权利上睡觉要好。

在企业破产清算中，对税收赋予一定程度的优先权，是世界范围内的通行做法。这也是一种能让人理解并接受的方式。毕竟税收是国家财政收入的核心部分，国家的健康运行，离不开充盈财政的支持，通过破产程序中税收优先权的行使，能够让企业欠缴税款在一定程度上获得补缴，税收流失的漏洞将因之而变小。站在税务机构的角度，我们似乎不仅应该双手赞成破产清算中赋予税收机构的参与权和税收优先权，也应双手赞成税收机构动辄就将欠缴税款的纳税企业送上破产庭的意识和做法。

但这事，细思极恐，我们还需要掂量掂量。税务机构是否依照法律规定提起破产清算申请是一回事，法院能不能综合衡量各方面因素，做出符合政情法意的正确决定，又是另外一回事。从如下几个方面，我对税收机构主动针对欠税企业提交破产申请，还是抱有一种极其审慎的态度：

首先，从税收之债的本质上来说，税收之债与民商之债的远流不同、本质有异，维护债权的手段、方法等亦应有所区别。税收之债本质上是行政之债，是基于政府的征税权和企业的纳税义务而产生的债权债务；但破产法所关注的更多是民商之债。尽管这里都用“债”法，但行政之债与民商之债在远流上，差别还是比较大；或者换句话说，因欠税而形成的政企之间债权债务关系，与税收机关作为民事主体从事某种交易而产生的债务，还是不一样。比如说，税收机构委托辖区内一家汽车制造商生产征税专用车，但该企业因违约，基于合同条款规定而产生违约之债，与这家汽车制造商欠缴税款所形成的债务，完全是天壤之别。这种情况下，不同本质的债务当然需要不同的处理思路，生硬套用《企业破产法》，只会扭曲立法的目的，也让法律的价值随风而逝。

其次，从公共道义上来说，纳税企业在财务健康的时候，为国税、地税系统源源不断地缴纳者各种税收，那么在企业陷入财务困境时，就有救助义务，而不应该主动通过行使债权的方式，绝情地将企业送上破产清算的不归路。君不见进入千禧年来，我国年度财政收入从1万亿元飙升到10多万亿元，这与千千万万的企业和个人勤恳纳税是分不开的，这也是税收的主流。在这种背景下，如果税务机构打着为国征税的旗号，只盯着本系统、本辖区的蝇头小利，动辄将陷入财务困境的企业送上破产庭，也实在是有违税收正义的本质，甚至有点势利。

最后，从税收机构的专有权力的角度来说，税收机构作为公权力机构，坐拥税收征管系统的技术优势，较之其他债权人，对困境企业的财务状况会有更多机会了解和掌握，那么税收机构在行使权力时更应自我约束。税收机构在与普通债权人的竞争者，本来就处于一个强势、优先的地位，其发达的信息征集系统更是让普通债权人难以望其项背。除了自身优势之外，《企业破产法》本就为税收债权的行使安排了“绿色通道”，而《税收征管法》更是为税收机构赋予了生杀予夺的“尚方宝剑”。在这种情况下，税收机构行使权力更应审慎，否则难免瓜田李下，毕竟《税收征管法》已为税收机关提供了多种补救工具。任何权力的合理行使，都不能寄望于自我监督，——再完备的监督体系，也无法克服内幕交易；更何况形形色色的监督体系，在关键时刻总会习惯性失灵。我们需要站在企业的角度，站在其他债权人的角度，警惕税收债权的行使，像税收机构虎视眈眈欠税企业的财务流一样，也对税收机构行使权力紧追不放。

总而言之，企业破产时，政府部门不该与民争利；恰恰相反，税务机构所亟待做的，尤其是在经济下行周期，不是把欠税企业送上破产庭，而是通过主动减税、减负等各种优惠、优待政策，与陷入财务困境的企业一道共克时艰，共度寒冬，一道期待春天里的艳阳和鲜花。而从法院的角度说，即便税务机构出于各种出发点，积极通过破产程序行使税收债权，那么破产法院在审查破产申请时，还是应该审慎评估。司法机构的任何一个决策，既牵涉个案的正义与否，也涉及社会公序良俗和普遍正义感的培养。这就如彭宇案的糟糕判决，个案层面或许实现了老太太的正义，但从公共影响力的角度，恐怕以后无论有多少老太太晕倒在路上，也不会有半个彭宇站出来施以援手。

综上所述，我希望在未来，税收机构不要再动辄将陷入财务困境的企业送上破产庭；即便送到破产庭，法院也应该从公平、正义的角度，通过自由裁量权的行使，将这些申请统统驳回。

（本文首发于《法制日报》2016 年 11 月 16 日，第 12 版。）

再穷不能穷破产管理人

在破产实务界，破产管理人的报酬是一个很敏感也很受破产从业人员关注的问题。我国2006年《企业破产法》第22条规定，“指定管理人和确定管理人报酬的办法，由最高人民法院规定”。第28条重申，“管理人的报酬由人民法院确定。债权人会议对管理人的报酬有异议的，有权向人民法院提出”。就这简单的几十个字，把决定破产管理人收入的大事，交给了最高人民法院。

按照该立法授权，最高人民法院于2007年4月4日发布《关于审理企业破产案件确定管理人报酬的规定》，其中第2条确立如下确定破产管理人报酬的标准：“（一）不超过一百万元（含本数，下同）的，在12%以下确定；（二）超过一百万元至五百万元的部分，在10%以下确定；（三）超过五百万元至一千万元的部分，在8%以下确定；（四）超过一千万元至五千万元的部分，在6%以下确定；（五）超过五千万元至一亿元的部分，在3%以下确定；（六）超过一亿元至五亿元的部分，在1%以下确定；（七）超过五亿元的部分，在0.5%以下确定”。除此之外，考虑到各地情况的巨大差异，最高人民法院还授权各高级人民法院按照上述比例，在30%的浮动范围内制定符合当地实际情况的管理人报酬比例。

较之1986年《企业破产法》（试行）及最高人民法院1991年、2002年的两份司法解释对清算组报酬问题的漠视，最高人民法院通过司法文件的形式，明文规定破产管理人的报酬，当然是中国破产法发展史上巨大的进步之一。

然后，2007 年确定的破产管理人报酬标准，算来都是近十年前的事情了。这十年，金融危机波及全球，宏观经济沧海桑田，中国社会经济依然在剧烈且迅速的转型之中。这十年，世易时移，变幻莫测，就连数十年如一日的破产审判体制，也都在最近这两年驶入改革的“快车道”，破产庭的设置将如同雨后春笋，破产法官的考核标准在可以预见的未来亦将有所改革。而这十年，唯一看不到变化的，是最高人民法院 2007 年确定的破产管理人报酬标准。

按照上述报酬标准，我国破产管理人报酬的确定，最高不过 12%；即便算上 30% 的上浮空间，16% 也是天花板。而实际上，破产管理人的账面收入绝对达不到这个数字，由于是分段计费，破产财产总额超过 100 万元之后，破产管理人的报酬将从 10% 到 0.5% 逐段下降。

而且更严重的问题时，上述计酬标准只涉及无担保财产。该司法解释特别强调，“担保权人优先受偿的担保物价值，不计入前款规定的财产价值总额”。这在实践中势必将导致一个显而易见的问题：如果破产案件涉及担保债权，尽管破产管理人可能为担保债权的实现费尽九牛二虎之力，但按照现有的立法和司法解释，这种情况下确定破产管理人报酬的基数标准，将是个未知数。

我们可以与国际同行比比，看看我国破产管理人的报酬比例，究竟是低还是高。

比如在美国，按照《美国破产法》第 326 条，托管人的报酬遵循如下标准确定：债务总额在 5000 美元之内，托管人报酬不超过 25%；债务总额在 5000 ~ 5 万美元，托管人报酬不超过 10%；债务总额在 5 万 ~ 100 万美元，托管人报酬不超过 5%；债务总额在 100 万美元之上，托管人报酬则不超过 3%。爱泼斯坦等在《美国破产法》中对托管人报酬的阐释，与此基本一致，托管人的报酬标准因程序而异：在第 13 章个人债务调整程序中，托管人的报酬标准为清偿总额的 10%；而在第 12 章个体农场主债务调整程序中，托管人的报酬标准在 3% ~ 10% 的区间内浮动。法院只有发现特定案件中托管人收费过高时，才会介入并将相关费用降低到合理区间；同时如果分配的财产总额过低，经法院批准托管人可以收取超过 10% 的报酬。对于第 7 章清算程序下，爱泼斯坦等并未明确交代律师费、会计师费的标准，但他们亦承认“这些费用也可能占到可分配财产的相当比例”。

而在英国，按照托米的《英国公司和个人破产法》，官方接管人的报酬由一定比例的收益或变现，加上一定比例的可分配财产组成。其中变现财产的收费标准如下：首个5000英镑的变现财产，对应收费比例为不超过20%；超过10万英镑的变现财产，收费标准为不低于5%，而分配财产收取费用的比例，则是变现财产收费标准的一半。在特定情形下，如果破产清算人或托管人由非官方接管人担任，其报酬一般需要按计时标准确定。而非官方接管人的报酬标准，由债权人会议或债权人委员会决定；为保障所有债权人的利益，持不同意见的债权人达到一定比例后，可对前述收费标准表示异议并向法院提出上诉。相对来说，这些报酬标准将依据非官方接管人所处理财产价值的比例，以及破产执业者团队在破产中所花费的时间来确定。无论如何，债权人对计酬方式的选择、计酬标准等，都有绝对主导权。

德国2004年修订的《破产法》第63条，对破产管理人的报酬是这样确定的："破产管理人有权为其事务执行活动请求酬金……酬金的一般规模和难度以对一般数额的变通予以考虑。"而根据第64条，法院以裁定的方式，确定破产管理人的酬金；相关裁定的数额不对外公布，感兴趣者只能在法院文书处查阅；对于该裁定，破产管理人、债务人、债权人都有权提出即时抗告。根据该法第65条，德国联邦司法部有权为破产管理人的酬金问题制定细则。根据德国破产法权威波克教授的引述，"报酬数额原则上依程序结束时应分配的破产财团价值而定，但也可与管理人具体工作的范围和难度相适应"。

日本破产管理人的报酬标准比较模糊。根据2004年修订的日本《破产法》第87条，"破产财产管理人可以接受预付的费用以及法院确定的报酬。对于基于前款的决定，可以提起上诉。前二款的规定准用于破产财产管理人代理"。至于日本的法院按照什么标准、在什么范围内确定破产财产管理人的报酬，文献有限，不敢置喙，只好有求于方家补充了。

时间有限，我无法把上述不同国家破产管理人的报酬比例，根据现行汇率折合成同一种货币单位比较。但仅根据上述简单的比较，我们不难发现，与国际范围的破产实践相比，我国破产管理人的报酬比例确实十分低。

当然，可能有人会说，尽管我们破产管理人的报酬低，甚至这个计酬决策体系还有这样那样的问题，但照样有人抢着干，各省的破产执业者都对进入管理人名册趋之若鹜。这显然不是一种讲理的逻辑。在现行机制下，司法机构掌握破产管理人报酬的确定权，作为相对弱势破产管理人来说，除了抢着干，并无其他选择。但从市场经济的角度，显而易见的是，在不完美的竞争机制中，过低的报酬只会导致劣胜优汰，最优秀的破产管理人完全可以改行做其他风险更低、时间更短、报酬更高的事情，逆向淘汰终将大行其道，这绝对不利于顶级人才加入破产管理人队伍之中。

从2006年8月27日《企业破产法》通过之日算起，目前我国并未成立全国性的破产管理人协会。全国律协倒是成立了破产与重组专业委员会，但这个委员会似乎更侧重于业务上的交流。温州等地近年来已开始组建地方性破产管理人协会，但这些地方性破产管理人协会还只是在起步阶段，在当地破产管理人报酬的提高方面究竟能有多少发言权、多大影响力，都还是个未知数。也就是说，破产管理人的行业自治组织自身尚且是问题，更遑论通过行业自治组织来提高破产管理人的报酬比例。

就这十年来，我国破产管理人报酬领域唯一的亮点，是各地逐渐成立破产管理人报酬基金。这里面的先行者是江苏无锡。2010年8月，无锡市17家入册破产管理人通过自愿的方式，集体注资成立无锡市破产管理人报酬基金，确保破产管理人在参与破产案件时，能够获得最低限度的报酬。2012年后，山东滨州市滨城区、重庆沙坪坝区等地，亦先后成立类似的基金。不知道这种“星星之火”，能否“燎原”成破产管理人报酬的提高的康庄大道？

唉！再穷不能穷破产管理人，切记切记。

（本文首发于《法制日报》2016年7月20日，第12版。）

成立全国破产管理人协会刻不容缓

2016年8月11日，最高人民法院将6月底发布的文件《关于在中级人民法院设立清算与破产审判庭的工作方案》加上“近日”后，在官方网站及《人民法院报》即发表消息《在中级人民法院设立清算与破产审判庭》，把自己送上了头条；与这条消息同时发表的，还有最高人民法院民二庭负责人就相关事宜的答记者问。

这个答记者问回答了好几个问题，但我最关注的是该负责人对清算和破产审判庭职责的阐释。按照“答记者问”中的表述，清算和破产审判庭的职责之一，是“是负责管理人队伍的管理、培训等相关工作”。这里的“管理、培训”，该负责人列举了三点：第一，强化破产管理人队伍建设；第二，做好管理人分级管理工作；第三，引入淘汰机制，加强对管理人队伍的监督。这些说法，倒是引起了我的深思。

首先需要承认的是，在现行法律框架下，法院系统介入破产管理人的事务，有其法律依据。我国2006年《企业破产法》中，单独设立“管理人”一章，首创破产管理人制度，并通过法院的任命、债权人的监督、担任破产管理人的资格等条文的规定，初步构建了我国破产管理人制度的雏形。尤其是《企业破产法》第22条规定，“指定管理人和确定管理人报酬的办法，由最高人民法院规定”。也正是基于此，最高人民法院在2007年4月4日通过《最高人民法院关于审理企业破产案件指定管理人的规定》《最高人民法院关于审理企业破产案件确定管理人报酬的规定》，这些规定于2007年7月1日与《企业破产法》一道施行。但从这些条文和规定，能否必然地解读出司法系统对破产管理人的管理职能，我心里略有犹疑。

我国破产管理人事业发展起步晚，是不争的事实。在1986年《企业破产法》（试行）及1991年《民事诉讼法》颁布后很长一段时间，我们并不存在“破产管理人”，而是“清算组”。而且在国有企业的破产中，由于涉及方方面面的问题需要协调处理，所谓“清算组”主要成员基本都是来自地方政府部门，律师、会计师、清算公司等中介组织，反倒只能从事破产清算中辅助性、技术性的工作。也正是因为这种特点，以往我们的破产清算案件能否顺利进行下去，几乎完全取决于地方政府的态度和决心，此所谓成也地方政府，败也地方政府。

更为不争的事实是，在过去十年中，最高人民法院以及各地法院系统确实为我国破产管理人队伍的壮大和事业的发展，立下了汗马功劳。2006年《企业破产法》及相关司法决定实施后，各省高级人民法院和相关中级人民法院都参与到各自辖区内的管理人名单编制中，同时破产管理人名单的编制程序、破产管理人的指定、破产管理人名单的更新等，在近十年来不断完善。可以说，司法系统在过去十年的努力，在很大程度上决定了2006年《企业破产法》下简陋的破产管理人制度在实践中所能达到的高度。

然而，在我看来，功劳再大，并不意味着法院就当然有了“管理”破产管理人的权力。我们需要从法理层面理清楚这个问题。在破产案件中，法院是中立的裁判，而破产管理人则代表债权人的利益，是确保破产程序有序运行的枢纽，法院与破产管理人之间并无行政上的隶属关系，而只有业务上的合作关系。通俗点说，法院是司法竞技场上的裁判员，而破产管理人和债权人、债务人则是破产运动场上的运动员。从这个意义上来说，破产管理人与法院之间的关系，绝对不能是一种“管理”关系，法院也不能既当裁判员又当运动员。这个道理其实很简单。如果把破产管理人等量代换成律师，就更浅显易懂了，就像司法行政机构与律师之间，不具有直接的管理关系，法院与破产管理人之间也不具有直接的管理关系，这一点我相信不需要赘言。

就本质上来说，破产管理人终究只是一个提供高精尖破产服务的中介机构，而非包括政府、法院在内国家权力机关的衍生组织。既然是社会中介机构，其首要便是自治。这正如律师。律师作为社会服务机构，其在全国有中华全国律师协会，而在地方也有各级律协作为自治机构。在我国现行情况下，尽管律协的自治程度、民主程度、为律师服务的程度都待商榷，但谁也不能否认的是，律协其本质上是自治机构、自我管理的协会，司法行政部门只是主管关系，而非直接的行政管理关系。

从这个意义上，成立全国性破产管理人协会刻不容缓。我们确实需要把现在由法院行使的一部分有关破产管理人的权能，尤其是诸如破产管理人的培训、破产管理人的分级、破产管理人的淘汰和监督、破产管理人的推荐等，移交给破产管理人协会。这样的话，既可以大幅度减轻司法系统的负担，让司法机构专注于破产案件的审判。同时也可以让破产管理人协会成为破产管理人的行业自治组织，进一步提高其专业程度和服务质量。

可是，破产管理人的自治，说易行难，成立全国性破产管理人协会可能还要面临现有制度的制约。按照国务院 1998 年颁布的《社会团体登记管理条例》第 11 条，申请筹备成立社会团体需要提交的文件之一，便是业务主管单位的批准文件。最近民政部在其网站发布《社会团体登记管理条例》的修订稿并公开征求意见，关于业务主管部门批准这一条并没有改变。但对于破产管理人来说，《企业破产法》第 24 条规定："管理人可以由有关部门、机构的人员组成的清算组或者依法设立的律师事务所、会计师事务所、破产清算事务所等社会中介机构担任。"按照这条规定，破产管理人包括相关部门和机构人员组成的清算组，也包括律师事务所、会计师事务所和破产清算事务所等社会中介组织。这些中介组织单独可能都能找到主管单位，但却无法找到联合主管单位；而没有业务主管部门的批复，设立申请便难言合法，更不可能被破格批准。这可能是全国破产管理人协会的倡议者们不得不首先要应对的法律"瓶颈"。

可喜的是，我们已经看到全国范围内，已有越来越多的城市诸如广州、温州、无锡、济南等地的市级破产管理人协会，已在过去两年间克服万难，如雨后春笋般涌现出来，河北省甚至成立了省级的破产管理人协会。这些破产管理人协会在服务破产管理人、推动行业自治规范建设等领域，尤其在推动同行互助、设立破产清算公益基金方面，已经积累了可贵的经验。我乐于看到成立全国性破产管理人协会的大业，既能够"星星之火，可以燎原"，更能够"农村包围城市"，早日实现破产管理人的自治、自律、自我服务。

笔者认为，司法系统与其言之凿凿地宣称自己对破产管理人的管理之权，倒不如做个顺水人情，以主管单位的名义出一份“业务主管单位的批准文件”，推动尽早成立全国破产管理人协会。这样一来，让法院的归法院，让协会的归协会，两者相得益彰，共襄我国破产大业的盛举。

（本文首发于《法制日报》2016 年 8 月 17 日，第 12 版。）

破产执业者如何成为“专家”？

专家，究竟意味着什么？显然，这是一个仁者见仁、智者见智的问题。在这个充满新事物、充斥新问题的时代，我们需要专家释疑解惑，但又不得不对“砖家”充满警惕。破产法领域，概莫能外。

在大前研一所著《专业主义》中，他的答案很简单：专家不能简单等同于专业技术人员，而应追根溯源，特指那些“向上帝发誓，以此为职业”的群体。他甚至援引医学界的希波克拉底誓言，来证明专家的神圣性；此外，他还援引莱比特教授的论断：“企业通过商品与服务销售其誓言，那是百分之百地让你满意，顾客购买的就是这种誓言。”大前研一为“专家”下了这样的定义：“专家要控制自己的情感，并靠理性而行动。他们不仅具备较强的专业知识和技能以及较强的理念，而且无一例外地将顾客放在第一位，具有永不衰竭的好奇心和进取心，严格遵守纪律。”严格按照这个定义，可能绝大多数破产执业者充其量只是专业技术人员；能否成为破产实务界的专家，除取得执业资格证和进入管理人名册外，更需要按照上述定义，扪心自问。

在大前研一看来，医学与法学职业异曲同工：医生需要对人的生命负责，而律师，甚至包括会计师、税务师、大学学者等，也都需要对人类行为的善恶作出判断，“从某种意义而言，法律是一个非常可怕的领域，它有可能仅仅依靠不同的解释而改变我们的人生”。在我看来，破产法尤其是这样一个领域：在这个领域，每一个破产执业者，都需要在债务人因主客观原因陷入财务困境这样一个巨劫奇变的时刻，明晰权利义务的边界，让债务人经营失败的损失，相对合理地在不同群体之间分担。破产法本质就是一个风险分担体系。只不过，随着债权清偿顺位的不同，有些群体诸如担保债权人，可能不需要承担风险；而有些群体，无论是职工债权、税收债权、普通债权抑或债务人高管、股东等，越在债权金字塔底层，则需要在债务人经营失败的风险中承担越多的损失。

蓬勃发展的破产法事业，需要一支能够以服务债权人、债务人乃至社会公共利益为志业的破产法专家队伍。我们不仅需要“以破产法为生”，满足于平庸的工作和低廉的报酬，套用马克斯·韦伯的说法，我们更需要“以破产法为业”。但我国《企业破产法》对于管理人究竟应该如何服务于债权人、债务人，只作了简单的规定，即第27条规定的，“管理人应当勤勉尽责，忠实执行职务”。我们既没有全面细致的破产执业者职业伦理体系，更没有以信仰为神圣性的破产执业者宣誓制度。而是否拥有一支高素质的破产法专家队伍，既事关债权人、债务人利益，也事关社会公众对破产法的信任和态度。

那么，破产执业者应该如何成为专家？按照大前研一的逻辑，以顾客为本位、全心全意为顾客提供高质量的专业服务，是“专家”的灵魂所在。在破产法领域，专家型的破产执业者，需要时时处处感知到“顾客”的存在，并在严格遵守团队规章和纪律的前提下，全心全意为“顾客”服务。无论是市场环境如何千变万化，无论让债权人获得更高的清偿率，还是让债务人获得更好的拯救方案，让全社会因为债务人的拯救而受益，都是对专家型破产执业者最高的褒奖。

大前研一提出，21世纪的经济社会充满未知，正因如此，真正的专家，不管在哪个领域，都需要具备如下四大能力：先见能力、构思能力、讨论能力和适应能力。详述如下：

其一，先见能力。大前研一认为，在新事物日新月异的今天，尤其是在全球化、数字化诸多因素的作用下，对于任何一个领域，既往的经验不仅不再适用，甚至可能成为绊脚石。大前研一举美国宝丽来破产、德国爱克发破产及芬兰诺基亚的浴火重生为例，指出旧产业的突然消失、新产业的突然诞生，将越来越成为常态。在这种情形下，专家需要具备先见能力，即能够看清别人看不到的事物的能力。这种先见能力，既需要明确特定的范围，同时能够从分析现状入手，洞悉未来方向，进而在可能有多种选择的情形下，精选最优方案，同时坚定不移地执行所选择的方案；除非情况发生天翻地覆的变化，能够排除干扰，不偏离方向，不偏离原则，矢志不渝。同时，还需要学会怀疑常识，不随波逐流，真正把学习变成一个破坏并具有创造性的“不学习”的过程，学会反向思考，尤其对违背良心与职业道德的做法，明确表达反对并声明立场。另外，专家需要有偏执狂般的危机感和紧张感，也需要享受变化、拥抱变化，不怕失败、执着探索，既有探索无答案事物的强烈好奇心和探索能力，也有向百思不得其解的难题发出挑战的勇气。只有这种思想操练养成习惯，并对所从事的事业倾注全力，才有可能在新难题出现时，依靠理性分析和直觉作出最优选择。

其二，构思能力。在大前研一看来，卓越的先见能力，并不足以保证所有人在所有行业的竞争中都立于不败之地；在新领域的竞争中，专家还需要以社会需要为出发点，从市场需求和财务等诸多方面详细论证，抓住机会，并以最快的速度、最佳的方法让机会变成现实。大前研一举泰科国际、安然、世通公司、Tower 唱片公司的总公司 MTS、纳斯普特等诸多破产案背后的产业危机，详细说明构思能力缺乏，如何导致传统的商业巨头们，因为这样那样的问题，最终次第饮恨商场。大前研一指出，电子商务的三个关键点，即门户网站、综合物流和结算体系，为构思能力提供重要指引，而任何成功的商业构思，都要以在全球化市场内至少满足 8 亿人市场为标准，未雨绸缪，勇于自我否定，从竞争对手的角度考虑问题，追求深度经济，使事业范围在狭窄的领域向纵深发展，使竞争对手无法模仿……唯有如此，才能保证正向的成倍发展，而防止负向的成倍衰退。

其三，讨论能力。在大前研一看来，在任何行业里，出色地讨论都是事业突飞猛进的推进剂，任何自吹自擂、套话、恭维、圆滑、奉承、顺从，都会使决策者无法获得充分有效的信息，更无法获得黄金般的点子。大前研一特别指出迪士尼的封闭会议法为例，指出沉默绝对不是“金”，较之缺乏事实基础与逻辑的意见、以保持和谐关系为目的的发言及随声附和的态度，只有提出反面意见和质疑，才更受人欢迎；对错误认识或者前提放任，可能会导致错误的结论。无论对顾客还是对同事，直言不讳是最好的美德。在此基础上，大前研一特别肯定，符合逻辑的思考和讨论，是通往事业发展繁荣的必由之路。而且，这种讨论能力，可以通过后天训练逐步养成，学会建立假说，并以事实为根据对假说展开验证，则是有价值讨论的前提；在此基础上，不把讨论与谈判混为一谈，不破坏讨论的规则与纪律，遵守讨论的逻辑，提出有逻辑的问题，才能让讨论变成一首旋律优美的乐曲。而且在讨论过程中，不能自说自话，需要尊重讨论伙伴，学会倾听对方的意见，并能够深度讨论中，有技巧地说服讨论的伙伴，在防止诡辩的同时，通过符合逻辑的论证，旗帜鲜明地反驳讨论伙伴的观点，并在此基础上提出对立的主张，依靠坚定的信念和执着的精神推进这种主张。只有在这种情况下，哪怕不能大获全胜，但讨论一定会为决策提供更为合理的依据。

其四，适应能力。大前研一认为，企业经营没有唯一的最佳答案，决策者需要在多个答案同时存在时，选择出最佳答案。这种判断能力，或者说适应矛盾的能力，则是专家必须具备的素质。在此基础上，经营者需要及时反思经营方案，既通过数字化管理，对经营合理与否做出科学判断；也通过领导能力，确保员工的工作动机、忠诚度和创造性都维持在最佳水平。这要求经营者要走出办公室，多在工作现场，用心感知一切微妙的变化，顺应经营全球化、行动地方化的趋势，用心考察、感知并满足顾客需求。在这个过程中，决策者需要同时开发左右脑，让逻辑与直觉共同作用，达到最佳的方案。

显然，只有同时具备先见能力、构思能力、讨论能力和适应能力，才能成为大前研一所谓的“专家”。结合破产法领域的特殊性，在我看来，未来的破产执业者，如果有志于成为真正的专家，也需要具备这四大能力。

就先见能力而言，破产执业者需要对破产业的未来洞若观火，法律的变化、主体的扩充、新技术的出现等，都可能对执业前景带来危险和机会，既可能极大地降低破产执业者的日常劳动量，也可能完全取代大部分现在需要破产执业者完成的工作；正因如此，破产执业者要有危机感，要有忧患意识，需要有所先见，提前布局。就构思能力而言，破产执业者需要在破产案件的引导和驱动下，对特定行业的过去、现在和未来明察秋毫，在没有出路的地方找到出路，在众多选项中选择最佳方案，既具有全球化的视野，也具有对个案的深度了解，同时还能够百折不挠地执行方案。就讨论能力而言，破产执业者需要符合逻辑地提出问题，与团队成员、同行、法官、债权人、债务人等各个群体，展开充分且有效的讨论，尊重逻辑，尊重讨论对手，正视并欢迎反对意见和声音，确保最终的方案，能够获得尽可能多的支持，同时获得尽可能强劲的可行性。就适应能力而言，破产执业者需要直面执业过程中的种种矛盾，以强烈的危机感、预见力，敏于判断，在团队内部，通过协作与讨论，凝练出共同的品牌和价值观，在团队外部通过专业服务，获得尽可能好的口碑和公信力。

我们谁也不知道未来的社会是什么样子，甚至我们不能准确预测五年后的破产行业会如何。但破产执业者只要具备大前研一所提出的先见能力、构思能力、讨论能力和适应能力，那么无论未来怎么变化，都有可能顺应大势、抓住时机，成为破产行业的佼佼者；无论执业环境、行业环境发生怎样的变化，都能伫立潮头，以自己的专业服务在竞争中突围，在破产执业中取得一个又一个成功，真正实现债权人、债务人的最大化，进而通过这种精湛、专业的破产服务，在获得合理报酬的同时，赢得尊严和神圣。

（本文 2018 年 12 月 28 日首发于澎湃新闻财经频道“澎湃商学院”栏目。）

顾后

破产往事

破产法的“真热闹”与“假繁荣”

——2016年回望

2016年，是中国破产法史上空前热闹的一年。如果自1906年《大清破产律》的颁布算起，过去110年来，中国破产法似乎从未如此热闹。

在过去一年里，最高人民法院大力推动破产审判机制改革，在全国范围内推动破产审判庭的设置，同时开通了“全国企业破产重整案件信息网”。在过去一年里，破产法成功地在G20高峰会刷了把存在感，并成为中美两国元首会晤并达成共识的重要领域。在过去的一年里，北京、上海、济南、吉林、重庆、成都、厦门等地的破产法研究机构，先后成立或举办了一系列高水平研讨会。在过去的一年里，已有破产管理人协会的地方开展了如火如荼的活动，未成立破产管理人机构的地方，亦实现了破产管理人自治机构零的突破。在过去的一年里，以“破产法快讯”为代表的破产专业自媒体如雨后春笋般崛起，不同主题的破产法微信群讨论亦热火朝天。在过去的一年里，国际破产协会亦先后在北京、上海召开其一日会……如果未来这种盛况无法继续，毫无疑问，这将是空前绝后的一年。

这种空前盛况，常常让全社会都惊叹“破产法的春天来了”，破产法领域的执业者对此难免亦沾沾自喜，许多年轻的法律人，更是将破产做为职业规划的首选。良药苦口利于病，忠耳逆言利于行。在这样的“真热闹”背后，我们也应清醒看到其“假繁荣”的一面。

毋庸讳言，2016年破产法“真热闹”的背后，与中央大政方针的支持有莫大干系。遥想2015年10月召开的中央经济工作会议，推出以“三去一降一补”为核心的供给侧结构性改革，提出“要依法为实施市场化破产程序创造条件，加快破产清算案件审理”，要“要尽可能多兼并重组、少破产清算”……这些政策，成为推动破产法在2016年“真热闹”的原动力，几乎所有改革措施，都打着落实供给侧结构性改革的名义并在一定程度上顺利推进。我当然乐于看到这种欣欣向荣的景象，但我也深深担忧，这种依赖痕迹极重的发展模式，自身并未获得存活能力，中央政策稍有更易，改革惯性消失，这种“真热闹”盛况就难以为继了。刚刚落幕的中央经济工作会议，只提“创造条件推动企业兼并重组，妥善处置企业债务”，而不再提破产清算等字样，或许就是政策转型的风向标。

除了中央政策的转型会影响破产法学的“真热闹”存续与否，破产法立法和实施中自身的种种缺陷，也让这种“真热闹”的存续底气不足。举其大要，如下诸点尤值得注意：

从立法角度而言，我国《企业破产法》即将迎来实施十周年。这部法律在十年前以市场化、国际化的形象示人，但十年来的实践却远谈不上成功。2013年我参加在伊斯坦布尔举行的欧洲破产协会年会，会上就有外国学者以“中国破产法改革的失败”来做报告。这种失败的原因，一方面是因为这部法律在个人破产、金融机构破产等方面还缺乏破题之举，另一方面也是因为大量已破题的制度设计，比如跨境破产，失之简略、模糊，在实践中举步维艰。当然还需要留意的是，中国社会转型迅速万变，立案登记制、员额制、执转破等改革措施层出不穷，十年前的法律已如旧的船票，显然登不上快改革时代的客船。万众瞩目的司法解释，一方面因其解释权问题饱受质疑，另一方面也是千呼万唤不出来。

从司法的角度而言，在最高人民法院的大力推动下，全国各地的司法系统新设置了很多破产庭。这对于加大破产案件受理，推动破产审判的专业化，当然具有十分重要的意义。但是我们也应该清醒地看到，破产庭设置解决从无到有的问题容易，但从有到好的问题，可以说十分艰难。破产庭的设置，一方面面临着编制等体制性问题，另一方面也面临着如何与员额制、案件受理登记制、执行转破产等其他司法改革措施配套的问题。这既涉及司法系统内部的权限划分，也涉及司法系统与地方政府等其他机构配合的问题。这些问题如果解决不好，可能就会使设置破产庭的改革目标大打折扣。这可能还需要我们发挥政治智慧、司法智慧，妥善解决。另外，司法机构在破产审判中，也需要审慎行使权力，严格适用

《企业破产法》，不滥用破产管理人指定、强制裁定等权力，尽可能将破产审判的公平和正义，送给每一个债权人和债务人，实现破产制度的价值和目标。

而从行政的角度来看，政府在《企业破产法》的实施中，事实上发挥着非常重大的作用，尽管我们的破产法并没有特别强调这一点。由此，也产生了破产法实施中，如何取得地方政府的协调和配合问题，很多时候，如果没有地方政府的努力，很多破产案件审判难以为继。在实践中，不同的地方也逐渐摸索出了形式各异的府院联动机制，在一定程度上，也取得了一定效果；但从法律确定性的角度，这种府院联动机制还需要进一步完善。比如李曙光教授已经提出成立破产事务局的构想，通过统一的机构，来协调政府内部不同部门。尽管破产事务局的职能和设置，还有很大的讨论空间，但理应是未来改革的必由之路。

就破产服务市场的行业自治来说，目前市场经济发达的城市，已成立了多家市级破产管理人协会；在省级，河北、吉林也成立了省级破产管理人协会。按照自下而上的正常改革逻辑，成立全国性破产管理人协会应是自然而然的事情。但我们目前还看不到希望和动静。这种止步不前的背后，既有体制性障碍，也与破产行业内部分歧较大有很大的关系。就制度障碍而言，按照现行《社会团体登记管理条例》，成立全国性社团，必须要主管部门批准，而破产管理人既有律师事务所，也有会计师事务所和清算公司，共同的主管机构几乎可以说不存在。就破产行业内部分歧而言，反对意见则担心全国性破产管理人协会会导致行业垄断和权力滥用，形成新的腐败和寻租空间；这类意见无论正确与否，总有市场，那么推动成立全国性破产管理人协会便难上加难。但如果不成立全国性破产管理人协会，行业的无序和自治亦无从谈起，而放任或坐视司法机构在破产管理人的任命、管理上为所欲为。

总的来说，我们既应该看到破产事业在过去一年取得的成绩，体制内外的有识之士都为此做了不少努力。我们也应该看到，这种破产“真热闹”的背后，有着中央政策大力推动的诱因；如果有一天来自中央层面的动力消失，破产事业是否有足够的“造血”能力，通过跟市场经济的紧密结合而自我发展，在我看来，还有很大疑问。正因如此，我们应该看到这种“真热闹”，也应该看到它背后的“假繁荣”，在此基础上，继续推动改革。

（本文首发于《法制日报》2017 年 1 月 4 日，第 12 版。）

破产审判的“革命”往何处去？

2016年6月21日，最高人民法院下发《关于在中级人民法院设立清算与破产审判庭的工作方案》（以下简称“工作方案”），为这一轮旷日持久的破产审判体制改革，注入了新的动力，也提供了新的想象和观察空间。

早在2014年11月26日，最高人民法院就下发《关于在部分人民法院开展破产案件审理方式改革试点工作的通知》，在全国9省市分别选择2家高院、14家中院和5家基层法院，就破产案件审理改革展开试点。一年后，中共中央十八届五中全会和中央经济工作会议先后在2015年年底召开，中央提出“更加注重运用市场机制、经济手段、法治办法化解产能过剩，加大政策引导力度，完善企业退出机制”的方向，同时要求“依法为实施市场化破产程序创造条件，加快破产清算案件审理”，“要尽可能多兼并重组、少破产清算”。这一导向使司法界内外在加大《企业破产法》实施力度、提高破产案件受理数量方面，很容易达成共识。

中央政策的导向与最高司法机构改革的努力，巧合般地在这个时空中合流了。借助中央的动力和压力，以设立专业化的破产审判庭为主要方向的破产审判体制改革，有了更多的理由和动力。尤其到了2016年，最高人民法院更是接二连三在破产审判方面打出“组合拳”：2月，最高人民法院开始提出要设置清算和破产审判庭；4月22日，最高人民法院审判委员会专职委员杜万华在四川调研时披露，

"首批清算和破产审判庭即将在15个省会城市中级法院成立。各省、市、自治区可视情况在其他中级法院建立专门的清算和破产审判庭"；接下来，厦门中院、德阳中院等地先后成立破产与清算庭；6月21日"工作方案"下发，更是为破产审判机制改革描绘了明晰的蓝图。如此大的力度、如此大的规模，将此称为中国破产司法体制的"革命"并不为过。

之前，由于最高人民法院并未公开15个省会城市清单，各界对本轮破产审判改革的范围，一直在观望中。而这次"工作方案"的发布，明确了清算与破产审判庭设立"两步走"的蓝图：第一步，2016年7月底之前，在北京、上海、天津、重庆等4个直辖市和河北、吉林、江苏、浙江、安徽、山东、河南、湖北、湖南、广东、四川等11个省的省会城市和副省级中级人民法院，完成清算与破产审判庭的设置；第二步，在2016年12月底之前，在其他省（区）省会城市和副省级中级人民法院，完成清算与破产审判庭的设置。显而易见，清算与破产审判庭设置的实际范围，要远远大于原定的在15个省会城市中级法院设置破产庭的预期目标，破产审判事业正迎来"大跃进"时期。

需要肯定的是，随着这份"工作方案"发布，这一轮破产审判体制改革的方向进一步明晰。改革的步伐从蓝图到试点，从试点到落实，一步步走到今天，可以说筚路蓝缕、排除万难。然而，仅就这份"工作方案"来看，既让人对破产审判体制改革的未来满怀期待，同时又让人对破产审判体制改革的明天略有犹疑。

在我看来，这份"工作方案"让人犹疑的地方如下：

首先，"清算与破产审判庭"的叫法本身表面上萧规曹随，与传统的称谓一致，但其逻辑上的矛盾，却也显而易见。按照我国现行《企业破产法》，破产程序包括清算、和解与重整。也就是说，破产是统称，而清算、和解与重整则是具体的程序。破产与清算、和解与重整之间，是隶属关系、统属关系。那么，最高人民法院在"工作方案"中将"清算与破产"单独拿出来，到底是想强调什么？是说清算与破产是并列关系，还是说较之和解与重整，清算有着不言自明的重要性，——重要到需要将清算单独拿出来强调，而且还要放在"破产"的前面？倘若真如此，这显然又于中央"多兼并重组、少破产清算"的方针南辕北辙。这个问题的解决其实很简单，次点的方案是"破产清算、和解与重整审判庭"，而好点的方案，则是直接命名为"破产庭"或者"破产审判庭"。

其次，“工作方案”提出设置破产审判庭，不得突破中级法院内设机构的限制，这可能会使各中院“巧妇难为无米之炊”。“工作方案”明确提出，“设立清算与破产审判庭，不能突破中级人民法院原有内设机构总数”。这可能是为了防止避免各中级法院在改革方案实施中大干快上，冲击来之不易的司法改革成果。但在我看来，破产庭的设置正该大开大合、大刀阔斧，如此步履蹒跚，会受制于既有内设机构设置数量的限制，甚至可能会遭到既有内设机构的消极对待与联合抵制，无端增大设置破产庭的阻力，反而消解了改革的积极效果，与破产审判体制改革的预期目标渐行渐远。对此问题，“工作方案”的起草者显然也意识到问题所在，特意留了个后门，即“原有机构总数限额内调剂不了的，可以先行设立清算与破产审判庭，在下一步法院内设机构改革过程中调整到位”。这个后门的潜在效果，便是各地在名义上先成立破产庭，将来成为既成事实，要么兼并其他机构，要么改革其他机构，再解决机构设置问题。这总给人一种感觉：司法机构对破产庭的设置半就半推，欲迎还拒。与其如此，还不如就在拟设置破产庭的中级法院直接增设机构，免得各中院为此纠结。

再次，“工作方案”有关人员配备的限制，既会阻滞优秀破产审判人才的流动，同样也会增大破产审判庭设置的阻力。“工作方案”明确规定，“法官原则上从本院或者下级法院具有公司强制清算与企业破产案件及相关案件审判经验的优秀法官中选任产生。一般按照 1∶1∶1 的比例为法官配备法官助理和书记员。设立清算与破产审判庭所需人员编制在现有编制内调剂解决”。这一点，站在最高人民法院的角度无可厚非，也与如火如荼的员额制改革配套，但考虑到破产审判高端人才匮乏，这种中级法院与基层法院内部“自产自销”的破产法官产出机制，阻滞了破产审判人才的跨地区流动，显然缓解不了司法机构渴求高水平破产法官的要求。尤其是对“现有编制”的严苛要求，完全堵死了院外潜在的优秀人才流入破产庭的可能性，这与中共中央办公厅于 2016 年 6 月 2 日印发的《从律师和法学专家中公开选拔立法工作者、法官、检察官办法》，部署从律师、学者中吸纳优秀人才进入司法系统的导向，完全背道而驰。

最后，“工作方案”中未对破产审判庭法官考核机制作出制度性安排，这显然是一个重大疏漏。我们知道，近年来破产案件逐年下滑，原因千头万绪，但从司法机构内部来说，缺乏针对破产审判庭的独特的考核机制，使破产法官在以结案率为基准的法官考核机制中落于下风，从而降低了破产审判对优秀审判人才的吸引力，也极大地限制了法院系统受理破产案件的积极性。就我所知，目前全国司法系统中也只有温州法院明确公布破产案件法官考核机制：司法重整案件以 16 件二审案件计件、有产可破案件以 8 件二审案件计件等折算标准，借此充分调动破产审判人员的办案积极性。最高人民法院在大力推动破产庭设立的同时，理应更为积极地解决破产法官考核这一限制破产审判的痼疾。

整体来说，“工作方案”对新一轮破产审判体制的改革，还是采取一种自上而下的改革进路；这种改革的优点是按部就班，不容易出乱子、出岔子。在庸常时代，改革乃不急之事，完全可以从从容容、按部就班，按照设计方案一步一步走。但当此特别时代，现实中满目疮痍的“僵尸企业”急需出清，“僵尸经济”急需要破产审判庭解套，不管是已设置破产庭的法院，还是即将设置或者未设置破产庭的法院，在不远的未来都将面临破产案件的井喷。这种情况下，不适当赋予各中级法院乃至基层法院在破产审判体制改革中的主动权，恐怕只会贻误良机。毕竟各中级法院乃至基层法院在破产审判第一线，较之高层的司法改革设计者，对破产制度的供给有着更为直接的观察和体验，在灵活应变方面优势也更明显。

破产审判的“革命”往何处去？且让我们拭目以待。

（本文首发于《法制日报》2016 年 7 月 6 日，第 12 版。）

岁末年初说“破”势

——2018年破产行业回望

似乎还没做好心理准备，我们已到2019年。2018年国际层面、国家层面乃至破产界的波澜壮阔，就因为这个跨年，突然便恍如隔世。岁末年初，在“破”言“破”，说说“破”势吧。

2018年的破产界，整体而言，成绩喜人。受制于《企业破产法》并未根本修订及标本选择等因素，在2018年度世界银行营商环境报告中，我国“办理破产”能力的排名不升反降。但忽略这一点不计，回顾我国破产领域的2018年，应该说取得了前所未有的好成绩：比如最高人民法院《全国法院破产审判工作会议纪要》的发布，比如全国法院受理破产案件数量突破13,000件大关，比如执行转破产在“基本解决执行难”的雷霆之势下迅速推进，比如重庆钢铁管理人以8680万元的管理人报酬而跻身“天价律师费”并刷屏……每一项消息，都让破产从业者振奋，也让破产行业吸引力爆棚，越来越多的律所、越来越多的顶级法律人才，都开始云集破产行业。除此之外，破产法修订纳入全国人大的立法议程，最高人民法院管理人与关联企业合并破产相关司法解释制定紧锣密鼓推进，也容易让人对2019年乃至未来的破产事业，充满期待和想象。如果要说“破”势，我想首先需要强调的就是这种乐观精神。只有乐观，才能一往无前，才能面对2019年可能存在的各种激流、险滩和暗礁。

除了乐观，我还想强调积极。就破产从业者来说，如果需要对外展示情怀感，当然可以唱唱“但愿世间人无病，何妨架上药生尘”的高调。但我深信，对于每个以破产法为生的从业者，内心都希望破产案件越多越好。多一个破产案件，就多一个提供服务的舞台，当然也就多一个赚钱的机会。这也是为什么这两年经济下行周期，随着破产案件的“爆表”，大量法律服务工作者都开始切换频道，挤上破产行业的专列。这是价值规律引导作用的必然结果。每一个破产从业者，恰似白居易笔下的卖炭翁，“可怜身上衣正单，心忧炭贱愿天寒”。我想，如果破产从业者能够为市场主体的退出提供专业、高效且性价比极佳的专业服务，不应该讳言这种逐利倾向。破产从业者因市场需要高端破产服务而生，也以破产服务市场的发展壮大为生。每个破产从业者应该积极作为，未雨绸缪，尤其在开拓破产领域的新业务方面，因应破产法修订的大势，早做准备，抢占先机。

除了乐观和积极，我也想强调忧患意识。古人云：“观一叶而知秋。”应该看到，这两三年破产法事业的勃兴，多蒙2015年年底开始的供给侧结构性改革大政方针的恩泽；整个改革开放40年期间，破产法事业的每一波兴旺发达，也一直是破产政策驱动的结果。破产法本身并不自带体系，未能成为我们法治生活的常态，也未进入独立的运行周期。破产法也从未摆脱“破产工具论”的宿命，真正的市场化、法治化破产任重道远。在这种背景下，随着国内外经济形势的发展，随时可能会让破产政策微调。如果破产政策不再成为决策者的优先选项，政策传导必然会导致破产案件数量的下降。在这种背景下，破产从业者应该有点忧患意识，或者至少应该有一种“得之，我幸；失之，我命”的坦然：如果赶上破产法上升的周期，那以自己专业精湛的服务，在服务客户的同时大赚特赚，无可厚非；但万一“破”势变化，很多这两年涌入破产行业的从业者，可能都需要为“活下去”而重操旧业。明了此“破”势，方可置之死地而后生，“不管风吹浪打，胜似闲庭信步”。

除了乐观、积极和忧患意识，我还特别想强调清醒。跳出破产行业自身，站在全社会看，无论是商事主体，还是决策者，避“破”心态或者谈“破”色变的现象，纵向比有历史性进步，但并未根本改弦更张。站在商界看，无论是债权人还是债务人，当然都希望自己和交易相对方都远离破产。尽管《企业破产法》为陷入财务困境的主体们，在提供破产清算这一退出机制外，还提供和解、重整等拯救机制，但天下没有免费的午餐，再好的和解、重整机制，都需要极高的时间成本和经济成本，甚至还要付出不可估量的信誉成本；即便如此，费尽九牛二虎之力之后，其效果究竟如何，谁也说不准。这也就是为什么在现实生活中，哪怕申请破产是最好的解决方案，哪怕资产负债表或现金流等指标在技术上已完全符合破产的标准，哪怕及时申请破产仅利息债权就能节省十分可观的数额，但市场主体习惯性的做法，不是走向破产庭，而是通过“借新账、还旧账”的方式苟延残喘，有些甚至走向高利贷或者自杀的不归路。这种弥漫整个商业社会的“避”破氛围，也可能会使破产案件数量增长缺乏驱动力。而就政策制定者来说，正常情况下肯定也希望新生且健康的企业越多越好、破产企业越少越好。因为只有这种情况下，才会让从中央到地方各层面的决策者，在经济层面的政绩考核中，获得一份漂亮的成绩单。这种决策理性，导致任何层面的决策者，只会在需要破产法或者破产政策处理危机时，或者需要定点消除病态经济体时，才祭出破产政策乃至破产法实施的大旗。自然而然，若非万不得已，对于各级决策者，破产工具注定会“飞鸟尽，良弓藏；狡兔死，走狗烹”。职是之故，破产界应该对全民避“破”的国民心理有清醒认识。

岁末年初说“破”势，我认为这种最大的势，就是2019年注定是充满不确定性的一年。这种不确定性里，既会有破产法律制度的良性改革，也可能会有破产政策在各种因素影响下的微调，甚至可能还会有各种各样的“灰犀牛”随时来踢馆、砸场。但无论如何，破产从业者应该乐观、积极，有点忧患意识，有点清醒认识，唯其如此，方可以不变应未变，“任凭风浪起，稳坐钓鱼台”，拥抱并期待2019年。

（本文2019年1月3日首发于澎湃新闻财经频道“澎湃商学院”栏目。）

如何看待2018年我国“办理破产”排名的下降？

2018年10月31日，世界银行发布2019年度营商环境报告。我国的全球排名，从2017年的第78位，跃升到第46位，首次进入Top 50，十分惊艳，朝野各方载欣载奔，共同为这一成就点赞。

但对于破产法领域的同行来说，却又是另一番滋味。在“办理破产”单项排名中，中国的排名并未随着总榜排名的跃升而扶摇直上；恰恰相反，中国“办理破产”排名反而明显下降了：上一个年度排名第56位，但今年排名只有61位。消息传来，破产界就有点高兴不起来。

犹记去年此时，世界银行发布2018年度营商环境报告，我国“办理破产”排名跃升至第56位，较之2013年上升29名。在全国上下力推破产案件受理和审判工作的大背景下，这一结果当然十分鼓舞士气。在2017年12月召开的全国法院破产审判工作会议上，最高人民法院院长周强高度评价这一进步；在2018年年初《人民法院报》评出的十大法院新闻中，这一佳绩亦入选其中。笔者应邀点评该新闻时，特别强调“办理破产”对于提高营商环境乃至增强国家软实力的重要意义。

但如今短短一年过去，随着“办理破产”排名的下降，颇有“萧瑟秋风今又是，换了人间”的感觉。破产界内外，弥漫在一种压抑的氛围中，不提，不说，不满意，不服气。这种感觉就如同辛辛苦苦的耕耘却未获得应有的收成，甚至不仅没有丰收，反而大幅度歉收。

破产界的同行的困惑是可以理解的。在整个2018年，破产界尽管不像2016年、2017年那样波澜壮阔，但同样翻天覆地。继承2017年年底全国破产审判工作会议的余绪，最高人民法院在2018年3月发布《全国法院破产审判工作会议纪要》。这份“纪要”在破产法修订短期内难有进展、破产法相关司法解释短期内难以出台的背景下，应该说是破产界久旱后的甘霖，对于很多当前困扰司法界、实务界的问题，提出倾向性的意见。接下来的4月，最高人民法院再度在深圳召开执行转破产推进会，将“执转破”作为化解“执行难”的利器，客观上也将破产在司法中的重要性又提升了一个档次……各种破产政策的合力，再加上最近两三年改革举措逐步落地，2018年度破产案件的数量大幅度跃升，根据不同渠道反馈的数据，截至目前2018年度破产案件已过万件，这可是2006年《企业破产法》颁布以来最好的成绩单！

如此亮眼的成绩，却获得了一个不升反降的国际排名，怎能让人不气馁？

其实在我看来，我们既没有必要过分在意，也没有必要过分悲观。无论是标本选择还是数据采集，世界银行营商环境报告都有一份独特的方法论和体系。考虑到全球190个经济体的多样性，这种体系只能是采取尽可能简单、统一的标准，而罔顾每个经济体的特殊性、多样性；对于每个经济体而言，想要在这个评估中获得高分，只能是“顺之者昌，逆之者亡”。这就像以引用率为核心指标的期刊考核评价体系，尽管部分高水平文献必然有高引用率，但高引用率并不必然等于高学术水平；只是在评价标准缺位时，数据就成为简单、直观甚至有些粗暴的展示方式。

在世界银行营商环境评估中，“办理破产”是的十大指标之一。根据2019年度世行营商报告，中国总排名的跃升，主要受惠于开始商业、施工许可、用电、财产登记、保护小投资者、纳税和跨境贸易等七大指标。而就全球来说，在过去一年，全球190个经济体中，只有14个经济体的破产法有实质性提升，自然这些国家的“办理破产”也容易获得高分；这也就意味着，除非修改法律，绝大部分国家“办理破产”原地踏步，不可能在短短一年间突飞猛进。

正因如此，特别需要强调的是，尽管2019年度报告中我国“办理破产”排名下降好几位，但这种下降不是因为我国“办理破产”下降造成的，而是其他国家“办理破产”能力提升所形成。就“办理破产”而言，具体又分为四个小指标：商事破产的时间、成本、产出、清偿率及破产法框架的力度。世界银行2017年、2018年、2019年度报告中，中国“办理破产”总得分都是55.82分，其中时间都是1.7年，成本都是破产财产的22%，每美元的清偿率都是36.9分，破产框架的力度系数，在1~16之间，都获得11.5分，居于中上水平。完全一样的得分，全球排名却分别是第53、56、61位。

而比这更早之前，我们的得分不见得更高，但排名却也曾经更好过：在世界银行2016年度报告中，中国“办理破产”总得分55.43分，其中时间是1.7年，成本是破产财产的22%，每美元的清偿率都是36.2分，破产框架的力度系数，亦为11.5分，但排名却是第55名。在这之前一年，即2015年度报告中，总得分是55.31，每美元清偿率为36分，最终排名第53名。2012年、2013年、2014年的年度报告，指标中只有时间、成本和每美元清偿率，得分大概也差不多，但那时候的国际排名都是在七八十名。这也是为什么最高人民法院在2017年年底突然将国际排名的上升作为成绩，而且特别跟2013年第82名（2011年以来最差排名）比。由此也可以得出明确结论：至少在2012年以来，我国破产法框架并未发生根本性变化，相关得分也大体近似，但单纯看排名本身，却真是有天壤之别。

根据世行报告，“办理破产”的数据，主要来自对破产执业者的访谈和对公开法律法规的研究。正如世行报告说言，为让“办理破产”数据在不同经济体之间具有可比较性，相关调研也不得不在诸多“假设”下完成，2019年度报告第118~119页对诸多“假设”，分商事主体、案件和相关方三大类，细看的话，其实很多“假设”合理性存疑，但可能会对数据表现产生重大影响。但实际上，通过上述各项得分可以看出，对破产执业者的访谈对得分高低实际上影响不大，否则不可能即便每年都访谈同一批机构和个人，但得分一模一样；得分的实质性改变，无论是提升还是降低，都取决于法律层面的改变。

而且，再退一步，至少就中国“办理破产”来说，这一数据采集可能存在失之偏颇的问题甚多：第一，就城市标本选择来说，中国所有数据都来自北京和上海，但就“办理破产”而言，尽管考虑到中西部地区破产的欠发达，京沪可能代表中国“办理破产”的平均水平，但毕竟京沪非中国破产事业的重镇，浙江、广东乃至其他省份数据，势必更有说明力。第二，就时间范围来说，世界银行营商环境评估从2017年11月启动，到2018年1月完成调查问卷设计，2018年2~8月收集数据，9~10月形成并发布报告；就中国司法实践来说，破产高峰期都在下半年，但这一事实却无法体现在世界银行的报告中。

正因为这些因素，包括“办理破产”在内，营商环境报告中的高分，并不必然完全等于市场主体对特定经济体的感受，——以中国为例，尽管全球排名大幅度跃升，但过去这一年，绝对是中国企业家们感觉到极为难捱的一年；尽管“办理破产”排名不升反降，但过去这一年绝对是破产界同仁忙碌而充实的一年。

其实，且不说中国“办理破产”在世界银行2019年度营商环境评估中的排名，看其他国家的排名，与我们的日常印象也大相径庭。比如排名靠前的国家，第1名居然是日本，第2名是芬兰；美国破产法体系在世界范围一直被模仿，从未被超越，但在这个体系里，只能屈居第3位；在亚洲，新加坡、印度、韩国这几年破产法都有大规模修订和提升，但国际排名却体现不出来这种巨变：韩国排第11位，新加坡第27位，印度只排第108位。而令人惊奇的是，一向不显山不露水的印度尼西亚，反而高达第36位。这真是类似于国际足联排名，——中国男足排名的向好，无法掩盖实力变弱的事实，无法掩盖在亚洲已无人能输的事实。

理性来看，世界银行“办理破产”所采取的指标体系，更多是破产行业2.0时代的标准。但遗憾的是，我们“1.0时代”苦苦跋涉，还在为更为多元的破产主体、更为开放性的破产执业者队伍、更为高效专业的破产审判体系、更有容纳度的跨境破产机制而奋斗。这么说来，要想在“办理破产”方面获得高分其实也不难，修改破产相关法律则是极其重要的一步。好在我国《企业破产法》的修订，已成为朝野各方的共识，也进入了国家立法机关的立法规划。由此我们完全可以乐观地预期，单就“办理破产”来看，在破产法修订大业完成之日，一定是我国“办理破产”国际排名大幅度跃升之时。且让我们化悲恸为力量，化郁闷为努力，化困惑为奋斗，在做好包括“办理破产”指标营商环境指标的同时，实质性地改善营商环境，让市场主体们都“生意兴隆通四海，财源茂盛达三江”。

（本文2018年11月15日首发于澎湃新闻财经频道“澎湃商学院”栏目。）

破产法十年话“初心”

2017年6月1日，对于破产法同行而言，不仅意味着儿童节，更意味着现行2006年《企业破产法》。在这个颇有纪念意义的日子里上，或许有必要回望破产法的“初心”，借此既为我国破产法的发展接上历史的血脉，同时也为校正我国破产法未来的方向而提供参照物。

法律文本已经为我们提供了部分索引。我国2006年《企业破产法》第1条规定，“为规范企业破产程序，公平清理债权债务，保护债权人和债务人的合法权益，维护社会主义市场经济秩序，制定本法”。而1986年《企业破产法（试行）》第1条规定，“为了适应社会主义有计划的商品经济发展和经济体制改革的需要，促进全民所有制企业自主经营，加强经济责任制和民主管理，改善经营状况，提高经济效益，保护债权人、债务人的合法权益，特制定本法”。

两相对照，毫无疑问2006年《企业破产法》中对该法立法目的的阐述，更接市场经济的地气，也更符合破产法的本质，可以说放之四海而皆准；而1986年《企业破产法》的立法目的，则充满改革开放过程中的时代气息，同时也昭示出破产法的不堪重负。

然而，仅从文字上对比两部企业破产法的立法目的，对于追问破产法的“初心”来说，依然有点浮皮潦草。我们还需要回到历史的现场，探究1986年《企业破产法（试行）》的立法过程。曹思源的《破产风云》曾提及，有人为反对制定企业破产法，曾质疑：“立这个破产法到底解决什么问题？关停并转这么多年，为何解决不了这个问题？破产法能代替关停并转吗？”

1978年年末，我国进入改革开放的新时代，国民经济重回正轨。是时也，国有企业在国民经济中位高权重，但在计划经济模式下，效率低下，连年亏损，举步维艰；即便企业长期亏损，也要通过财政补贴或银行贷款，如期全额发放工资，并为职工提供从摇篮到坟墓的所有福利。1980年开始，决策部门试图赋予国企自主权，激发国企活力；但这种改革措施，对于积重难返的国有企业来说，依旧是杯水车薪，国企面貌并未明显改变，决策部门需要祭出新招。在这种背景下，制定破产法的建议在1983年被摆在决策机关案头。

这一年，国务院技术经济研究中心应国务院安排，起草《关于争取科技进步，促进经济发展若干问题的建议》，准备作为1983年全国科技工作会的议讨论文件。执笔者曹思源在正文中表达了这样的建议：“建议国家经委会同有关部门立即起草企业破产法，在1984年底以前报送人大常委会批准。”该文件提出，在社会主义竞争中，必须要通过合理的善后措施，坚决淘汰那些长时期不适应社会需要的企业，以便给绝大部分企业外部压力，促使企业改善技术和管理，进而推动科技水平和经济效益的双丰收；该文件也提到，从银行贷款也要照发干部职工工资的情况应该叫停，亏损达到一定程度银行应停止放贷，企业宣告破产，职工只能通过社会救济或者特殊保障，拿到月工资的50%～80%，并且逐月递减。经过长期调研和思索，曹思源先生敏锐地意识到了在中国推动破产法必须要重视的一个群体：职工。这并不是说立法机关应该发动职工来讨论、支持破产法，而是说职工问题能否妥善解决，将成为事关破产法立法成功与否的关键。

果不其然，在1986年破产法起草过程中，破产法的支持者和反对者围绕职工安置问题，产生了白热化的辩论。反对者坚定地认为，破产现象是资本主义特有的，没有破产是社会主义制度优越性的体现，国有企业纵然破产，对职工也不能不管。而破产法的支持者们，则千方百计证明破产制度对职工、对企业都利大于弊。在这种争论过程中，破产法本身的目的、制度设计反而退场，职工权益保障问题则被摆在舞台的中央。

1986年5月，全国人大法工委组团在沈阳、天津、重庆、上海等地展开调研，最终形成《关于企业破产法的调查报告》。在这份报告中，附有一份破产法可行性的调查问卷。调查组共回收有效问卷924份，其中20%为工人，71%为政府、司法机关和企业干部，学者占9%。调查问卷共有20个问题，至少有5个问题直接涉及职工问题。调研结果现在看来十分有意思：有83%以上的人认为，企业宣告破产后可以将职工、干部转入待业状态；81%的受访对象认可待业救济金发放两年，第一年月工资的75%，第二年50%的安排；75%的受访对象认为实行破产制度，职工会更加关心企业命运。调查者的目的不言自明；当然调研数据也争气，仅就数据来看，调查组显然可以班师回朝了。

但即便如此，破产法的反对者依旧未气馁。在他们的极力推动下，1986年破产法起初的草案中，有一章专门用来规范职工安置问题。这已经不是一部破产法，而是破产企业职工权益保护法。破产法的支持者们也意识到，除非对破产企业职工权益有妥善安排，否则这部法律的通过将是镜中花、水中月，遥遥无期。几经交锋，最终国务院颁布《国营企业职工待业保险暂行规定》后，职工权益保障的章节才被从破产法草案中删除，最终以一条原则性规定代之，即“国家通过各种途径妥善安排破产企业职工重新就业，并保障他们重新就业前的基本生活需要，具体办法由国务院另行规定”。

2016年，我曾发表过一篇论文《从核心到边缘：中国破产法进化中的职工问题（1986~2016）》，详细考察三十年来职工问题在破产法进化中所扮演的角色。读者诸君如果细读过拙文，可能会同意我的判断：在中国，职工问题其实是破产法的元问题。这一点，在1986年《企业破产法（试行）》起草中十分明显，在后来的“政策性破产”、2006年《企业破产法》起草中亦未稍逊风骚。

在我看来，这一点，恰恰是追寻我国破产法“初心”的关键所在。职工利益一马当先，相比之下，债权人、债务人的利益似乎并不是那么十万火急了。这一点在2006年《企业破产法》的制度设计与实施中已体现得很明显。在看得见的未来，这点恐怕短期内不会过时。

（本文首发于《法制日报》2017年5月31日，第12版。）

共和国七十年与破产法的变迁

2019年10月1日，中华人民共和国迎来成立七十周年。这样的时刻，在让人欣喜的同时，也引人深思。在历史的长河中，七十年如同白驹过隙；但就我国破产法的变迁史而言，这七十年荆棘密布，长路漫漫，却如同穿越几个世纪。站在破产法的视角，共和国七十年历史，实际上就是一部破产“逆袭”的编年史。

如果套用足球术语，破产“逆袭”的编年史，可以分为如下若干个阶段：从禁赛到复出，从复出到进入大名单，从进入大名单到替补，从替补到首发，从首发到核心，从核心到巨星……这注定是一条光荣的荆棘路。

一、1949年：破产法被“禁赛”

且让我们把时钟拨回到1949年。这一年的2月22日，中共中央发布《关于废除〈六法全书〉和确定解放区司法原则的指示》，废除国民政府治下的旧法传统。由此，1935年颁布的《中华民国破产法》，随着国民政府败退台湾地区，而谙熟这部破产法的立法者、司法者和律师们，要么远渡重洋，要么在“旧法人员”的标签下寻求新生，销声匿迹。

在计划经济体制下，国有企业成为社会主义建设的生力军，为在多年战乱后的中华大地上重建经济做出突出贡献。在国家政经政策的支持下，国有企业稳如磐石，与破产绝缘，形成不可能破产的神话。

这种语境下，破产被视为资本主义制度的专利，没有破产被视为社会主义制度优越性的体现。在这种背景下，从1949年开始到改革开放，破产法处于被“禁赛”状态。

破产之所以讳莫如深，不仅是经济层面国有企业能不能破产的问题，而是面临着一个无解的政治问题：工人阶级作为领导阶级，是国有企业的主人翁；由此，国有企业有道义上的责任，为职工提供从摇篮到坟墓的全套福利。那么，如果国有企业破产，职工怎么办？这是一个想都不敢想的问题。

今天我们当然都知道，破产法是民商法的分支，而民商法又是市场经济的基本规则，破产法与市场经济是“毛”与“皮”的关系。但是，在我国高度集中的计划经济体制下，不存在市场，“皮之不存，毛将焉附?”当然也就没有民商法乃至破产法的生存空间，破产只能是一种奢侈的想象。

二、1978年：破产法解禁

1978年12月，中共中央召开十一届三中全会，我国发展重回正轨。

我国国民经济的重建，基本是围绕“国企改革”这一关键词展开。是时也，国有企业在长期的行政管制下，企业经营缺乏自主性、积极性，也缺乏市场压力和动力，经营管理普遍不善，长期且大面积处于亏损状态，生存完全仰赖于财政补贴。在“大锅饭”模式下，国企职工干好干坏一个样，干与不干一个样。

改革的第一步是“松绑”。为国有企业放权，提高自主性。企业的生产经营逐渐脱离行政化色彩，获得有限度的自主权。企业产供销也不再是上级领大全包干，孱弱的国有企业逐渐苏醒，接受市场风雨的洗礼。

从理念层面，决策者逐步接受最低限度的市场理念，对民商法也不再绝对排斥。司法部在西南政法学院举办了民法师资培训班。而刚刚从北京延庆中学回到北京政法学院的江平，也为北京政法学院高年级的学生们开设罗马法、西方国家民商法等课程。笔者曾写过一篇文章《江平先生对中国破产法的贡献》，着重讲江平早年开设“西方国家民商法概要”课程时，对破产法的关注与普及。现在看来，江平先生对破产法的介绍也就是入门级，但在当时而言，其重要意义却不啻划破暗夜的彗星。考虑到相关讲义早年曾油印出版、1984年才由法律出版社正式出版，江平先生和他那一辈的民商法学者，应该说都是破产法解禁年代最早一批传播破产法理念的先驱。

1983年，中华人民共和国成立34周年之际，迎来中华人民共和国历史上破产事业发轫之年。这一年，“破产”二字在官方文件中也破土而出。当时，还在国务院经济研究中心工作的曹思源奉命起草上级交办的文件时，有意在《关于争取科技进步，促进经济发展若干问题的建议》文件第26条中写道，“从根本上说，不淘汰落后，就无所谓竞争；企业技术落后、产品落后没有危机感，也就不会有开发新技术、新产品的紧迫感，要给企业以压力。建议国家经委会同有关部门立即起草企业破产法，1984年底以前报送人大常委会批准”。这份文件在1983年全国级科技工作会议作为讨论文件下发后，石破天惊，引起广泛关注。

三、1986年：破产法进入“大名单”

从足球的角度，球员解禁复出，并不当然具备出场资格。还需经过教练的甄选，在具备能力且符合战术需要的前提下进入大名单，才能获得代表俱乐部参赛的机会。我国破产法进入这份大名单，是在1986年。

从前述1983年的文件到1986年《企业破产法（试行）》的通过，绝对是中国破产法史上最波澜壮阔的三年。在这个过程中，有个人不能不提，那就是被称为“曹破产”的曹思源先生。

曹思源在他的《破产风云》中，详细记录他1984年开始，不断为破产法呼吁的过程。1984年2月，他在新华社主办的《瞭望》周刊上，撰文《试论长期亏损企业的破产问题》；1984年第11期《民主与法制》杂志上，他的文章《增强企业活力的法律措施》中，亦附录他起草的破产法草案个人建议稿。

而“曹破产”更多的努力，却不是思想层面的启蒙，而是寻求地方领导人的支持，在困境国企中实验破产法。这位实验主义者，先是寻求时任武汉市市长吴官正的支持，随后又与时任沈阳市市长李长春建立联系。

1985年2月9日，沈阳市正式出台了《关于城市集体工业企业破产倒闭处理试行规定》。据此，沈阳方面于8月3日向沈阳市防暴器械厂、五金铸造厂、第三农机厂等几家长期亏损的国有企业发出“破产警戒通告”。一年后，沈阳市政府于1986年8月3日宣布，鉴于在一年拯救期内，沈阳市防暴器械厂未能扭转困境，严重资不抵债，决定开始破产倒闭……中华人民共和国历史上破产第一案，就这样横空出世。

沈阳防爆器械厂破产的同时，《企业破产法》的起草工作也正在如火如荼地进行。此前，1984年10月28日，曹思源执笔完成《关于起草〈企业破产整顿法〉的请示报告》，以国务院经济法规研究中心名义报请上级批示。1985年1月30日，时任国务院经济法规研究中心主任顾明领衔成立《企业破产法》起草小组；与此同时，还专门成立《企业破产法》起草工作小组，曹思源担任组长，中国政法大学杨荣新、殷阁凤等学者和工商总局、央行、全国人大法工委等干部成为起草工作小组的中坚。

1986年5月，全国人大法工委组织调查团，前往沈阳、天津、重庆、上海等地就破产法立法问题展开调研。这次调研形成《关于企业破产法的调查报告》。其中作为该调查附录的《关于企业破产问题的问卷调查》，在六届全国人大常委会召开第十六次会议前夕见报，成为说服立法者的重要材料。

现在供职于中伦律师事务所纽约分所的张大光律师，早年求学美国时，曾在英文期刊《哈佛国际法学刊》（Harvard International Law Journal）上发表长文《〈企业破产法（试行）〉立法史话：基于立法过程的研究》，特别记录了全国人大审议该法案的全过程。中央电视台对六届全国人大常委会召开第十七次会议破产法讨论的直播，更是让这一话题成为牵动全社会神经的爆点，反过来也成为一次效果奇好的破产法启蒙教育。我第一次读到张大光律师的雄文就艳羡不已，最后取得授权后翻译并收入我主编的《破产法的现代化：从〈大清破产律〉到〈企业破产法〉（1906～2006）》一书中。

回过头来看，企业破产法立法争执纵然有千头万绪，但最核心的还是职工问题。前文已述及，即便我们打破国有企业不能破产的神话，但破产企业职工安置问题依然是一个现实而急迫的问题。在当时的时代条件下，如何解决破产企业职工安置，是最让人头痛的大问题，甚至一度成为破产法起草时讨论的焦点问题。这一点，也是我后来写作论文《从核心到边缘：中国破产法进化中的职工问题（1986～2016）》的灵感之源。

无论如何，1986年12月2日，第六届全国人民代表大会常务委员会第十八次会议最终还是正式通过《企业破产法（试行）》。由此可见，破产法在我国进入改革议程的“大名单”，取得出场资格。

四、1994 年：政策性破产让破产法成为“替补”

进入“大名单”后，球员还需要耐心等待出场时机。

1986 年《企业破产法（试行）》、1991 年《民事诉讼法》次第颁布后，破产法实施在中国大地生根发芽。而随着 1992 年邓小平南方谈话及市场经济体制建设的推进，破产法时刻准备着在我国改革开放的大舞台上登场。

形势比人强。此时，国有企业大多已病入膏肓，常规疗法尤其是单纯依靠《企业破产法（试行）》的威慑机制，显然无济于事。猛药去疴，决策者不得不对重症下猛药。

1994 年 10 月 25 日，国务院发布著名的“59 号文”。亦即《关于在若干城市试行国有企业破产有关问题的通知》。按照该文件，国务院在全国范围内，选择上海、天津、齐齐哈尔、哈尔滨、长春、沈阳、唐山、太原、青岛、淄博、常州、蚌埠、武汉、株洲、柳州、成都、重庆、宝鸡等 18 个城市，推行国有企业破产改革。

中国政法大学破产法与企业重组研究中心主任李曙光教授是“59 号文”初稿的执笔者。他曾写过一篇短文《59 号文件出台前后》，回忆这个文件出台前后的细节。1993 年年底，李曙光以学者身份加入国家经贸委牵头成立的国企破产专题调研组，前往全国各地调研；充分调研后，国有企业破产的核心难题被归结为两点：人往哪里去？钱从哪里来？针对这两个问题，国家经贸委国企破产专题调研组最终形成《关于在若干城市试行国有企业破产有关问题的通知》。

这便是“政策性破产”，我国历史上另一次破产法“革命”。按照政策性破产的制度设计，国企土地使用权的转让所得，首先用于安置职工；企业在破产前为维持生产经营而向职工筹措的款项，视为破产企业所欠职工的工资而予以优先清偿。这与现代破产法的理念大相径庭，但在转型中国，却成为唯一行之有效的办法。

此后近十年，政策性破产实施范围一再扩大，呈现“全国山河一片‘破’”的盛景。经过持续多年的深化改革，再加上千禧年以来内外因的襄助，让国有企业再次成为我国国民经济的支柱，并在近二十年的发展周期中高歌猛进。反过来看，1994 年启动的政策性破产有其正面意义。

破产实践的如火如荼，专业性学术研究机构亦次第涌现。2001年10月17日，中国政法大学破产法与企业重组研究中心举行成立仪式，成为全国第一家专门从事破产法研究的专业学术机构。

五、2006年：从替补到首发

2006年《企业破产法》的颁布，可以视为破产法在我国从替补到首发的标志性事件。

新《企业破产法》的起草，早在1994年便启动。但随后由于决策机构的工作重心在于推动政策性破产，新《企业破产法》的起草进进停停，进展有限。

2001年11月15日，中国加入世界贸易组织。这在一定程度上，成为破产法起草工作推进的加速器。尽管我国的改革开放史就是一个不断推进市场化的过程，但按照欧美标准，中国即便加入世界贸易组织，并不天然就是市场经济地位。尤其是欧盟在关于中国市场地位的决议中，将是否具有行之有效的破产法，视为其五大要素之一。这种情况下，加速破产法起草工作，已成为推动经济外交、寻求市场经济地位承认的重要支撑。

2006年8月27日，第十届全国人民代表大会常务委员会第二十三次会议正式通过《企业破产法》。这部《企业破产法》，不仅摘去"试行"的帽子，也因为其对管理人制度、重整制度的引入，而成为丝毫不落后于国际潮流的破产法。

李曙光教授在一篇发表于《南方周末》的随笔《华尔街的回响》中，通过国际破产界诸多大腕对这部破产法的反馈，详细记述了我国2006年《企业破产法》引起的国际反响。无独有偶，我主编的《破产法的现代化：从〈大清破产律〉到〈企业破产法〉（1906～2006）》一书中，亦收录并翻译了4篇国际学者在主流学术期刊上评述2006年《企业破产法》的英文论文。考虑到还有为数不少的论文因为版权问题而割爱，可见国际破产法学界对我国2006年《企业破产法》的充分肯定。

无论如何，以2006年《企业破产法》的颁布为标准，我国进入了真正的破产法时刻！纵然这部《企业破产法》在实施中还面临各种各样的困境，但这种市场化、法治化的破产法大框架，则由此扬帆起航；航速有缓急，但方向从未变过。

距离葡萄牙首都里斯本不远，有个地方叫罗卡角。这个地方是欧洲大陆的最西端，有诗人赋诗："陆止于此，海始于斯。"2013 年 5 月，我曾和李曙光教授等人同游罗卡角。在那么一个瞬间，我突然觉得，2006 年《企业破产法》其实也正是我国破产法变迁史上陆海相遇的时刻。从此，破产法在市场经济框架下成为常规首发，而传统的行政化破产将退出历史舞台。

六、2015 年：从首发到主力

随着供给侧结构性改革的深入推进，破产法不仅获得常规首发的机会，也成为僵尸企业出清政策的核心工具。

2015 年年末，中共中央十八届五中全会和中央经济工作会议次第召开。2015 年 10 月召开的中共中央十八届五中全会提出，"更加注重运用市场机制、经济手段、法治办法化解产能过剩，加大政策引导力度，完善企业退出机制"。接下来 12 月召开的中央经济工作会议，作为对十八届五中全会精神的落实，提出大力推进供给侧结构性改革，积极稳妥化解产能过剩，尤其提出加速"僵尸企业"处置，提出要"依法为实施市场化破产程序创造条件，加快破产清算案件审理""要尽可能多兼并重组、少破产清算"。这些新的政策导向，为死气沉沉的 2006 年《企业破产法》的实施注入强心针，也为中国破产体制的改革提供了新的方向。

在破产法的主力时代，最高人民法院十分活跃。最高人民法院在破产法领域的努力，可以说筚路蓝缕：2016 年，召开全国部分法院依法处置僵尸企业座谈会。先后发布《关于依法开展破产案件审理积极稳妥推进破产企业救治和清算工作的通知》《关于在中级人民法院设立清算与破产审判庭的工作方案》《关于企业破产案件信息公开的规定（试行）》《关于破产案件立案受理有关问题的通知》《关于强调强制清算与破产案件类型划分的通知》等，开通破产重整信息网。2017 年，印发《关于执行案件移送破产审查若干问题的指导意见》，召开全国法院破产审判工作会议。2018 年，印发《全国法院破产审判工作会议纪要》，召开"执转破"工作推进会。发布《2018 年度司法解释立项计划》，其中提及《关于审理企业破产案件指定管理人的解释》和《关于关联企业合并破产若干问题的规定》。2019 年，成立北京、上海和深圳破产法庭，发布《最高人民法院关于适用

〈中华人民共和国企业破产法〉若干问题的规定（三）》，在浙江温州推动个人破产制度试点，召开全国法院民商事审判工作会议并准备推出新纪要……而且，这些列举依然可能挂一漏万。

从2017年开始，决策者对于世界银行一年一度的营商环境报告给予前所未有的重视。鉴于该报告中“办理破产”是十大核心指标之一，这在一定程度上再次强化社会各界对破产法的特别关注。尤其是最高人民法院发布的《关于适用〈中华人民共和国企业破产法〉若干问题的规定（三）》，几乎可以说完全是针对“办理破产”指标而发布。

显而易见，破产法在我国市场经济中，已然获得主力位置。

七、2019年：从主力到巨星

打上主力，并不代表破产法就此一劳永逸，更不能因此就期待破产法进入“晴川历历汉阳树，芳草萋萋鹦鹉洲”的境地。目前来看，破产法在市场经济中的主力位置还不算稳当，破产法在我国市场经济舞台上的“职业生涯”还有进步空间。

2019年7月13日，国家发改委、最高人民法院、财政部等13个机构发布《加快完善市场主体退出制度改革方案》。这份改革方案是我国市场退出机制改革的综合性文件，全面勾勒未来市场退出机制改革的方向。

早在2017年，时逢2006年《企业破产法》实施十周年。笔者所在的《中国政法大学学报》推出“破产法实施十周年专题”。其中，李曙光教授发表《论我国市场退出法律制度的市场化改革》一文，特别聚焦于庭外退出机制以及庭外退出机制和破产制度的衔接问题，成为我国从法学角度切入市场退出机制的学术文献之一。

《加快完善市场主体退出制度改革方案》致力于构建全覆盖、多选项的退出机制。从“全覆盖”的角度，举凡企业等营利法人、非营利法人、非法人组织、农民专业合作社、个体工商户、自然人等各类市场主体，都在该改革方案覆盖的范围内。从“多选项”的角度，该方案则提供针对上述所有主体的自愿清算退出、破产退出、强制退出以及特定领域的特殊退出等四大选项。显而易见，破产退出机制在未来的市场化进程中必将扮演巨星的角色。甚至可以说，真正建立市场化、法治化的退出机制，是否具有高效、公正的破产法体系，将成为决定改革成败的核心因素。

新的时代，新的问题，新的答案。其中，就破产退出而言，目前除营利法人外，我国还有诸多法律主体不在《企业破产法》覆盖范围内；由此，个人破产法的出台成为不可回避的选项，其他主体的破产退出也呼唤破产制度大升级。目前，相关机构都已展开切实行动，破产法的修订工作已被纳入全国人大的立法议程。

假以时日，《加快完善市场主体退出制度改革方案》在法律层面落地之日，则是破产法在我国市场经济体系中扮演巨星角色并左右大局的时刻。

人生七十古来稀。但对于一个国家和民族而言，七十年又转瞬即逝，不过是历史长河的一朵小浪花。在中华人民共和国成立七十周年之际，我们重温破产法在七十年来的坎坷与荆棘、光荣与梦想，无疑会让我们在面对波诡云谲的未来时，有一双慧眼“把这纷扰看个清清楚楚明明白白真真切切”。

（本文2019年10月10日首发于澎湃新闻财经频道“澎湃商学院”栏目。）

外国如何在民法典中回应破产法？

在“破产法札记”专栏中，我曾从破产法的角度，简要评析了2016年7月时正征求公众意见的《民法总则（草案）》。这篇专栏见报并在“破产法快讯”公众号同步推送后，是者是之，非者非之，我和一些朋友也就此进一步展开交流。其中，比较集中的问题是：外国如何在民法典中回应破产法？

这个问题确实比较有意思。中国法制近代化以降，法典化一直走得是进口并本土化的路径。这一点，无论是民法还是破产法，都概莫能外。在这种情况下，关注并研究外国民法典中对破产法的回应，既符合我们对既往路径的依赖，也能开阔我们制定民法典的眼界。

我们先看看采取民商分立传统国家的民法典。在采取民商分立体例的国家如德国、日本和法国，都有专门的商法典，破产法或者作为商法典的一部分，或者在商法典之外独立成法。所以对民商分立国家民法典回应破产法问题的考察，既要看民法典，又要看商法典。

2013年10月最新修订的《德国民法典》中，对破产事宜着墨有限，只在第47条到第50a条，规范了社团因支付不能而清算的事宜，在第75条中规定了社团“在支付不能的情形下的登记”问题。显然，《德国民法典》并非鸠占鹊巢，而把规范商事主体破产事务的重任留给了商法典。

而2009年7月最新修订的《德国商法典》中，第32条规范商人的“支付不能程序”，该条文规定涉及商人支付不能的六种情形，都应记入商人的商事登记簿：第一，商人的财产开始支付不能程序时；第二，支付不能程序开始裁定的废止；第三，临时支付不能管理人的选任及相关保全措施的废止；第四，债务人自行管理及其废止、债务人需要同意方可实施的法律行为；第五，程序的停止和终结；第六，支付不能计划履行的监督和监督的终结。接下来，《德国商法典》第130a条规范了合伙无清偿能力或者债务超过时的申请义务，其中明确规定，非自然人合伙发生无清偿能力或出现债务超过后，合伙人的代表机构及清算人，均不得进行支付；而违背《支付不能法》第15a条第1款，不申请或者不及时申请开始支付不能程序的，或违反第2款规定予以给付的，合伙人的代表机构及清算人要承担连带赔偿责任。另外，《德国商法典》第236条规定了隐名合伙所有人支付不能时的处理规则：支付不能程序启动后，以隐名合伙人的出资超过其应得的损失份额为限，隐名合伙人可以因出资而主张自己作为支付不能债权人的债权；拖欠出资的，在为抵偿自己的损失份额的限度内，隐名合伙人应当将出资给付给支付不能财团。

同样是民商分立的法国，破产在其商法典中经历了复杂的变化。最早的时候，《法国商法典》第三卷专门规范“破产和司法清理、复权和破产的轻罪行为及其他有关破产的犯罪行为”，涉及的条文主要是第437－583条、第604－614条。而在1955年的商法典修订中，这部分内容被第55－583号法令废除并取代。1958年，《法国商法典》再次修订，前述第55－583号法令第1－181条重新成为商法典的一部分，即第437－614条，而《法国商法典》第584－603条被废除，由第614－4条到614－26条取代。1967年发布的第67－563号法令，规范司法清理和财产清算，再次取代商法典第437条至第614－26条内容。而这些改革在1986年1月再次被废除。现阶段，法国破产事务的规范主要体现在2014年修订《法国商法典》第6卷“企业困境”部分，从第L611－1条到第L663－4条，中译本都长达近300页，此处不赘。

显然，在民商分立体系下，民法典尤其是总则，总可以对破产保持一定的沉默，在回应破产法关切方面，也显得更为消极。回应破产法的任务，毕竟可以留给商法去解决。

但是，我国采取的是民商合一的模式。这种模式意味着，民法总则不仅要为物权、合同、婚姻等奠定概念基础，也要为公司、证券、破产等商法奠定概念基础。显而易见，从破产法的角度来看，民商合一的立法体制中，民法总则在对破产的规范方面，无疑需要承担更重的责任。民法典毕竟是规范世俗生活的根本大法，理当高屋建瓴、高瞻远瞩。那么，采纳民商合一立法模式的国家中，是如何在民法典中回应破产问题的呢？

我们可以先看看2013年7月最新修订的《瑞士民法典》。对于瑞士采取民商合一的历史渊源，谢怀栻先生在其经典名篇《大陆法国家民法典研究》中已有详细介绍，此处毋庸赘言。就《瑞士民法典》而言，虽未设置专门的条文，讨论民商事主体的破产，但其字里行间，仍然为自然人破产和法人破产，留下一些可以援引的依据。比如《瑞士民法典》第188条规定，“夫妻采用共同财产制的，如夫妻一方宣告破产，应当变更为分别财产制”。整体来说，《瑞士民法典》对破产事务的回应并不算多。

而《意大利民法典》（中国人民大学出版社2010年出版中译本）中，对破产事务的回应就显得更少了。《意大利民法典》第30条规定：“法人被宣告消灭或者社团被决定解散时，应依本法典的施行规则实行资产清算。”这一条算是最接近破产事务的规范了。《意大利民法典》同样在有关夫妻共同财产的第191条规定，配偶一方的破产可以导致夫妻共同财产制的解除。而在第五编“劳动”下第五章“公司”中，《意大利民法典》在第2308条规定了无限公司可以依破产的宣告而解散；在第2448条规定了股份有限公司可因破产的宣告而解散；在第2497条规定有限责任公司可援引前述第2448条因破产宣告而解散，在公司支付不能场合，如股份为一人持有，该人承担无限责任；在第2541条规定了“协同组合”公司可以因破产宣告而解散。

而采取民商合一传统的俄罗斯，在民法典中对破产问题的规范，显得更为详细。2006年颁布的《俄罗斯联邦民法典》第25条作为“公民（自然人）”部分的条文，承继第23条“公民有权不组成法人，而自作为个体经营者进行国家注册时起从事经营活动”，采取的标题是“个体经营者的资不抵债（破产）”，总共分五大部分规范个人破产事宜：第一，关于个人破产的确认，该条法律规定，“个体经营者如果不能满足于从事经营活动有关的债权人的请求，可以依照法院的判决被确认为资不抵债（破产人）”。第二，在确认个体经营者为破产人的程序中，与其经营活动无关的债权人有权提出自己的要求。第三，该条法律明确规定了个人破产时债权清偿的顺序：如果债权人生命或健康权因个体经营者的不当损害而受到损害，破产财产优先向受害者一次性支付需要定期给付的金额，同时考虑其抚养权问题；雇员的退职金及著作权报酬；担保债权；国家预算及非预算基金的欠款；最后才是与其他债权人结算。第四，该条法律规定破产人在完成与债权人的结算之后，个体经营者免除履行其余与经营活动有关的债务，同时免除在确认为破产人过程中提出的其他请求，但受害的债权人人身权相关请求仍然有效。第五，该法为破产法的介入留个口子："法院确认个体经营者为破产人或者个体经营者宣告自己破产的根据和程序，由破产法决定。"

另外，《俄罗斯联邦民法典》第 61 条明确规定了"法人的清算"问题。该条规定，除国库企业外，作为商业组织的法人或者以消费合作社、慈善基金会或者其他基金会形式活动的法人，因确认其资不抵债（破产），都需要按照第 65 条的规范进行清算。第 65 条专门规范了"法人的资不抵债（破产）"问题：除国库企业之外各类形式的法人如果无力满足债权人的请求，都可以根据法院的判决被认定为资不抵债（破产人），并导致被清算的后果；各类形式的法人都可以同债权人一起做出宣告自己破产并进行自愿清算的决议；法院确认法人为破产人的根据或法人宣告自己破产的根据，以及相关清算程序均由破产法规定。

以上，我仅蜻蜓点水地列举了德国、法国、瑞士、意大利、俄罗斯等主流大陆法系国家民法典或商法典中对破产事务的回应。当然，只从这几个国家的民法典来试图得出普适性的民法典对破产法的回应，结论难免以偏概全、挂一漏万，更何况这些国家也不是千篇一律；职是之故，我也尽量小心翼翼地避免做出结论，而只是把得出结论的机会留给读者。这倒是启发我们：我们完全可以结合各国的经验，依据中国国情，在《民法总则（草案）》中适度回应破产问题，既为破产法制未来的革新预留伏笔，也尽最大可能增强中国民法典的时代性、特色性。

（本文首发于《法制日报》2016 年 8 月 3 日，第 11 版。）

《美国破产法》：一边致敬，一边告别

作为一个非资深编辑，我的日常，基本上是在阅读和审稿中度过的。基于职业敏感性，我审读文章，总是习惯性地从参考文献读起。我不算顶级编辑，但通过参考文献的数量、质量，还是大体能够对一篇文章的学术水准，做出八九不离十的判断。

在破产法领域，印象中过去十五年来引用率最高的文献，绝对非韩长印等译、大卫·G. 爱波斯坦等著的《美国破产法》莫属。这本书由中国政法大学出版社于2003年9月推出，一纸风行，可说就是破产界的光与电，一直是破产法学界、实务界“开眼看世界”的最主要窗口，包括我本人在内，受惠于这本书良多。

但我想，除非做美国破产法在中国传播的知识考古，现在该是时候告别这本《美国破产法》了。

最主要的理由，当然是2017年12月韩长印教授及其两位高足何欢、王之洲博士翻译、查尔斯·J. 泰步教授著《美国破产法新论》的出版。《美国破产法新论》洋洋183万字、1450页，令人叹为观止。这本书出版后的第一时间，我即将之置于案头，但其庞大的体量一直让我望而却步。迄今为止，多次翻阅，但遗憾仍未能全部通读。每次都是碰到相关问题，我都尽可能根据目录按图索骥，直接翻到相关章节学习。但这种“碎片化阅读”，丝毫未影响我对这本书的敬慕。这本书原著出版于2014年，而且系其第3版，再版与修订足以保证其内容的权威性和新颖性。另外，无论是篇幅还是具体内容，《美国破产法新论》都远胜于《美国破产法》留下的知识世界。

正因如此，无论是审读《中国政法大学学报》来稿还是评阅硕士学位论文中破产法主题的文章，如果2017年12月之前的文章，引用《美国破产法》我尚能忍耐；但如果是2018年以来的文章，还在大段引用《美国破产法》，我第一反应不是欣赏作者的笔下千言，而是质疑作者文献搜集的勤勉程度。因为从学术写作的角度看，如果不是万不得已或者特别需要，确实没有理由弃新取旧。就像一本著作，如果已有修订版，你再去引用老版本，除非是基于研究特需，确实没有理由，万一作者的观点在新版中变了呢？这应该是研究的常识。就可信度来说，同样是有关美国破产法的内容，如果一个人引用2003年出版的《美国破产法》、另一个人引用2017年出版的《美国破产法新论》，我想绝大部分人，都会相信后者。由此，现在该是时候告别那本2003年的《美国破产法》了。

告别2003年版《美国破产法》，除了上述这种可替代性，当然还有其他理由。首当其冲的，便是《美国破产法》过于陈旧。无论是根据版权页信息，还是根据当时的"译者前言"介绍，《美国破产法》的原著是一本出版于1993年的书。我不太清楚译者及出版社在2002年年初选择翻译这样一本近十年前旧作的所有细节。但根据"译者前言"有限的信息，应该是中国政法大学出版社"美国法律文库"项目组选中这本书，而后委托给译者去翻译的。

这里需要岔开话题，交代下"美国法律文库"的来龙去脉。1997年10月，时任国家主席江泽民访美，与时任美国总统克林顿达成"中美元首法治计划"，并最终落实成一套由美国新闻署策划、中国政法大学出版社出版、以体现美国法律教育基本模式及法学研究最高水平的译丛，计划译介图书百余种，囊括经典教科书，也收入不少专著。应该说，这套译丛尽管部分书籍有各种各样的瑕疵，但整体而言，其出版确实极大地为中国法学界提供了知识增量，让中国法学界对美国法律与法学的了解，超越了商务印书馆"汉译名著"和中国大百科全书出版社"外国法律文库"的层次，能够直接阅读并理解美国法学界最新最权威的成果。

在这个背景下，《美国破产法》的译介与出版，无论对中美破产法交流史，还是对中国法学界本身，都具有十分重要的意义。这绝对是一本值得致敬的书。在这本书于2003年出版之前，国内有关美国破产法的中文书籍，只有一本法律出版社于1999年出版的潘琪著《美国破产法》。潘著《美国破产法》为当时的中国破产界，提供了了解美国破产法的窗口，但显然远远不够。而《美国破产法》中译本的出版，便成为国内母语读者了解美国破产法最权威的窗口；查中国知网，从 2004 年开始，引用《美国破产法》的文献，每年都接近甚至超过三位数，从学位论文到学术论文，应有尽有。几乎同一时期，中信出版社影印出版的伊丽莎白 · 沃伦、杰伊 · L. 韦斯特布鲁克的《债权人与债务人法》、法律出版社影印出版的爱泼斯坦著《破产及其相关法律》，但从学术引证来看，影响力就小很多了。

当然，“瑜不掩瑕”。《美国破产法》在译介出中译本时，其原著已经出版近十年。尽管在 1990 年代之后，美国破产法不再像 1970 年代那样迎来革命性的变化，但重大改革和发展依旧不少。根据《美国破产法》“译者序言”，2003 年之前的改革包括：1994 年通过的《破产法修正案》，涉及 8 部分、78 个条文；1998 年通过的《破产法修正案》，涉及 7 部分、110 个条文；2000 年通过的《破产法修正案》，涉及 19 部分、296 个条文；2001 年的《破产法修正案》，涉及 16 部分、225 个条文；此外，还有 2003 年的《破产法修正案》。因为原作未修订，《美国破产法》依旧停留在 1993 年的水平，这些内容也遗憾未能体现在 2003 年出版的《美国破产法》中译本中。而在 2003 年之后，美国破产法并未停滞不前，2005 年《破产滥用预防及消费者保护法案》获得通过，并且将第 15 章纳入美国破产法体系，完成美国跨境破产制度构建的拼图。除此之外，包括美国联邦最高法院在内，美国独特的破产司法体系也在“造法”的路上一路狂奔，在一定程度上促进了美国破产法的改革与开放。这些，当然更不可能融汇在此前出版的《美国破产法》中。

除了内容的陈旧，《美国破产法》中有不少内容，直接通过脚注或者正文指向了爱泼斯坦、尼克勒斯和怀特著的《破产法 · 破产执业者专题》（三卷本），译者据实译出，信则信矣，但难言达雅。阅读《美国破产法》的读者，尤其有一种欲罢难、欲读更难的感觉。因此，我乐于郑重向读者呼吁，做个喜新厌旧的读者，在致敬 2003 年版《美国破产法》的同时，告别《美国破产法》!

（本文首发于《法制日报》2018 年 6 月 20 日，第 12 版。）

纸上

破产人事

傅秉常：民国《破产法》的起草者

2016年恰逢中国建立现代破产制度110周年。在这一个多世纪的时间里，我国不同时期的政权，在破产法领域都有不同程度的努力，但最终落实为国家法律的尝试，只有1906年《大清破产律》、1935年《破产法》、1986年《企业破产法（试行）》以及2006年《企业破产法》。而在这几部破产法中，若论文本层面的前瞻性与持久力，无疑非民国《破产法》莫属。

前述《大清破产律》，只实施了两年便被废除，清末的破产事务事实上处于无法可依的境地。《大清破产律》被废除后，修订法律馆聘请的日本籍顾问松冈义正，曾起草了《破产法草案》3编360条；但该草案完稿时已是1909年。还未等到修订法律馆审定这一草案，辛亥革命的炮火便彻底埋葬了大清王朝。辛亥革命之后，百废待兴的民国政府重启破产法的制定，当时的法律编查会于1915年在前述松冈义正草案的基础上，删定成新的《破产法草案》，共有3编337条，对日本、德国的破产法多有机械复制，最终无果而终。

国民政府统一全国后，先后制定宪法及民法典、刑法典，并在短期内形成“六法全书”的基本框架。1933年2月，立法院民法起草委员会启动了民国破产法的起草工作。在立法院里具体负责破产法起草的，便是傅秉常先生。

对于破产法领域的读者来说，傅秉常可能是极其陌生的名字，但在民国立法史、外交史上，他却是一颗熠熠生辉的巨星。傅秉常生于

1896年，康有为同乡人，早年在香港读书，后来担任伍廷芳的秘书，并在伍带领下步入政坛，早年干过海关、财政工作，曾在海南基层供职。1919年巴黎和会时，傅秉常担任代表团秘书；孙中山对他极其器重，曾委以大元帅府秘书重任。1928年立法院成立后，傅秉常出任立法委员，负责民法起草委员会，因此有机会主持起草年民国《破产法》及其他民商事法律。20世纪40年代后，傅秉常转战外交领域，建树卓著。1949年，国民政府败退台湾岛，傅秉常滞留法国达8年之久，1957年才回去并在1965年70岁时驾鹤西去。

傅秉常的口述自传，为我们了解他主持起草破产法的过程，提供了极为有益的视角。显而易见，傅秉常早年在海南工作时对基层破产实践的观摩，也为他起草破产法提供了基本经验。傅秉常表示，“于破产法之起草，余颇借重往日担任琼海关监督兼海南岛道尹时之切身经验。当时曾数次目击若干巨商之破产倒闭，债权人会议往往邀请当地最高地方长官列席监督，故余得有机会亲睹彼等处理破产之方式，多由德高望重者主持会议，于余款之摊分、债务之处理均极富有人情味，众人对原主多同情而少仇视，甚至有托余为破产者谋一小差事以资糊口者。此种情形与西方之法律精神迥异。依罗马法，破产为一大罪恶，无论动机善恶，均须严惩。中国于彼时尚少恶性倒闭，对于真正之破产均极同情，且寄以他日有恢复基业之期望”。

根据谢振民编著的《中华民国立法史》，傅秉常受委托之后，确定了收集资料、决议要点、草拟初稿、征求意见、完成草案并提交立法院表决的工作步骤。为了尽最大范围采纳当时世界各国破产法的优点，傅秉常委托立法院编译处，在短期内先后完成英国、加拿大、巴力斯坦、美国、菲律宾、暹罗、法国、摩洛哥、波斯、罗马尼亚、波兰、土耳其、日本等国破产相关法律的翻译工作。这些国家的破产法，要么如英美等以先进著称，要么如暹罗日本等与中国商业环境类似，还要么如土耳其、巴力斯坦等破产法刚刚颁布。

资料收集齐备后，傅秉常等开始确定破产法起草的基本原则。这一阶段，傅秉常与时任司法行政部部长罗文干发挥了比较重大的作用，而宝道、爱思嘉拉、赖班亚等司法行政部外籍顾问亦提供了不少意见，远在海牙的国联国际法院王宠惠亦鸿雁传书参与其中。在这个过程中，傅秉常发挥的作用极为明显，他在口述自传中回忆道，“中西法律之社会背景既殊，外国之破产法亦不宜全盘搬入中国。

故余于破产法中主张两点：（1）举行债权人会议，采平均分配之原则；但如众债权人同意，亦可按其他方式分配；（2）对破产人之惩戒，如褫夺公权等，亦尽量减轻。此两点均为保存吾国之传统与良好习俗者，外国顾问初颇感诧异，亮畴等多人亦反对，后经余再三解释，彼等始表同意”。

1935 年年初，民国破产法的起草工作正式启动。傅秉常和他的同事们起初每周开三次会，随后随着进展的深入和实际需要，每周聚会越来越频繁，通过参酌既有文献及立法，最终完成草案共计 4 章 160 条。

3 个多月后，亦即 1935 年 4 月初，立法院民法起草委员会将破产法草案初稿送交司法院、司法行政部、各级法院、各省市商会、各地律师公会、各大学法律系及外籍顾问，征求意见。据统计，截至 5 月中旬，立法院民法起草委员会共收到意见书 51 份，报章杂志上破产法草案的讨论，亦动辄成为头条，当时的破产法领域王家驹、张知本、梅汝璈、吴学义、刘陆民、罗蓉生、胡养蒙、舒承猷、刘再兴、刘琦等翘楚均有文章发表，《大公报》等主流媒体甚至通过发表社论的方式，来表达对这份草案的支持。

收到这些反馈后，傅秉常和他的同事们结合破产法草案初稿及各方的意见，对初稿做了一定程度的修订，最终修订了其中的 33 条，删去了 3 条，增加了 2 条，形成《破产法草案》二稿共计 159 条。

1935 年 6 月 1 日，中国破产法史上重要的一天。在这一天，国民政府立法院第四届第 22 次会议审议该《破产法草案》。傅秉常代表民法起草委员会做起草报告，同时提交解释各章节及关键条文的《破产法草案说明书》。在傅秉常报告之后，立法院在二读中对其中的 19 条略有修正，其他条文全部通过；正因如此，立法院根据与会委员的意见，省略三读程序，而将草案直接交付表决，该草案最终以全票获得通过。

国民政府于 1935 年 7 月 17 日正式对外公布《中华民国破产法》，并附有《破产法施行法》6 条，10 月 1 日正式实施，1934 年《商人债务清理条例》被宣告废止。

我在前文中提及，1935 年民国《破产法》是我国一个多世纪来四部破产法中，施行最久远的一部法律。1949 年中共中央宣告废除国民党六法全书体系后，这部《破产法》随着国民政府的南迁，只在台湾地区有效。过去六十多年来，台湾地区的立法机构曾先后四次修订这部法律，同时在2007年颁布单行法“消费者债务清理条例”，共同形成台湾地区的破产法体系。

有道是，吃水不忘挖井人。时至今日，后人们可能还不时受惠于1935年民国《破产法》的余韵，但可能再也没有人记得其起草者傅秉常先生了！

（本文首发于《法制日报》2016年10月26日，第11版。）

江平先生对中国破产法的贡献

四五年前，我写江平先生评传《出没风波里：江平和他的时代》时，曾在“市场经济的法律思考”一章中，历数了江平对中国法学的开创性贡献，比如对民商法的开创、对罗马法不遗余力的介绍、在所有权及现代企业制度构建中的贡献、强调市民社会甚至推动法学与经济学联姻等，凡此种种，不一而足。但随着我自己对破产法理解的不断提高，我越来越觉得在论述江平的法学贡献时候，遗漏了很重要的一块内容，那便是江平先生对中国破产法的贡献。柳经纬教授早年说江平先生“为中国民商法打开一扇窗”，江平对破产法的贡献，可视为开窗之举的一部分，但鉴于破产法对市场经济的重要性，这部分亦可以单独说说。

1978 年年底，随着中共中央十一届三中全会的召开，江平先生历尽反右、“文革”等二十二年人生逆境，个人命运终于否极泰来，迎来在我们今天看来一个莫大的转折。他费尽工夫，终于又回到了曾让他痛不欲生的北京政法学院。江平先生毕竟是留苏“海归”。政治问题解决后，他的业务所长便成为金子般的闪光点。当时北京政法学院的领导层也算知人善任，马上任命他为民法教研室负责人，负责具体的业务工作。

在这个平台上，江平先生面临百废待兴的中国法学重建，首先需要解决的紧迫任务是课程设置。在过去，与民法相关的课程，只开设过民事政策之类；但现在世易时移，需要新思维、新办法。江平先生个人的远见此时发挥了重要作用。他在口述自传《沉浮与枯荣：八十自述》中讲道：“按照当时的宣传和我的理解，改革开放主要的意义，就是可以大胆地向西方学习，借鉴西方先进的东西。过去我们也曾开设过跟西方国家有关的课程，但那时候开设的跟西方国家有关的课程，大体上都是以批判为主，而在1979年开始思想大解放的背景下，我们肯定不能再老调重弹。”出于这种考虑，江平先生大胆地提出开设两门课：一门是罗马法，主要介绍古罗马的私法；另一门则是西方国家民商法概要，主要介绍西方国家尤其是大陆法系国家的民商法制度。

要说江平先生对中国破产法的贡献，则主要跟他开设西方国家民商法概要课程有关。当时法学教育尚无统编教材，1979年北京政法学院恢复招生之后，很长一段时间内教材只能靠各个教研室自己解决，几乎每个教研室都有自编教材。江平开设的罗马法、西方国家民商法概要则到了大学三、四年级才开设。出于教学需要，江平先生先后编写了《罗马法基础》《西方国家民商法概要》讲义。

我手头有一本江平先生编著、1984年由法律出版社出版《西方国家民商法概要》。在这本书中，江平先生分三编对西方国家民商法做了概述：第一编为总论，概述西方国家民商法、介绍主要西方国家的民商立法；第二编为民法，概述民法上的人、物权法、信托法、契约法、侵权行为法、知识产权法、亲属法和继承法；第三编为商法，概述商人和商行为、合伙法、公司法、票据法、买卖法、保险法和破产法。

江平先生对西方国家破产法的介绍，主要集中在第三编第17章“破产法”中。但在其他地方，也零星地提及破产法。比如在“商法的特点”中，江平提及，“某些制度只适用于商业，而不适用于一般民事关系。例如，欧洲一些国家规定只有商人才能适用破产，对于一般民事主体不适用宣告破产制度”。在介绍法国商法典时，也提到破产和倒闭作为法国商法典第三编。介绍日本商法典的制定时，江平先生提及，1890年日本商法典共分三编：商通则、海商和破产；而这部法案由于种种原因延宕到1899年重新通过，而破产则被从中删除，作为单行法到1921年通过。另外，介绍英国制定法时，江平也提到英国1914年的破产法。而在介绍美国民商法的特点时，江平特别介绍了包括破产在内美国联邦的立法权限。

那么在上述第三编第17章“破产法”中，江平又是如何在短短的篇幅中，介绍博大精深的破产法的基本体系呢？这一章分四节：破产的概念和意义、破产法概述、破产法实体规范和破产程序。下面笔者将择要介绍其框架：

在破产的概念和意义中，江平特别区分了真正的破产（资不抵债）和法律上的破产（无力支付到期债务）；江平提出，无论哪种破产，都包含如下三要素，即债务人的债务已不能清偿、存在一个以上债权人且各债权人被公平地满足。另外，江平还介绍了破产与清算、破产和重整等概念。江平提出："在资本主义世界中破产是经常发生的。破产绝不仅仅意味着债务人的不诚实、无能或不幸，而是调和同时资本家的债权人和债务人（破产人）利益的有效手段。"破产的意义即在于通过法律程序，保护债权人和债务人利益。

在破产法概述中，江平重点指出破产法是实体规范和程序规范的统一，同时介绍了一般破产主义和商人破产主义、公法破产主义和私法破产主义，简要介绍了各国的破产法。

在破产法的实体规范中，江平分别介绍了破产财团、破产债权、财团债权、否认权、取回权、别除权、抵消权等概念。

在破产程序中，江平介绍了破产申请、破产宣告、破产事务的进行、破产财产的分配和复权等概念。在破产申请中，江平分别介绍了自愿破产和非自愿破产，同时提及美国破产法对申请破产最低限额、债权人申请破产最低数量等的特别规定；另外，江平还提及部分国家特有的遗产不足以清偿其债务时的死后宣告破产方式。另外，江平还重点强调了破产宣告的意义：债务人变成破产人、债务人财产变成破产财团、破产公告的发布以及破产管理人的任命。在破产事务的进行中，江平重点介绍了债权人会议和破产管理人的分工。在破产财产的分配中，江平重点强调了取回权、别除权和财团债权的优先性。江平特别提及复权的意义，即让破产人完全恢复到正常民事流转主体的法律地位。

以上便是江平 1984 年在《西方国家民商法概要》介绍的破产法的主要内容。在今天看来，这些破产法的知识大多是常识，甚至略显简陋。但在当时的中国，意识形态还将破产视为资本主义的专利，没有破产是社会主义优越性的体现之一，屡亏不止的国企还承担着"从摇篮到坟墓"供养职工的重任，国有企业的破产尚属于禁区。在这种时空背景下，江平先生通过课堂和专著介绍破产法，既有先见之明，也有振聋发聩之感，也为随后进行的《企业破产法》起草，提供了基本的知识储备。从这一点来说，江平先生对中国破产法的贡献，不应该被低估甚至忽视。

（本文首发于《社会科学报》2017 年 2 月 9 日。）

黄遵宪与破产法

在我的硕士学位论文《近代中国的破产制度变迁》中，我曾结合当时的既有研究，考据过破产观念和制度在中国的变迁史。在研究过程中，我颇为惊讶地发现，黄遵宪对于日本破产观念在中国的传播，劳苦功高。至少就笔者有限的阅读范围而言，清末“开眼看世界”的衮衮诸公中，似乎尚无比黄遵宪更早使用“破产”及相关词汇，并详细介绍日本破产制度者。

近日，笔者购得岳麓书社重版“走向世界丛书”初编和续编，得缘再度检读收录其中的黄遵宪著《日本杂事诗（广注)》。由此，我在完成硕士学位论文近十年后，乃有机会重温黄遵宪与破产法的一段因缘。

黄遵宪生于1848年，1876年中举。在此前后，黄遵宪才气横溢，得以结识李鸿章、张荫桓等高官，并深得诸公赏识。1877年，黄遵宪应清政府首任驻日公使何如璋之邀，抛弃科举仕途，以参赞身份出使日本。在日本四年期间，黄遵宪广泛游历、广交友朋，成为当时中国人中少有的“日本通”。这种经历和见闻，不仅支撑其在后来完成皇皇巨著《日本国志》，其才气横溢的新诗功底，更是将在日期间所见所闻，写成两百多首《日本杂事诗》，开古典诗歌之新境界，令人侧目。1882年后，黄遵宪先后调任美国旧金山总领事三年，1885年后回国，重行修订《日本国志》和《日本杂事诗》等著作。

《日本杂事诗》即出版于1890年。这部作品中，至少有两处与“破产”直接相关。第一处见第32首，即“议院”。黄遵宪诗曰：“议员初撰欣登席，元老相从偶踦间；岂是诸公甘仗马？朝廷无阙谏无书。”在这首诗的注解中，黄遵宪除简介日本议会史外，亦援引《日本国志·职官志》中两段对元老院及地方议会的介绍，其中提及如下细节：在当时的日本，凡是年满二十岁以上的男性，在当地居住且缴纳五圆以上地租，则“许为投票人”，而其他诸如刑罚一年以上、“倒产”、癫痴等，均不享有选举权，更遑论被选举权。这段时间，我一直在思考“破产法的宪法性”问题，而联系破产法与宪法的关节之一，便是破产对债务人宪法性权利的影响。以往我只留意到清末民国诸多宪法及其草案对破产人宪法性权利尤其是选举权的影响，今读《日本杂事诗》，可将此源流追溯到更早的日本，尤其更加确定日本破产法与清末民初以来中国破产法的关联，不亦快哉？

第二处见第177首，即“商业会社”。黄遵宪诗曰，“朝市争趋海柘榴，贪同西母斗行筹；夜深似有鲛人泣，空抱缫丝上蜃楼”。在这首诗的注解中，黄遵宪介绍道，日本早期并无商贾，“唯以有易无而已”，在此基础上逐步发展出贸易。而日美通商后，商业大为兴盛，但日本商人在与西洋商人的竞争中，大多先笑后咷、外强中干。黄遵宪随后援引《日本国志·食货志》《日本国志·礼俗志》和《日本国志·礼俗志》中的三段论述，来详细介绍日本商会的发轫史。其中在《日本国志·食货志》介绍日本商人与西洋商人竞争中一败涂地的境况时，用了如下语言：“明治七年小野组既破家（小野为豪商之首，组者谓组合之商，即商会也），岛田组又报倾产（亦豪商，当时两家破产，连累甚广，官库亏损亦及九十六万馀圆）……其后豪商有识者，乃集合众商，开商法会议所，设商法学校，以振兴商务。至十三年，因卖丝事与外商争，始稍稍有效，尔后方能恢复商业欤。”

但黄遵宪对破产法的介绍，并未止步于此。1895年出版的著作《日本国志》中，黄遵宪在介绍日本法制时，全面详尽地介绍了日本针对非商人破产的“家资分散”制度。在《日本国志·刑法志五》第二章“对人财产之罪”之第四节，黄遵宪以“注”的形式，介绍“家资分散”制度如下：

分散者，破产歇业不能偿债、倾家所有分之与人，故曰分散。此律为中律所无而西律所重。泰西通例，凡营业耗折身负重债力不能偿，则请之于官，倾家资所有分与偿人，官为立一经理人，先检点其货财，搜集其契约，并悬示限期，凡负某人债者悉数缴官，其某人所欠之债各呈凭据以待分给。然后悉索所有按数计成，一一分配产尽而后已。某人已报破产者，不许再营生业，此通例也。中国以迫债告官，每曰钱债细故，实因沿用旧律，而古来贸易未盛，借贷较少，即有负债多出于亲属之情不容已，朋友之义不容辞，势难以负债之故没人家产。自商务大兴，有无相通，如银行、商会之类，乃有以日积月累所得寄而取息者，亦有举盈千累万之数借以谋生者。一人破产，万众嗷嗷，若无法以维制之，则隐匿逃遁、窃人脂膏而自润，与白昼大都杀人而夺之金何异？而受害者糊口无资，茹辛含苦又不待言也。日本近年商会若小野岛田之倒产歇业，官亦负累及百万，故依仿西律创立此条。迩来中国亦有此事，恐亦不能不设此律矣。

上述叙述，大体介绍清楚了“家资分散”制度的基本构造。看得出来，黄遵宪结合当时国内破产风潮，深切认识到刑事惩罚的重要性。正因如此，黄遵宪还介绍了日本刑法对“家资分散”情境下相关犯罪行为的刑罚，如第 388 条“家资分散之际有藏匿脱漏其财产，又增加虚伪负债者，处四月以上、四年以下重禁锢。知其情而承诺虚伪契约或为其媒介者减一等”。再如，第 389 条“家资分散之际所有簿记之类，或藏匿毁弃，至分散决定之后依托一债主或二三债主私偿于人，以致害及他债主者，处一月以上、二年以下重禁锢”。

以上便是黄遵宪的破产法世界之梗概。可以确定的是，黄遵宪在 1895 年提出：“迩来中国亦有此事，恐亦不能不设此律矣”，而到 1906 年《大清破产律》颁布，黄遵宪对当时朝野各方破产观念的普及之功，虽不敢说前无古人、后无来者，但功劳簿上无疑应该为黄遵宪记上浓墨重彩的一笔。

我的主业是研究破产法，不是研究黄遵宪。关于黄遵宪与破产法，有很多问题我尚回答不了。尤其比如，黄遵宪到底为什么会留意到日本的破产问题？除了上述援引的文献之外，黄遵宪对日本破产法有无更深切的观察与思考？……且将这些问题埋起来，待他日略微闲暇时，再“上穷碧落下黄泉，动手动脚找东西”地考究一番。但无论如何，在破产制度引入中国整整一个世纪的今天，我们作为破产界的后来，理当对黄遵宪保持最低限度的温情与敬意。

（本文首发于《法制日报》2018 年 1 月 3 日，第 11 版。）

林家铺子“破产”记

《林家铺子》是茅盾先生在1932年6月完成的一篇小说，讲的是“林家铺子”走向破产的过程。

文学是时代的投影。开门见山就强调这篇小说的完成时间，有助于我们重述林家铺子“破产”的时代背景。就大的时间框架而言，当时正处于“九一八”事变后半年左右。在这半年时间内，中国正处在浓重的凄风苦雨中：日寇铁蹄一步步南下，1932年年初更是将战火烧向上海。“林家铺子”位于长江沿线距上海不远的一个小镇上；“林家铺子”的命运，正是当时中国社会状况的缩影。

当然，在这里我无意于从家国命运的角度解读这部文学作品，而更想从破产法的角度，来分析这篇小说中展示的一些细节。这种分析进路，或许能够为与破产法有关的法律与文学研究，积累相应素材。

需要特别申述的是，在1932年6月茅盾写作《林家铺子》时，中国并没有破产法。我们知道，中国的破产法肇端于1906年的《大清破产律》，但这部法律实施两年后，即被清政府废除。中华民国建立后，北洋政府几度试图起草破产法，但由于当时军阀混战的影响，国会停停开开，“枪炮作响法无声”。破产法毕竟是不急之务，这就导致我国在清末破产法昙花一现后，重新回到没有破产法的暗夜。这便是茅盾在写作《林家铺子》时我国破产法治建设的实际状况。而真正意义上的破产法，还要等三年才能颁布。

其实，无论当时破产法状况如何，从文学创作的角度，都不重要。毕竟，文学作品的读者是普罗大众，文学作品的生命力在于想象力、在于故事、在于人物形象塑造、在于冲突，而不在于是否符合特定时代的破产法，更不在于与破产业界同行切磋一件事、一个行为是否符合破产法的精神或规定。明了这一点，我们才会有一双慧眼，把“林家铺子”的纷扰，看得“明明白白真真切切”。

《林家铺子》里的核心人物，是林家一家三口：“林家铺子”的经营者林先生，一紧张就打嗝不已的林大娘，还有很喜欢穿东洋服饰但又惧怕外界仇日压力的林姑娘阿秀。“林家铺子”在一个不知道名字的小镇，这个小镇里有商会，也有大唱保护穷人高调的党部；有商会有党部，当然也就有欺凌乡里的党老爷……这些权力机构的存在，为小说的发展埋下了伏笔。所有的故事，都围绕年关将近时“林家铺子”的经营状况和债权债务展开——

“林家铺子”是个杂货铺，跟其他铺子一样，主要产品几乎全部来自日本，衣食住行、吃喝用度，应有尽有。在那个特定的时代，日本货确实物美价廉，但能否卖日本货，却是个政治问题，商人必须要在政治正确与盈利之间实现平衡。而究竟是否平衡，则是以商会和党部为代表的当局说了算。他们可以借着“封存东洋货”、防止经营者逃债等各种借口，为所欲为。小说开篇，林先生就不得不花去400元贿赂当局，解决“封存东洋货”问题；钱到令至，“林家铺子”在撕去原产地商标后，总算以“国货”的名义重新开张。这是经营中不得不为的妥协之道，但也严重损害林先生的资产负债表，让“林家铺子”从一开始就陷入财务困境。

就茅盾的交代来看，“林家铺子”早年经营状况尚好，对外有债务，也有债权，收支大体能平衡。但在这一年年底来临的时候，“林家铺子”却陷入现金流断裂、不能清偿到期债务的窘境：特殊年景，民不聊生，“林家铺子”以乡下人为主要顾客群体，但乡下人实在过于穷困。小说中有个细节：新年快到了，但什么都卖不动，乡下人有限的钱要优先用于购买粮食；这导致九角洋钱一顶的洋伞都严重滞销，哪怕路过的乡下青年十分喜欢。“没有钱买”“钱不够”……顾客们的财务困境，必然就传导给“林家铺子”，最终波及林先生的经营状况，哪怕林先生使尽浑身解数推销，依旧毫无效果。而且，不仅“林家铺子”如此，其他各家亦如此。

这可如何是好？400元刚支出去，却没有一文钱进账。林先生有到期债务要还，也还要为帮助吴妈开工资……派出去收账的寿生，又是迟迟不见踪影。为保持必要的现金流，林先生不得不“大放盘照码九折”甩卖，“开销都没着落，官利更说不上”。这也就意味着，每卖1元钱，他就亏损5分钱。他知道越卖越亏的道理，但为现金流，不得不饮鸩止渴，正所谓“可怜身上衣正单，心忧炭贱愿天寒”。

或许，我们可以盘点下林先生的“账簿”。就债权来说，林先生当时有应收账款1300元，其中本镇600多元，四周700多元。而就债务来说，林先生当时欠上海东升号800元，其他林林总总加起来，总数有2300多元。

林先生的窘境可见一斑！这不，打开的账簿还没合上，他的债权人之一，朱三太就颤巍巍进来了。“林家铺子”颇有点地方金融机构的味道：乡邻将钱存到“林家铺子”，林先生获得融资、扩大经营的同时，按期支付利息。朱三太即是这样的储户之一：她有300元老本存在“林家铺子”，每月利息3元。往时，林先生尚够按时足额支付利息，而此时却一连3个月赊欠利息，共计9元。林先生不是故意的，连续3个月生意清淡，每天的收入仅够开伙食、付捐税，这9元利息“不知不觉就拖欠下来了”。朱三太撂下话来，钱不到手，一定不肯走。林先生生怕朱三太连吵带嚷，对“林家铺子”声誉不好，只好忍痛割爱，把当天下午的收入，加上里里外外的小积余，勉强凑8块大洋、10角小洋、40个铜子，颤颤巍巍交付朱三太。

与朱三太一样的债权人，还有两个：桥头陈老七，本金200元；张寡妇，本金150元，仅拖欠的利息，加起来也十来块钱了。这利息事关信誉，“‘不便’拖欠”，得尽快主动送去。上海东升号家的收账客人也即将驾到……林先生不得不暗下决心：万不得已，就去恒源钱庄借款！明知自己的生意间接被地主和高利贷盘剥，但无计可施，这正是林先生的无奈和悲哀。

为应对即将来临的债务催收，林先生早早就将得力助手寿生派出去收账。可是过了好几天，早过预定的归期，寿生还是无影无踪。上海战争的消息传来，林先生更是心惊肉跳，他生怕栗市快班被抢，寿生有个三长两短。其实较之战事，栗市快班被抢算什么呢？但林先生此时对恐怖事件的最大想象力，也就在这个份儿上。寿生如果一直不露面，林先生就只能去恒源钱庄借款，这意味着又将多负担五六十元的利息。对林先生来说，这比刮骨削肉还疼千万倍！

寿生没来，上海东升号家的收账客人到了。林先生想请对方多等一两天，但催收者立马拒绝："林老板，你也是明白人，怎么说出这种话来呀！现在上海开了火，说不定明后天火车就不通，我是巴不得今晚上就动身呢！怎么再等一两天？请你今天把账款缴清，明天一早我好走。我也是吃人家的饭，请你照顾照顾罢！"

林先生无奈，前往恒源钱庄告借。路上他担心的是，恒源钱庄的经理会不会乘人之危，坐地起价，趁火打劫抬高利息。然而，事实证明他多虑了。等他到恒源钱庄，经理一句话：上海战火一起，罢市风行，钱庄银行全部歇业，恒源钱庄也无法筹措资金了，比林先生信用记录更好的客户都做不了啦！林先生还想求求情，结果恒源钱庄的经理也加入讨债者的行列："林家铺子"先后借款 600 元，年关前得如数归清；为免难堪，提前告知……

林先生实在是走投无路：催讨无计，告借无门，拿什么对付一群如狼似虎的债权人？他面前只有一个选项："暂停营业，清理账目"，也就是宣告破产。宣告破产的后果，他不是没考虑过，"他这铺子里早已没有自己的资本，一旦清理，剩给他的，光景只有一家三口三个光着身子！"

一家三口的晚饭，林先生吃得极其难受，"他决定非到最后五分钟不让老婆和女儿知道那家道困难的真实情形"。他的小算盘是这样打的：如果寿生能收回来 80% 的债务，他给别人也先借口战争还个七八成；剩下的 600 元，拼命减价甩卖，有点现金流，过眼前再说。

家家有本难念的经。对门的裕昌祥，既是同行也是对手，也挂起"大放盘照码九折"的标语。林先生心思还没回到自家店里，上海东升号家的收账客已在柜台上恭候大驾。而且这些收账客就坐守柜台，林先生可谓惊恐万状："这件事要是传扬开去，他的信用可就完了，他的债户还多着呢。万一群起效尤，他这铺子只好立刻关门。"林先生低三下四请客人去内宅，客人就是寸步不移；林先生心急如焚，还得故作轻松，有一搭没一搭陪收账客闲扯。

就在这千钧一发之际，大救星寿生回来了。寿生九死一生，差点被部队抓去当兵；费尽九牛二虎之力，收回来债权如下：大洋 11 元；小洋 200 角；钞票 420 元；即期庄票 2 张（规元 50 两、65 两）。这些即便全部给上海东升号的收账客，也还差 100 多元！

茅盾写道，“林先生凝神想了半晌，斜眼偷看了坐在那里吸烟的上海客人几次，方才叹一口气，割肉似的拿起那两张庄票和400元钞票碰到上海客人跟前，又说了许多话，方才得到上海客人点一下头，说一声‘对啦’”。

但上海客人要求把庄票兑成钞票。林先生只好派伙计去恒源钱庄。但恒源钱庄先到先得，收了庄票，不肯付钱，抵扣林先生在恒源钱庄的借款。林先生冒雪亲自前往交涉，依旧毫无所获。

林先生几乎欲哭无泪。在债权人东升号收账客面前，他无计可施，赌咒、求情、下话都不行。最终，林先生忍痛把最近几天的营业收入，合计50元，总共450元交给收账客，这才打发走这位“瘟神”一般的债权人。

在本镇，林先生还有600元的应收账款。但这600元如何收、能否收回来，都不好说。他的两个债务人，南栅的聚隆、西栅的和源，总计欠林先生三百多，但此时都传出倒账的流言……大厦将倾，债务如山，当债务人不易，当债权人又能怎么样呢？

果不其然，勉强过完年，镇上的大小铺子倒闭28家，这里面就包括“林家铺子”的债务人聚隆与和源。大年三十晚上，林先生派寿生去讨账，勉强拿回来20多元，清偿率不及10%，两家老板早已失踪。林先生尚且不到失踪的地步，但恒源钱庄也放出话来：正月初五开市时，派人来林家铺子里“守提”，“卖得的钱，八成归恒源扣账”。

林先生实在是走投无路。大年初四，林小姐为付吴妈的工钱，让小学徒把大绸新旗袍送去当铺。也正是民不聊生之际，当铺刚开门就止当，不论多值钱的衣服，“两块钱封门”，一律只当两块钱，爱当不当。晚上，林先生筹措3元钱，办一席酒席，吃所谓“五路酒”，商量新年营业方案。——这一餐饭吃得很有价值，一个伙计的建议激发林先生的灵感：来小镇的上海难民甚多，铺子里虽然货品渐少，但积压的日用杂货、脸盆毛巾，正好却派上大用场。

说干就干。“林家铺子”干活不乏好手。正月初五开市一天，营业额近100元，可以说是前所未有的成就。唯一的遗憾是，恒源钱庄当天直接提取八成营业款，林先生颇为扫兴；而储户朱三太、陈老七、张寡妇，被人怂恿，也来找借口预支利息，甚至想提拔存款。当然也有好消息，“听说又到了一批逃难人”。

商业上的转机，并未持续太久，“林家铺子”迎来更大的压力：第一，镇上

40 多岁的卜局长，看上 17 岁的林阿秀，拟娶过去当小老婆；第二，党部抓走林先生，说是外界谣传林先生准备卷款潜逃，“林家铺子”除庄款和客账外，还有朱三阿太、陈老七、张寡妇等孤寡老人存款 650 元，党部为孤寡老人谋利益，所以把林先生扣下来；第三，对门裕昌祥趁机挖货，要求 150 元收购“林家铺子”的所有库存；当时商业凋敝，现货为王，此举彻底断了“林家铺子”继续经营的可能性……

把货全部转给裕昌祥，所得恰好够去“捞”林先生。贿赂花了 100 元，林先生总算被放出来。然而，此时“林家铺子”已无货可卖，债务缠身，毫无出路。

《林家铺子》第 7 节开头，茅盾这样写道：“林家铺子终于倒闭了。林老板逃走的新闻传遍了全镇。债权人中间的恒源庄首先派人到林家铺子里封存底货。他们又搜寻账簿。一本也没有了……十一点钟光景，大群的债权人在林家铺子里吵闹得异常厉害。恒源庄和其他的债权人争执怎样分配底货。铺子里虽然淘空，但连‘生财’合计，也足够偿还债权人七成，然而谁都想只想给自己争得九成或竟至十成。商会长说得舌头有点儿僵硬了，却没有结果。”

朱三阿太、陈老七、张寡妇成为债权人中，闹得最凶的几个，林先生家的祖宗八代都被问候了个遍。他们准备去党部讨个说法——党部天天叫嚷保护穷人，现在到了保护穷人的时候。他们满怀期待。

然而，党部门口有警察把守，远远地呵斥这些可怜的债权人：“滚开！不许过来！”

“我们是来告状的，林家铺子倒了，我们存在那里的钱都拿不到……”

警察们只是嘴上呵斥，但警察背后跳出来一个黑麻子，却朝这三个孤寡老人大打出手，嘴上还骂骂咧咧：“不识好歹的贱狗！我们这里管你们那些事么？再不走，就开枪了！”朱三阿太、陈老七、张寡妇都挨打了，他们边喊边逃……

《林家铺子》是这样结尾的：朱三阿太、陈老七、张寡妇拼尽全力，总算逃出警察的包围圈。但是，张寡妇跑了一段路，才发现孩子没了。茅盾写道，“她带哭带嚷地快跑，头发纷散；待到她跑过那倒闭了的林家铺面时，她已经完全疯了！”

（本文 2019 年 2 月 24 日首发于澎湃新闻财经频道“澎湃商学院”栏目。）

高负债时代，破产法何为？

2017 年 9 月 2 日，承蒙安徽池州天贵律师事务所黄中梓兄雅意，我应安徽省律协破产与重组法律专业委员会之邀，前往安徽宣城参加房地产开发企业破产法律实务研讨会，并以《破产法十年：如何再启程?》为题作了分享。

在我的分享中，我首先阐述了《企业破产法》实施十年之际面临的四大背景，诸如破产工具论的回潮、诸如互联网和人工智能等高科技的影响、诸如超级全球化时代的来临，还有诸如高负债时代的挑战。上述四点背景中，高负债时代是我临时增加的内容。而我的灵感，则源于飞机上阅读的一本书，即丹尼尔·施特尔特所著的《21 世纪债务论》。

债务问题与破产法如影随形。债务问题的解决方案可能有很多种，但破产法已为人类历史文明所证明，系债务问题诸多解决方案中，最为公平、最有秩序的法治化程序。这几年由于关注破产法的关系，爱屋及乌，对于与债务有关的书总是分外关注，《21 世纪债务论》购置也有一段时间了，这次随身携带，正好借以驱遣旅途上的时光。坦率说，读完这本书，还真有相读恨晚的感觉!

一、从《21 世纪资本论》到《21 世纪债务论》

要说《21 世纪债务论》，不能不提及法国学者托马斯·皮凯蒂的《21 世纪资本论》。皮凯蒂系巴黎经济学院教授，可以说是“70 后”经济学家中的新秀之一。该书原文最早为法语写成，2013 年法语版出版后几乎无人问津；但次年英译本出版后，却洛阳纸贵，一纸风行，皮凯蒂由此迅速成为全球闻名的学术大咖。但随着《21 世纪资本论》一书在全球范围内的大红大紫，皮凯蒂也为全球同行所瞩目，是者是之，非者非之。无论是赞成还是反对，皮凯蒂和他的作品，都成为一个绕不开的现象。

《21 世纪资本论》共分为四部分，分别论及收入和资本、资本/收入比的动态变化、不平等的结构和 21 世纪的资本监管。按照皮凯蒂的观点，2008 年以来的金融危机的根源，在于资本收益率高于经济增长率，财富爆炸式增长的同时也高度集中，导致贫富差距扩大，最终导致需求不足，进而引发危机；皮凯蒂由此也提出“劫富济贫”的观点，通过开征财产税率、累进税率等措施来消除资本过分集中和社会差距过大，进而从容应对危机。

对于皮凯蒂的上述观点，甚至包括他的数据分析本身，在全球范围内不乏批评者。其中就包括《21 世纪债务论》的作者丹尼尔·施特尔特。施特尔特的《21 世纪债务论》，便是一本针对皮凯蒂的《21 世纪资本论》的批评之作。

在施特尔特看来，皮凯蒂的成功之处有两点：第一，皮凯蒂在恰当的时间，触及经济社会的“痛点”：世界范围内普遍存在的越来越多的对财富与收入分配不公平的不满。第二，皮凯蒂的标题，令人很容易联想到马克思的经典《资本论》，而且其观点也有近似之处。

但施特尔特也毫不客气地指出了皮凯蒂的诸多重大缺陷。他指出，皮凯蒂分析的重点在于财富分配问题，尤其是他用数百年来的数据，分析财富集中的出现：由于资本回报率高于经济增长率，财富增加必然快于经济产出，正因如此，资本所有者的处境将优于普通劳动者；但这一进程不可能一直持续，总会因为战争、货币改革、自然灾害等危机事件得到周期性的消除。施特尔特认为，虽然皮凯蒂的观点将收入与财富的分配不均视为问题所在，但其对根源的理解却失之片面，对导致危机的原因之一，即过度负债，可以说是一无所知。

正因如此，施特尔特决定写《21 世纪债务论》，在批判皮凯蒂的同时，全面阐述他对于债务问题的洞见，——施特尔特认为，皮凯蒂与绝大部分经济学家一样，都过分低估了债务问题的重要性，“只有洞悉负债与偿债动力者，方能理解财富分配与经济危机，并提出解决方案”，这也成为他将这本书，命名为《21 世纪债务论》的原因。

二、皮凯蒂的对与错

《21世纪债务论》第一部分内容，便是概括皮凯蒂的论点，并对其简要评价。施特尔特注意到，皮凯蒂通过对英、法、美、德等国年度财富收入比的考察，亦即扣除债务的年度国民资产总值与年度国民收入之比，得出在1700年至2010年，大部分国家的年度收入比在2.5～7之间。这一比值越高，财富集中越突出，极端情况下，10%的最富有者拥有90%的财富，其中10%的最富有者拥有约70%的财富；这一集中度的下降，只能通过战争、自然灾害及财产税、遗产税等方式才能修复。施特尔特承认，无论皮凯蒂的数据有多少缺陷，但这一工作本身，尤其是对资产、财富收入和国民收入历史数据的整理，都是历史性的贡献。

皮凯蒂同时指出，资本收益率高于经济增长率意味着财富收入总是在增长，而且资本集中的情形将会加剧，因为富有者总是更有能力进行风险更大、收益更高的投资，而且也拥有更多的信息；但随着财富集中的加剧，财富与社会收入的失衡将会对经济增长产生负面影响，社会债务将会激增，而社会需求将逐步减少。

但施特尔特认为，财富的爆炸式增长、贫乏差距的扩大及最终的经济危机，归根结底都是债务经济发展模式下的必然结果。尤其是1970年以来，各国政府都使劲解数，促进建立在债务基础上的经济繁荣，金融市场的自由化更是导致银行可以不受制约地放贷，到2007年时，没有收入、没有工作、没有资产的“忍者”，却能轻而易举地获得贷款信用；各国央行不断降低利率水准，更是为高负债时代的来临推波助澜。信贷的繁荣乃至泛滥，导致了信贷的廉价，社会负债出现史无前例的增长。这个现象成倍数地放大了自有资本的杠杆效应、推高了通货膨胀，也掩饰了中产阶级收入停滞甚至衰退的趋势。

三、高负债时代

在上述基础上，《21世纪债务论》的另一部分内容，便是指出皮凯蒂所忽略的事实，进而推导出施特尔特自己的观点。

施特尔特指出一系列事实：我们面临储蓄过剩的同时，同样面临债务过剩——

20世纪80年代以来，工业国家中政府、企业和私人家庭的负债，从国内生产总值的160%，增长到340%多；即便去除通货膨胀的因素，可以发现30多年来，非金融企业债务增加2倍多、政府债务增加4倍多，而个人家庭债务则增加6倍多。负债与投机使政府更愿意促进债务的增加，而不是加强教育与创新投资。

但这，并不能掩盖一个显而易见的事实：消费不再靠收入，而是依赖信贷，只有信贷才能维持市场需求及相应的资本收益率，“因此，我们在这些年所经历的财富增长，如果没有相应的债务膨胀，是根本不可能实现的。在美国，政策以各种可能的方式鼓励私人家庭负债，而在欧洲，则是通过公共开支和社会福利刺激增长，导致政府债务不断累积”。

施特尔特指出，皮凯蒂最大的缺陷之一，就是对上述债务膨胀缺乏关注。“他搞错了一个关键的关系：资产及财富集中度的增加只是硬币的一面，硬币的另一面是债务的增长。尽管资产的主要部分是自有资金，但更多的部分是债权……我们不是聪明的借贷人，因为我们的债务人并不总是能履行他们的还款义务。”

飞速发展的金融业，推动了高负债时代的来临，是也成为高负债时代的最大受益者。银行、对冲基金及私募股权等行业，轻而易举就可以用廉价的信贷，在微薄的自有资金基础上，获得预期的匪夷所思的杠杆率。施特尔特指出，“一国民经济体的负债率越高，金融行业的利润就越高，因为他们可以毫无问题与成本地‘无中生钱’”。廉价的信贷，导致了物价上的飞涨，也激发了史无前例的房地产与经济繁荣，在2000年至2008年金融危机爆发前，欧洲各国几乎所有国家的债务增长都快于经济产出。只是当泡沫破灭时，债务人、债权人才一起陷入困境：说好的增长，去哪儿了呢？

施特尔特指出，这种高负债本身，无所谓优劣与否：只要企业举债的目的是用于生产、投资新设备、资助研发，对于提高生产率总有益处；只有个体债务中债务人有还债意识，也不是问题。也就是说，只要债务能够导致额外的努力，能够提高收入和总体经济的国内生产总值，并且与国内生产总值同步增长，这种情况下债务可以视为良性债务。但是，如果债权人不生产必需的额外产品，而只是寄望于市场投机，比如寄希望于贷款购买的房地产升值，那么极有可能就会产生问题：击鼓传花的游戏固然好玩，但市场上并不总是能够找到接盘侠。这恰恰也是施特尔特最为担心的。20 世纪 80 年代以来全球债务水平在飙升，但并未导致更多的生产，消费、投机和借新账还旧账成为主流。

施特尔特断定，不断加剧的财富集中和收入不平等，最终导致了萨默斯所说的“长期停滞”，——全世界都陷入储蓄过剩，“越来越多的储蓄供给，但是却没有相应的投资需求。因为储蓄也没有进入消费领域，因此资本收益也不断降低，并导致金融市场投机不断加剧……收入与财富越集中，需求就越萎缩，就有越多的储蓄者找寻有吸引力的投资机会”。按照萨默斯的建议，央行应将利率降到零以下，同时鼓励国家举债，进而通过投资撬动经济增长。

那么，这个高负债时代的死结该怎么打开呢？施特尔特讲了这么一个故事：在古代美索不达米亚王国，社会财富的集中同样存在，国王经过考察，决定每隔三十年，都重新分配现有土地、免除所有债务，完全推倒重来，《圣经》亦将之称为“豁免年”；但随着“豁免年”的推行，利息水平上涨，美索不达米亚王国不得不每三年就要推倒重来一次！但施特尔特更担心的是，各国政府似乎并未意识到危机的根源，或者说意识到了危机的根源，但还是饮鸩止渴：在金融危机期间，各国央行普遍的做法是大幅度降低利率、大规模购买债券，通过更多的负债来稳定经济形势，所谓“紧缩”政策只是说说而已，从未实实在在适用。就像国际清算银行首席经济学家威廉·怀特所指出的，越来越多的企业与银行资不抵债，但尽管如此，却涛声依旧，这些机构仍如没事人一样，其信贷很容易就获得展期，他们无力偿还债务，也没有能力在今后投资，他们只是“僵尸企业”和银行，“面对银行业，政策无疑在自欺欺人”。施特尔特指出，廉价信贷和过度债务引发了危机，政府准确的应对方式应该是加强教育、创新和投资，而不是通过更多的廉价信贷和过度债务来冲抵眼前的窘境。这就导致一个问题，政府与私人债务在 2007 年之后，依旧在继续增加，——明知是一杯鸩酒，为了解渴，我们还是勇敢地喝了下去，“希望通过更廉价的资金和更多的负债，去克服过度负债与过于廉价的货币所导致的危机尝试，证实失败了”。抽刀断水水更流，当有一部分债务无法再如期偿还，这个债务的“潘多拉魔盒”就被打开了。

下面会怎么样呢？泡沫终究还是泡沫，我们避免了大规模的银行倒闭、破产和失业，但传说中的经济复苏依旧在路上。威廉·怀特说，一个从 20 层楼顶跳下的人，在他接触地面之前，他当然可以在半空中自言自语：目前为止，一切都好。

四、高负债时代，破产法大有可为

在施特尔特看来，欧洲各国负债率之高，可以说已经到了病入膏肓的境地：“债务狂潮不仅将资产价格推高，而且更是成为当下严重的负担。许多债务人已经无法清偿其债务。”“所有欧洲国家的总债务处于一个创纪录的水平。……显而易见，欧洲的危机绝不仅是政府债务问题，许多国家的私人部门债务规模也极高。”

对于欧洲债务危机的解决，皮凯蒂曾指出，在高负债时代，我们的政策选项极为有限：国有资产的私有化，只会导致财产向富人集中；国家破产，像希腊这样的弹丸小国都可以让全球同此凉热，大国破产只会导致银行业危机和破产狂潮；通货膨胀，已不止一次扮演过减少负债的角色，但其外部性同样明显，对财富集中的受害者显然影响更大；一次性资产税倒是不错的方案，或者可以考虑累进税率，通过劫富济贫的方案实现财富的分散，推动社会的公平。但施特尔特指出，皮凯蒂“劫富济贫”的方案显然难以走远，因为其从根本上无助于克服无法承受的总债务负担的问题。威廉·怀特说：“要解决过度负债问题，须重组或减记坏账”，但谁来承担相关损失、承担多大规模的损失以及以各种方式来承担损失，则成为需要仔细思量的问题。

债务重组可以有多种方式：比如债务人单方面宣布失去偿付能力，宣告停止偿还债务；比如债权人、债务人就债务问题达成和解协议，通过部分豁免、展期或免息等方案组合，实现债务重组。显而易见的事实是，债务重组越有序，债权人承担的额外损失就越少。

施特尔特指出，高负债时代一个无法忽视的问题，就是绝大部分债务已经无法清偿的事实。在这种情况下，最好的选择则是与债务切割，重新开始，而不是继续这个不好玩的游戏，使问题越来越积重难返。施特尔还特指出，因为债务增长不可能永远快于收入增长，债务狂潮的终结不可避免，危机亦随之爆发，接下来难以避免的任务，就是所谓的“资产负债表衰退”，关于这一点，我下一次再给大家推荐一本书，即辜朝明的《大衰退：宏观经济学的圣杯》。

五、中国破产法往何处去？

尽管皮凯蒂和施特尔特在主要观点方面有较大的差异，但他们提出的问题本身，甚至他们提出的解决债务问题的思路，对我们思考观察中国问题却不无借鉴之处。施特尔特指出的高负债时代，是全社会面临的高负债时代，其中既包括个人，更包括企业和政府。对照这些指标，我们不难发现中国恰恰也处于高负债时代，而且这种趋势有加剧的可能。

按照央行在2017年7月公布的数据，截至2016年年底，我国债务总额（不含外债）已高达244万亿元，2016年度GDP为74.4万亿元。也就是说，我国总负债率已高达342.7%，除去金融业的实体经济负债率亦高达250%。就个人负债来说，中国人进入高负债时代是不争的事实。截至2017年5月底，境内个人人民币贷款已从2010年的8.8万亿元，飙升到现在的36.4万亿，房贷成为导致境内个人人民币贷款飙升的主要推动力。根据上财高等研究院的研究，我国家庭债务占GDP的比重，在2016年年底达到44.4%，尽管这一数据跟世界主要经济体相比尚有差距，但其飞速飙升却是不争的事实。新增房贷与居民可支配收入之比在2016年达到16.9%，而美国在金融危机前的峰值也不过才11.2%；房贷占居民可支配收入比重在2016年年底达到68.3%，与美国金融危机前的峰值比已相去不远。

政府债务也在节节攀升。2016年政府总负债高达41.2万亿元，负债率高达55.7%。尽管这一数据尚远低于发达国家的政府负债率，但考虑到我国中央政府债务偏少、地方政府债台高筑的现状，尤其是地方政府债务接近30%的飞速增长，这一问题的加剧亦指日可待。

企业负债更是雪上加霜。2016年金融业之外的实体企业，总负债为102.6万亿元，负债率为138%，其增速接近10%，远高于实体经济的增长率，信贷与GDP缺口不断拉大的趋势显而易见。2016年上半年在山东发生的于欢案，已成为我们观察中国企业债务负担的一个重要窗口，除了常规金融部门的信贷，还有大量小额贷款公司贷款和民间借贷。2016年金融业负债总额为67.2万亿元，负债率为90.3%，债务余额增速亦高达28.3%。

从法律制度层面，破产机制是纾解债务难题最重要的制度供给。但对照上述指标，我国的破产法体系，并未为纾解这些债务难题，提供必要的制度供给。目前我国的《企业破产法》仅适用于企业法人，而不能覆盖非企业法人，更不能覆盖个人和地方政府。这意味着如果个人、家庭或地方政府陷入债务困境，将缺乏行之有效的法律程序。而我国《企业破产法》已实施10年，但传说中的《金融机构破产条例》起草多年依旧无法出台。

债务问题的持续存在，是破产法存在的理由，也是破产法存在的基础。从法律角度而言，破产法最大的价值之一，就在于为债务问题的纾解提供最权威、最有可预期性的法律程序。这也是为什么在2008年全球金融危机之后，世界各国的破产法又有了新一轮的发展。对于纾解高负债时代的诸多难题，破产法大有可为、当有可为。

（本文首发于2017年12月1日经济观察网。）

诺奖得主论破产

2016年10月10日，诺奖委员会将本年度的诺贝尔经济学奖，授予美国经济学家奥利弗·哈特和芬兰经济学家本特·霍姆斯特罗姆，以表彰他们在契约理论方面的贡献。哈特1995年出版的成名作《企业、合同与财务结构》，早在近20年前，就由费方域教授翻译成中文，一版再版，洛阳纸贵。哈特获奖消息传来后，出版社立即将这本书重版。

在这本《企业、合同与财务结构》中，哈特的贡献在于提出“不完全合同”理论。不完全合同理论认为，当合同中的部分条款是第三者无法验证时，那么相关内容就无法由法庭来裁判或者执行，在这种情况下，合同只能是不完全的。哈特认为，当合同是不完全的时候，交易市场最优与否存疑，企业控制权和规模就会产生巨大的影响力。在这本书中，哈特成功地将不完全合同应用在财务合同、劳动合同、公司资本结构、企业兼并以及破产等领域中。

那么，在破产中，不完全合同理论究竟是如何应用的呢？

哈特首先论证了规范企业破产程序的必要性。哈特指出，在一个债务人对一个债权人的情况下，企业财产的所有权和控制权都全部从债务人流向债权人，不需要破产程序；但是在一个债务人对多个债权人的情况下，这一问题比较复杂，法律向债权人提供了两种救济措施：其一，通过对担保物的留置，实现担保债权；其二，通过变现程序，出售债务人资产并在债权人之间分配。但在这种情况下，债权人之间的竞赛将难以避免。债权人势必都会尽全力成为第一个获取抵押物或者第一个拿到法院裁定的人。这种竞争，不仅会引发社会资源的极大浪费，也会直接导致债权人对债务人财产的肢解，——正如哈特所言，如果这些资产的整体价值大于个体价值，这种恶性竞争将造成所有债权人的利益损失。而这一切，也正是经济学角度对破产程序的假定：按照有序的方式来处置债务人资产，最符合债权人的集体利益。哈特认为，债务人和债权人作为理性人，应当能够预测到违约的可能性和接下来的集体行动问题。明确违约状态下如何处理后续问题，尤其是决定对公司进行重组还是清算，理应是债务合同的一部分。但在实践中，由于巨额的交易费用，完全不可能由债务人和债权人以合同形式来设计企业破产程序，尤其在后续有债权人加入或者产生的情况下；相关各方更愿意依赖政府提供的标准破产框架，来解决善后事宜。在这种情况下，法院是合同不完全性的来源，而不是其解决方案。

那么在这种情况下，破产程序应实现哪些目标呢？哈特提出：第一，好的破产程序，应当实现事后有效率的结果，亦即使现有债权人收入最大化的结果。第二，好的破产程序，应当通过破产程序，给经营者适度惩罚，保留债务的事前约束功能，但同时又不能严厉到让债务人不惜一切代价避免破产。第三，好的破产程序，应当保留优先债权人的绝对优先权，让高一级债权人在次级债权人得到任何偿付前，先得到足够偿还，将股东排在最末的位置。当然，这些目标在理论界、实务界也有争议。尤其是第三点，批评意见认为，如果在破产程序中，股东所得甚少，或者什么也得不到，那么债务人在公司濒临破产时，就会不惜一切代价采取高风险、低效率的行为；这样的话，如果公司情况好转，股东可以受益；如果情况恶化，那么将由债权人承受损失。

对于这一套理论体系，哈特花了很大的篇幅，结合美国的清算、重整程序和英国的接管程序做了检验。哈特认为，尽管世界范围内破产程序五彩缤纷，但不外乎两大类型：现金拍卖和规则协商。

就现金拍卖而言，哈特提出，在完善的资本市场中，现金拍卖是理想的破产程序，任何第三方只要能够使公司产生利润，就可以通过资本市场融资并竞价购买公司，而竞价者之间的完全竞争，将确保公司按照其真实价值出售，公司的资产最终配置在价值最高的用途上，公司也将因为其存续价值大于清算价值而继续运转。但在实践中，这一拍卖程序的有效性却饱受质疑，交易费用、不对称信息、道德风险等因素交织在一起，竞买者既找不到完善的资本市场，也筹不到理想的资金，那么企业资产将不得不被拆分变现而实现风险分摊，但最终所筹资金，势必远低于作为整体销售的收入。

而在规则协商中，世界范围内的制度设计者都本着这样的出发点，即鼓励公司债权人就公司的未来，尤其是清算与重组的选择以及有限的价值如何分配，根据事先确定的规则来协商。哈特考察了美、英、法、德、日的相关程序，发现了两个问题：第一，重建后的公司缺乏客观价值，因此也很难预测每组债权人究竟能从重整公司中获得多少公司证券；即便债权数额和优先程度不存在任何争议，未来的模糊性，势必会导致无尽的争端。第二，存在关于公司未来错误决策的危险，因为表决机制是既定的，这意味着那些优先债权人或者最普通债权人，有可能控制决定性的投票权。哈特在此基础上提出，至少低级别的债权人和股东不应该参与公司未来的决策，否则就会导致优先债权人不得不收买他们，以便确保重整计划通过，也会埋下公司无效运转的祸根。

鉴于上述程序的各种缺陷，尤其是清算程序对完善资本市场的假定和重整程序对公司决策权的错配，哈特等经济学家提出以“债转股”为核心的AHM程序。需要指出的是，这里的AHM，只是阿洪－哈特－莫尔（Aghion－Hart－Moore）三位经济学家姓的缩写。按照哈特的论述，AHM程序的核心在于，“把具有不同要求权的一组人转化为同类的股东，然后利用简单的投票表决来决定公司的未来”。

随后，哈特描述了AHM的程序的两种变体：在变体一中，公司宣布破产之后，债务全部取消，债权人就地转换成公司股东。在这种变体下，要求法官来监督程序的进行，尤其要事先征求对新公司的现金或非现金竞价，同时根据债权人的债权额及优先权，来为新公司的股票配置权利。而在变体二中，担保债权保留不变，通过评估其价值，进而实现最低限度的债权与股权转换。而破产管理人则取代现职经理人，负责公司的日常经营，尤其要完成两大职责：第一，按照股东和选择权持有者的利益采取行动；第二，为公司的前途，制订一项或多项计划，在公司股东选择权实施之前提交给股东。

在哈特看来，AHM程序满足了破产程序的三种目标：第一，新的公司所有人决定公司前途，可以激励投资者投出有效率结果的票；第二，该程序也保留了债务的事前约束；第三，只要低级债权人有足够现金实施其选择权，便可以确保绝对优先权得到满足。当然，低级债权人如何获得足够现金，或者如何确保其无法获得足够现金时利益还能得到保障，这既是对AHM程序的质疑，也需要结合债权纠纷的大小、新资金的规模、投票程序的设计和公司规模等来进一步完善。哈特认为，AHM程序能够确保破产程序无论是在资本市场完善还是不完善时，都能起到积极作用。

在举国上下热烈讨论“债转股”的过程中，哈特的AHM程序，又能够给我们带来多少启迪呢？

（本文首发于《法制日报》2016年12月7日，第12版。）

一部影像中的破产重整史

在破产法领域，中核钛白重整案是2006年《企业破产法》实施以来一个地标性的案例。2016年6月15日，最高人民法院公布破产领域十大典型案例，其中就选入该案。按照最高院的阐释，“中核钛白破产重整案通过将托管、重整与重组并行考虑，实现了托管、重整、重组的紧密衔接……既实现了企业经营的连续性，摆脱了清算退市的命运，实现了较高的清偿率，又实现了1200名职工全员就业，稳定了职工队伍”。

要说中核钛白重整案，首先需要了解四〇四。四〇四原名为“国营四〇四厂”，现名“中核四〇四总公司”，是我国在1958年设立的核工业基地，在中国核武器研发和核工业的发展中，做出了非常重要的贡献。改革开放之后，中核四〇四开始将部分军用项目转为民用，在1989年成立我国首个万吨级钛白粉厂：中核四〇四总公司钛白粉分厂。

钛白粉是一种以二氧化钛为主要成分的白色颜料，被俗称为“工业味精”，由于其无毒，越来越成为工业生产不可或缺的原料之一，主要是作为着色剂，广泛应用于涂料、塑料、油墨、造纸、服装等行业。中核四〇四总公司钛白粉分厂的建成投产，发展初期在中国钛白粉生产中占据着重要份额。

20世纪末期的国企改革中，国家大力推进债转股政策，中核四〇四总公司钛白粉分厂也于1999年成为我国首批债转股企业，2001年由中核四〇四总公司、中国信达资产管理公司、中国东方资产管理公司等五家法人股东，共同发起成立中核华原钛白股份有限公司（亦即“中核钛白”），中国信达成为最大股东。2007 年，中核钛白成为甘肃省首家中小企业板上市企业。

中核钛白要按照这个节奏发展，理论上前景十分光明。但市场经济变幻莫测，钛白粉生产的龙头企业，一不小心便沦为市场竞争的失败者。越来越多的钛白粉生产企业一窝蜂般地异军突起，而中核钛白则由于地理位置、管理机制等诸多问题，在产业结构调整中掉队。2008 年的金融危机，加速了中核钛白的衰退，中核钛白陷入严重的财务困境，总资产从 10 亿元亏损到 1 亿多元，一度面临退市风险。

这便是中核钛白重整案发生的大背景。这部《绝境求生：中核钛白破产重整纪实》（以下简称《绝境求生》），忠实地记述了中核钛白的整个重整过程。

当时，中核钛白面临的出路有两条：要么重组，要么是退市清算。但毕竟是老牌国企，很多职工都是“核二代”，四〇四是他们唯一的生计来源。影片中给人留下深刻印象的一幕，就是中核钛白重整案财务顾问许美征哽咽着说出的一句话：“你们想一想，这些一千多核二代，他们的父母都是国家的核工业贡献了一辈子，贡献了生命，我们必须对他们负责。如果把中核钛白从上市公司里掏出来，还是按照原来的方法经营，肯定这个企业要破产。破产以后，我们这些核二代，在这荒荒的大戈壁滩上，到哪里去找工作？我们对得起他们的父老吗？对不起……”

但要拯救中核钛白，又谈何容易？最高人民法院认为中核钛白重整案的典型意义之一，在于其“实现了托管、重整、重组的紧密衔接”，但实际上，这可能也是该案件最让当事各方无奈的地方：托管不成，转而求重组；重组不成，转而求重整……没有哪个方案，是当事各方主动自愿选择的结果，重整反而成为各种无奈、失败之后，最后的也是唯一的选择。

尽管这部纪录片讲得是破产重整，但在破产法方面着墨并不多。我国 2006 年颁布的《企业破产法》为困境企业提供了三个出口：清算、和解与重整，重整由于能够保障企业存续经营，无论是企业的经济价值还是包括就业在内的社会价值，都能够实现各方面效益的最大化，因而在最近几十年成为国际破产领域制度设计的大趋势。比较遗憾的是，从破产法专业的角度来看，《绝境求生》并未对

《企业破产法》做必要解释。这势必能够增强纪录片的趣味性，但我相信，如果这部纪录片能够对《企业破产法》的内容由更多阐释，在多少依然谈“破”色变的中国社会，将会对破产理念的普及做出更多贡献。

这部《绝境求生》最大的亮点，便在于成功地塑造重整案中的三个角色：财务专家许美征、民营企业家李建锋、大股东代表郑成新。环环相扣的剪辑，使整部纪录片跌宕起伏，引人入胜。尤其是李建锋双目喷血的桥段，使这个角色的塑造锦上添花。这既是亮点所在，但也隐含着一种潜台词：中核钛白成功重整，靠得更多是许美征、李建锋、郑成新等个人的魅力，并不是《破产法》的力量；或者说，中核钛白重整的成功，并非一种符合商业逻辑和法律逻辑的必然结果，而是一种偶然中的偶然，中核钛白的成功不可复制。

中核钛白重整案故事的丰满，与现实的骨感交相辉映：李建锋在中核钛白托管期间，已花1.3亿更新设备，但在处置废旧设备中却遭受国资流失的非议，甚至招来甘肃省政府的两度调查；囿于财政部的规定，不管是中核四〇四还是中国信达，都不能通过股权还债提高重整偿债率；郑成新试图把巨大的资金缺口，甩给李建锋；李建锋不可能拿出更多的钱，但他如果就此退出，前期投资就血本无归……对于各方来说，这可真是前所未有的难局，双目喷血的桥段，就发生在这种背景下。

许美征面临的问题也棘手。包括供应商在内，160家小债权人的清偿率只有40%，这根本不足以保证重整计划顺利通过，而法院强裁的话，重整计划倒是能通过，只是强扭的瓜不甜，中核钛白清算还是迟早的事。许美征希望中核四〇四和中国信达共同出资2000万元，将小债权人的清偿率提高到70%，而这两个已被中核钛白拖累的最大债权人，在重整前景不明朗的前提下，显然不情愿追加投资……

经过相关各方的努力沟通，2012年7月27日，中核钛白第二次债权人会议和出资人组会议，在嘉峪关市法院顺利召开。经过前期马拉松般的谈判和博弈，中核钛白重整计划终于皆大欢喜地通过：工行、建行共获得70%的清偿；1200名职工通过领取每人10万元的补偿款，改变身份后重新就业；160家小额债权人的清偿额达到70%……中核钛白迎来了明媚的艳阳天。1200个“核二代”的重新就业，在老牌国有企业的市场化改造中树立了示范性的标本，这可能是最高人民法院将中核钛白重整案选入破产十大典型案例的重要原因。

这部纪录片总策划、中国企业改革与发展研究会副会长周放生先生在中国政法大学放映这部纪录片时曾表示，他既希望用口述历史和影像的方式记录中国企业的发展和转型，亦希望这种影像资料能够成为大学商学院、法学院相关课堂的教学资料。出于这种目的，在剪辑上他既有全片版，也准备片段加讨论版；我有幸观看了两种版本。且让我们期待周放生先生的下部作品，亦希望他在这方面的探索能够结出更多硕果。

（本文首发于《法制日报》2016 年 8 月 15 日，第 8 版。）

当破产遇见爱

伊坂幸太郎是日本“70 后”作家中的佼佼者之一。他的小说《再见，黑鸟》讲了这样一个故事：风华正茂的主人公星野一彦，因为不慎，背负巨额债务。小说中没有设置个人破产的场景，但是却设置了比个人破产黑暗千万倍的场景：两周后，星野一彦将会被“那辆巴士”带走，去一个神秘的地方抵债，据说会惨痛万状，生不如死，不知所终。小说中提及一个脑筋急转弯，讲述“那辆巴士”的恐怖：“一开始，‘那辆巴士’载着五个人。到达某个车站时，放下了这五个人。过了不久，‘那辆巴士’又载上他们，沿着原路回来了。那么回来的有几个人呢?”正常答案肯定是5个人；但是，这里回答5个人，肯定是错的，因为“他们被‘那辆巴士’带到目的地后，过着非人的生活。回来的时候已经没了人样，不能再算是人了。所以，答案是‘零’，全都不是人了”。

催收机构已经调查清楚星野一彦的所有社会关系。他们不仅调查星野一彦，甚至连星野一彦同时交往5个女友、每个女友的具体情况都摸得一清二楚。他们派出茧美看守星野一彦，防止他在两周后“那辆巴士”到来之前逃逸。小说中唯一明快的亮色，则是在星野一彦的死缠烂打下，仅仅因为“他们觉得这事挺好玩的”，茧美经请示上级后同意，星野一彦在被“那辆巴士”带走以前，可以向他的5个女友道别。

在《再见，黑鸟》中，茧美是个奇葩的存在：身高1.9米，一头金发，疑似混血却只会说日语；身材高大威猛，说话粗鄙不堪，做事冷酷无情，行动简单直接，身手敏捷迅速。她还有个奇葩的习惯，随时携带词典，但涂掉词典里所有她不喜欢的词汇，比如妩媚、常识、体贴、礼仪、烦恼、想象力、占卜、心灵感应、被迫害妄想症、可爱……显然，茧美不属于人类；她是来自另一个星球的神秘动物。

道别当然是要在茧美的陪同下。跟她的跋扈相比，星野一彦只是一个需要保护的小男孩。道别的场景也都很奇葩，茧美会直截了当地告诉这些女人们：星野一彦要跟她结婚，你们可以分手了。但如今，1 号女友广濑明梨、2 号女友霜月理纱子、3 号女友如月裕美、4 号女友神田那美子、5 号女友有须睦子，各有各的人生，但在互不知情的情况下，不约而同地爱上这个很快将会被“那辆巴士”带走的债务人星野一彦。

“黯然销魂者，唯别而已矣！”这是一本略显绝望和悲情的小说，5 个女友各有各的悲催，比如霜月理纱子离婚后带着孩子孀居，本就十分艰难；比如神田那美子正处在乳腺癌确诊之前；比如有须睦子在摄像机前演遍悲欢离合，摄像机后却无力让星野一彦留下。但即便如此，看完这部小说，我脑海里依然自然涌现出“当破产遇见爱”这个标题。

无论古今中外，对于破产法的绝大部分研究，基本都停留在规则层面：如何指定管理人，如何申报债权，如何变现债务人财产，如何尽可能提高债权人的清偿率，如何重整……只见制度之墙五彩缤纷，却不见温情脉脉。这可能也是为什么破产法总是很容易让人谈“破”色变的原因吧！

然而实际上，破产法并非如此冷酷无情。伊坂幸太郎的《再见，黑鸟》，描述的恰恰是一个没有破产法的世界。在这个世界里，债务的清理是借助暴力来实现，债务人也得承受比宣告个人破产更为严苛的惩罚。在这个没有破产法的世界里，恰恰如同茧美的词典，极度缺乏美好的词汇。我在思忖：如果想通过《再见，黑鸟》，展现一个没有破产法的世界，恰好是伊坂幸太郎的目的之一，那他实在是太伟大了。当我了解到伊坂幸太郎恰好具有东京大学法学部的教育背景，我对他的敬意更多一重。

站在家庭价值的角度，考量“当破产遇见爱”，无疑更为精准。应该说，破产法尤其是个人破产法，矢志不渝想要捍卫的目标之一，就是维护家庭价值。尤其是通过个人破产法中的债务豁免机制，既强调对债务人的原谅与宽恕，也强调对债务人家庭扶养义务、离婚夫妻财产分割债务的不可豁免性，而让婚姻家庭中相对弱势的一方，尽可能不受个人破产法“负外部性”的冲击。

这一点古今中外，似乎都概莫能外。即便简陋如我国1906年颁布的《大清破产律》，其中第45条亦特别强调，“破产之商，不得涉及其兄弟伯叔侄暨妻并代人经理之财产”；而第48条，更把破产法对家庭价值的体恤体现得淋漓尽致：“倒闭之商，若将财产偿还各债后，实系净绝无余，并无寄顿藏匿情弊，应由董事向各债主声明，准于未摊分以前，在财债项下酌提该商赡家之费，约敷二年用度，以示体恤。”

而在美国，处理离婚程序中的个人破产业务，是破产律师们最为乐此不疲的业务之一。夫妻双方相爱、相知，本可以走向童话故事中“王子与公主从此过上幸福的生活”的大结局。然而，当债务袭来，爱情与婚姻可能因为债务如山而不堪重负。他们既需要个人破产机制来豁免背负的债务，可能也需要婚姻法，来保障各方包括财产分割在内的权益。贫贱夫妻百事哀，中外同理。

那么问题是，对于打算离婚或者不打算离婚的夫妻双方，何时提出破产申请最为合理？简单说来，可以分为三个阶段：

第一种，在离婚前提出个人破产申请。如果夫妻双方均打算提出个人破产申请，那么在离婚前如果共同提出个人破产，至少在律师费和申请费用方面，可以省下一大笔开销。而即便夫妻双方各自提出个人破产，一旦通过个人破产机制获得对双方债务的豁免，那么也会大大加速离婚的程序。因为夫妻双方均通过个人破产机制获得债务豁免后，双方均不再背负债务，双方也没有财产分割。只是这个时候，无债一身轻，除非一方或者双方均有意，我还真想不出来离婚有什么必要。

当然，如果夫妻双方在离婚前，只有一方提出个人破产申请，那么情势就会复杂很多。法官既需要裁令夫妻双方预估各自需要承担的债务负担，同时也需要考虑未申请破产一方离婚后的利益。由此，注定夫妻双方离婚前单方面提出个人破产申请，会让离婚程序冗长很多。如果夫妻双方有一方并不想离婚，这种法律工具显然是备选策略之一。

第二种，在离婚中提出个人破产申请。在离婚程序中提出个人破产申请的情况，此时离婚已经是双方合意，个人破产可能更多是出于夫妻一方，出于财务原因而不得不启动的程序。如上述所言，在离婚程序中提出破产申请，会让离婚程序复杂、冗长很多。破产法上的自动中止制度，既会让提出申请的一方免于被债权人滋扰、催收，但破产法院也会阻止离婚案件管辖的法院处理、分割财产。甚至如果夫妻双方财产体量庞大，托管人也不得不介入夫妻双方的财产分割，确保大体公平。由此，如果真有诚意离婚，夫妻双方任何一方都不应该在离婚程序进行期间提出破产申请。当然，“宁拆十座庙，不破一桩婚”，破产法官在此时也应该更为审慎地应对双方诉求。

第三种，在离婚后提出个人破产申请。按理说，在离婚后提出个人破产申请，更多是前夫、前妻削减个人债务的一种法律工具，此时通常情况下，与婚姻无关。但需要留意，离婚程序中赋予双方的“家庭扶养义务”，就成为十分关键的节点。或者说，如果我们重申个人破产法的价值就在于尽可能将债务人从一切债务中纾解出来，那么在个人破产程序中，究竟能否把“家庭扶养义务”债务列入可豁免债务之列？

现行《美国破产法》，对此毫不犹豫地说不。2005 年《破产滥用防止及消费者保护法》中，新增加第 101（14A）条，专门界定“家庭扶养义务”的内涵；同时在第 523（a）（5）条中，将“家庭扶养义务”列入不可豁免的债务类型，而且顺位比较靠前。除此之外，美国 2005 年《破产滥用防止及消费者保护法》在对第 523（a）（15）条的修改中，删除 1994 年以来的“积极抗辩”要件，使所有因离婚、分居所产生的夫妻之间财产分割债务，均在不可豁免之列。这也可以从侧面，体现出破产法对家庭价值的特别强调。

读者诸君当记得，我曾在专栏撰文《个人破产在美国：四十年回望》，详细介绍过伊丽莎白·沃伦、希拉里和克林顿之间，围绕“家庭扶养义务”债务是否可豁免及其顺位问题，在 20 世纪 90 年代末期发生的故事。在两位可以称为伟大女性的影响下，克林顿不惜在其总统生涯最后一次动用否决权，否决国会两院通过的不利于妇孺儿童的破产法修正案。沃伦后来成为美国民主党 2020 年总统候选人之一，希拉里曾是 2016 年总统大选惜败特朗普的民主党提名人；克林顿更是贵为美国前总统。考虑到他们的重要地位，这一条款在 2005 年破产法修订中的“转正”，更为浓墨重彩地彰显出破产法的人性色彩，尤其是其中对妇女儿童权益的保护。而且这事还有续集：前不久美国前副总统乔·拜登刚刚宣布参与

2020 年总统角逐，同为民主党候选人的伊丽莎白·沃伦就公开指责拜登在 2005 年破产法改革中，站在信用卡公司一边所扮演的不光彩角色。无论如何，个人破产事小，妇孺儿童事大，个人破产制度中如何贯彻对妇女儿童的权益保护，仍将是个人破产制度改革和政治角力的重要争点。

人有悲欢离合，月有阴晴圆缺。但一部充满人文关怀的破产法，既可能让诚实但不幸的债务人，通过破产法的豁免机制，脱离债务的苦海；也可能让债务人破产涉及的弱势群体，尤其是妇孺儿童的切身权益，通过个人破产法中的反豁免机制，得到妥善保障。伊坂幸太郎在他的《再见，黑鸟》，为我们讲述一个“当破产遇见爱”的故事；但在这个悲情故事的背后，我隐隐感觉到伊坂幸太郎对个人破产法的祈盼。读者诸君试想，假如债务人星野一彦可以寻求个人破产法的纾解，假如“那辆巴士”正是个人破产程序的隐喻，那么这个“当破产遇见爱”的故事，可能便会有另一种讲法。

（本文 2019 年 6 月 12 日首发于澎湃新闻财经频道“澎湃商学院”栏目。）

当劳动法遇见破产法

2018年11月27日，我们几个京内外法学高校开设法学论文写作课的“中椒”，在中国人民大学法学院开了个交流会。在这个会上，来自北京大学的阎天讲道，他在法学论文写作课中，以历史为骨骼、以论文为肌肉、以方法为腹心，串讲美国劳动法学，不仅反响不错，甚至还在授课的基础上，完成了一本新书，即将付梓。这次“安利”，显然十分成功，我对这本书期待甚久。

我对这本书的期待，其实不仅仅是因为阎天兄的广告，更是因为我的博士论文就选了个破产法和劳动法的交叉题目。两年前通过答辩后，一直忙于俗务，想着2019年逐步修订，使之付梓出版，接受读者的检阅。职是之故，这段时间我对于劳动法有关的文献，一直十分关注。

距离上次开会，很快就过去一个月。12月23日，出完2018年度的最后一差，我前往中国政法大学学院路校区东门书店，看到这本《美国劳动法学的诞生》，自然毫不犹豫地收入囊中，并在明媚的阳光中，花了一下午时间通读。

我一边读，一边习惯性地写写画画，一边思考：当破产法遇见劳动法，会怎样？在我的整个博士阶段，至少从2009年开始，这个题目一直萦绕在脑际。即便读这本纯度百分之百的劳动法学专著，我依旧想着这个问题。正所谓以“破”观物，万物皆著“破”之色彩！

很遗憾，这本书里有两个地方出现了“破产”的字眼，但并未讨论到破产中职工权益保护问题，可以说和破产法并无关系。但这并不影响我站在劳动法的视角，思考破产中的职工权益保障问题。

阎天的《美国劳动法学的诞生》采用起、承、转、合四步，分析了美国劳动法学的早期史。每个阶段，重要的事件、重要的人物、重要的学者、重要的论文和专著，都在作者观察的范围内。较之常见的劳动法学著作，更让人眼前一亮的是，作者十分注重劳动法学本身，与同时代法理学、法哲学的关系，这种智识上的努力，一下子使以技术流见长的劳动法学，有了浓厚的思辨和学术色彩。

读完这本书，我隐隐预感甚至确认这样一个命题：在任何国家或地区，破产法与劳动法的发展，基本保持同一节拍；破产法中对劳动者权益的保护水平，与该国、该地区劳动法的发展水平息息相关。这个命题，如果以美国为例，套用阎天在这本书中采纳的起、承、转、合四段框架，劳动法和破产法的发展，大体呈现如下节奏：

首先，在美国劳动法“起”的阶段，也就是从殖民地时期到几乎整个19世纪末的三百多年间。这时的主流劳动者，既有来自不同国家和地区的奴隶，也有部分自由劳动者。这个时候，奴隶即物，很难谈得上劳动者权益保障；即便美国独立并在1787年通过宪法后，蓄奴州大量存在，自由劳动者也不见得真的自由，三百年数代人的奋斗和努力，主要还停留在较低的水平，劳动者保障云云，还停留在罢工究竟是否应该入罪层面的讨论。而同时期的破产法发展，同样支离破碎：在美国1787年宪法通过之前，各个殖民地和邦，都保留着各自独立的破产法立法和司法传统；1787年美国立宪后，宪法中的“破产条款”并未及时转化成破产立法，19世纪近百年间，美国只有十多年时间，有三部破产法，而每一部破产法都未能深入实施，主要的破产司法和实践，取决于各州既有的债务清理框架和实践。

其次，在“承”的阶段，也就是20世纪初期到第一次世界大战结束，美国劳动法在堪称巨劫奇变的大时代面前，也获得了突飞猛进的发展。工人结社成为常态。尤其是以1914年《克雷顿法》等为代表，工会合法存在，禁止令有所遏制，工运行动也逐渐合法化，而且其清单越来越丰盈。另外，1916年《联邦雇员补偿法》《基廷—欧文童工法》等重要劳动法次第颁布。而这个时代的破产法，应该说以1898年《破产法》为代表，也驶入了稳步发展的阶段。

再次，在“转”的阶段，也就是大萧条时期及第二次世界大战结束，在这期间，劳动法的发展日益蓬勃，法社会学与工业民主观念甚嚣尘上，劳资纠纷处理机制越来越强大，代表工人的工会成为美国社会中一股不可忽视的力量，集体谈判成为劳动法发展的前锋，大萧条时代促进就业的政策也极大地提高了劳动者权益保护基准，国家劳动委员会成为重要机构，三方制原则奠基并生根发芽，《国家劳动关系法》《公平劳动基准法》《社会保障法》成为熠熠生辉的三部劳动法典。而这个时代，美国破产法也迎来了巨变，尤其是大萧条期间的诸多改革措施，奠定了现代重整制度的雏形。

最后，在“合”的阶段，也就是第二次世界大战结束后，美国劳动法逐渐平稳，狂飙突进中存在的问题也次第显现，民权运动波澜壮阔，1947 年通过的《塔夫脱－哈特利法》成为这个时代立法代表作，劳动者、劳工机构不再如往昔般受到支持，而工会的腐败也成为困扰劳动法实施的大问题。而 1959 年《兰德鲁姆－格里芬法》，则针对劳动者内部的工会会员、基层工会、工会联合会和工会官员之间的权利义务，重新做了分配，成为美国集体劳动关系法成熟的标志。而从破产法的角度，美国破产法则在 1978 年迎来了足以奠定其全球破产法“盟主”地位的大改革，重整制度正式奠基，破产法院组建，破产管理署开始运行，由此也启动了全世界破产法都在美国化的大周期。

美国劳动法和破产法发展的节拍，大体梳理如上。走笔至此，尽管我尚未详细考察，但我越来越坚信，在每个阶段破产法中劳动者的保护，可能都会与同时代劳动法发展的水准有直接关系。究竟真切与否，且立个旗子在这里，留待他日，像这本《美国劳动法学的诞生》一样，“上穷碧落下黄泉，动手动脚找东西”，仔细考据、认真成文。

（本文首发于《法治周末》2018 年 12 月 25 日，“方寸正义”专栏。）

警惕资产负债表衰退

资产负债表是一个会计学术语，是商业经营的骨髓所在，也是衡量微观经济体运营状况的重要指标。在破产法领域，资产负债表可以说是不同经济体破产制度的最大公约数。无论破产原因制度如何设计，资产负债表都是衡量债务人资产与负债比例的核心指标，也必然会成为激发破产法的“机关”。

我国《企业破产法》概莫能外。《企业破产法》第 2 条第 1 款规定，“企业法人不能清偿到期债务，并且资产不足以清偿全部债务或者明显缺乏清偿能力的，依照本法规定清理债务”。这里的“资产不足以清偿全部债务”，便是我们通常所说的资不抵债，是从资产负债表角度审查债务人是否具备破产原因的核心要素，是《企业破产法》所规定的激活破产程序的法定原因之一。正因如此，关注或从事破产实务的人，即便无法准确理解资产负债表上每个指标的会计学含义，但肯定都知道资产负债表的重要性。

既然资产负债表对于企业是否具备破产原因如此重要，那么反过来，对于企业来说，如果要避免进入破产程序，就要千方百计防止陷入资不抵债的境地。也就是说，企业在任何时候需要保持健康的资产负债表，确保资产大于负债；唯其如此，在最不幸的状况下，企业还可以通过变现资产清偿债务，躲开破产法“射线”的辐射。

对应我国《企业破产法》，债务人需要使尽全力，防止自身出现“资产不足以清偿全部债务”的情况。因为一旦陷入资不抵债的境地，只要现金流断裂或者失去信用，将再也无法清偿到期债务，至此破产原因完全具备；到这个时候，要么自己主动申请破产，要么由债权人申请破产，逃无可逃，躲无可躲，毫无选择余地。因此，对于企业来说，时刻需要警惕资产负债表的动态变化；如果资产负债表不健康，那就千方百计修复资产负债表。

这些，正是美籍华裔经济学家辜朝明提出资产负债表衰退理论的根源所在。

辜朝明现为日本野村证券的首席经济学家，在进入野村证券之前，曾供职于纽约联邦储备银行。辜朝明以其对20世纪美国“大萧条”、日本“大衰退”的比较研究，尤其是《资产负债表衰退：日本在经济迷局中的挣扎及其全球影响》和《大衰退：宏观经济学的圣杯》两书，扬名于国际经济学界。资产负债表衰退论，建立在辜朝明对“大衰退”的深入研究基础上。后一本书在中国数次再版，也让辜朝明和他的资产负债表衰退论一纸风行。

1995年，时任普林斯顿大学经济系主任、后来担任美联储主席的经济学家的伯南克，在其专著《大萧条》中提出：“解释大萧条是宏观经济学的‘圣杯’。大萧条不仅使宏观经济学成为一个独立的研究领域，而且还持续影响着宏观经济学家们的信条、政策建议和研究进程（这一点常常没有被充分认识到）。抛开实用性不说，仅仅是对20世纪30年代世界范围的经济崩溃作出解释，就一直是一个令人着迷的智力挑战。”事实上，无论是美国20世纪30年代的“大萧条”，还是日本20世纪90年代的“大衰退”，都有着类似的表现，也都有着近似的原因。如何从经济学角度对“大衰退”作出解释，进而提出恰当的政策建议，颇为考验经济学家们。

在辜朝明看来，传统经济学，要么偏重于宏观经济学，要么纠结于微观经济学，两者之间“鸡犬之声相闻，老死不相往来”。而辜朝明通过对美国“大萧条”和日本“大衰退”的研究，提出资产负债表衰退论，并通过这个理论，将宏观经济学和微观经济学融会贯通。

那么，资产负债表衰退理论是什么呢？这需要从传统经济学的假定讲起。传统经济学认为，无论何时、无论何地，企业经营的核心目标，都是追求利润最大化。这一假定，在经济增长周期当然没有问题。但在经济衰退周期，却与辜朝明通过对美国的“大萧条”和日本的“大衰退”所做比较研究后发现的事实大相径庭：在经济衰退周期，企业经营的核心目标，不再是利润最大化，而是负债最小化。企业需要千方百计修复其岌岌可危的资产负债表，进而避免陷入技术性破产的境地。

在《大衰退：宏观经济学的圣杯》中，辜朝明把经济周期分为“阴”态和“阳”态。这两种状态，可以以资产价格泡沫为起始，而完成循环：（1）货币政策收紧，资产泡沫破灭；（2）资产价格暴跌导致负债大于资产，企业经营以负债最小化而非利润最大化为目标，整体经济陷入资产负债表衰退；（3）企业没有资金需求，货币政策失灵；（4）企业修复资产负债表，资产负债表衰退结束；（5）企业对借贷的抵触消退，融资意愿提高；（6）企业资金需求恢复，激发积极的货币政策；（7）货币政策成为决策层调控经济的首选；（8）经济繁荣，企业经营充满活力；（9）企业过度扩展，引发下一轮泡沫。在辜朝明看来，上述1～4阶段为“阴”态，而5～9阶段则属于“阳”态。在不同发展状态下，经济决策者需要在充分考虑市场需求的同时，对症下药，有所为的同时有所不为。

无论美国20世纪30年代的“大萧条”还是日本20世纪90年代的“大衰退”，辜朝明认为，相同之处都在于货币刺激政策的失灵，企业对唾手可得的零利率借贷无动于衷，进而导致经济陷于衰退周期而难以自拔。这种货币政策失灵的根本原因，不在于货币供应方（政府）的目标与力度，而在于货币需求方（企业）的借贷意愿。辜朝明通过大量数据和事实证明，在经济衰退周期，市场泡沫的破裂，都会导致企业资产价值大幅度缩水，在经济增长周期过度扩张的企业，此时尤其会感到雪上加霜；在资产负债表严重失衡时，企业的反应不是继续过度扩张，也不是立即申请进入破产程序，而是陷入资产负债表焦虑，千方百计修复资产负债表，防止进入破产程序。在这种传导效应下，即便融资成本接近为零，企业也会产生浓重的“惜贷”情结，而不遗余力地压缩信贷、减少负债，确保负债最小化。

对于企业来说，在经济衰退周期，确保负债最小化，有看得见的前景：正如辜朝明所言，“只要企业还在盈利，它就有能力偿还债务。因为资产价格不会变为负值，所以一家企业只要持续减少负债，那么它的债务迟早总会偿清”。但是，对于一个经济体来说，在经济衰退周期企业的这种选择，只会让衰退雪上加霜：如果每个企业都忙于修复资产负债表，那么大规模的“合成谬误”，就会导致货币和融资都供过于求，市场总需求急速萎缩，货币政策完全失灵，整个经济也会陷入更深重的衰退泥潭。

明白资产负债表衰退理论的原理，自然也就打通了微观经济学和宏观经济学的楚河汉界。在经济衰退周期，经济政策的制定者应该怎么办？辜朝明认为，此时恰当的经济政策，不是通过滥发货币来提高企业的负债率和杠杆率，因为此时货币政策完全失灵。哪怕是开着直升机撒钱，企业依旧不会感兴趣，而只会埋头此时唯一且必需的经济政策，是政府需要通过开支，把银行里“堰塞”的货币花掉，同时通过投资，确保经济链的生产、消费能够良性运转下去。进而，以时间换空间，在一定的时间内，企业借助市场需求和持续盈利，可以逐渐修复资产负债表，成为完全健康的市场主体，加入经济增长的洪流。到那时候，财政政策则鸟尽弓藏，“看得见的手”藏起来，让“看不见的手”发挥最大作用。

观一叶而知秋。资产负债表下关乎企业生死存亡，上关乎经济兴衰成败。归根结底，辜朝明和他资产负债表衰退论对我们的启迪，便在于恰当地处理货币政策与财政政策的关系：企业经营需要在宏观经济背景下，及时在利润最大化和负债最小化之间切换；而经济政策，尤其是衰退周期的经济政策，也需要充分考虑企业对资产负债表的极度敏感，进而在恰当的财政政策和货币政策之间切换。唯其如此，经济决策方可打通宏观经济学和微观经济学之间的枢纽，“先天下之忧而忧，后天下之乐而乐”，体谅企业对资产负债表的特别关切，在恰当的时间拿出恰当的经济政策，避开资产负债表衰退。

（本文 2019 年 3 月 19 日首发于澎湃新闻财经频道“澎湃商学院”栏目。）

天下

全球“破”局

印度新破产法新在何处？

2016年5月11日，星期三。这原本是日历上普通的一天，但在印度破产法的发展史上，这一天必将开启新纪元，因为印度议会上议院通过《破产法》(The Insolvency and Bankruptcy Code 2016)。此举为这一旷日持久的立法长征，画下了完美的句号。5月28日，随着印度总统签署该法案，《印度破产法》正式生效。

印度是全球第三大经济体，2016年3月的经济增长率高达7.6%。根据联合国贸易发展组织2016年6月23日发布的《世界投资报告》，印度在2015年吸引外国直接投资为440亿美元，在吸引FDI规模上位于全球第10位，这一优异表现直接促进亚洲吸收外国直接投资达到5410亿美元（增长16%），也进一步拉高了发展中经济体的总额和增幅。《印度破产法》的通过，势必将成为助力印度开放的“秘密武器”——君不见2016年5月，欧盟拒绝承认中国的市场经济地位，而主要理由之一，便是中国的破产法体系难以满足其关于市场经济地位定义。

自20世纪80年代以来，按照印度1985《病态公司法》[Sick Industrial Companies (Special Provisions) Act]，工业与财经重建委员会(Board for Industrial and Financial Reconstruction)一直负责该国病态企业的处置。作为政府机构，工业与财经重建委员会纸面上的目标，是监管那些有复苏之望的企业，而彻底关闭其余的病态企业。但在实践中，该机构却人浮于事，缩手缩脚，再加上腐败的泛滥和盛行，已成为助长病态企业存续的主要力量，个体控股股东不择手段地收买该机构来维护个体利益，僵而不死的国有企业也成为耗费纳税人血汗钱的无底洞。

在这种体制下，印度金融界成为重灾区。长期以来，由于缺乏全国性的破产法，印度金融界一直饱受其害。综合各类报道，2015 年 12 月，印度金融机构的不良资产率高达 6%（另有报道说是 14%），这一窘境在过去三年中迅速翻倍，成为埋在印度金融体系内的定时炸弹，随时都有可能引发金融机构的崩溃。据统计，全印度所有金融机构的不良资产已高达 1117 亿美元。在印度翠鸟航空公司（Kingfisher Airlines）破产案中，印度国有银行 13 亿美元的坏账尚没着落。如同大多数发展中国家的常见情形，银行的呆坏账要么迫于政治压力，要么是出于腐败，其核销亦十分困难，这常常导致印度金融界的资产负债表惨不忍睹。《印度破产法》的颁布后，我相信为这部破产法拍手称快的群体中，最卖力的一定是印度金融界。

从 1964 年开始，印度朝野各方曾多次试图修订破产法，但多次都而无功而返。这次破产法的立法程序自 2015 年 11 月正式启动。在莫迪政府的大力推动下，印度立法机构终于投了赞成票。

那么？印度破产法亮点何在？

第一，以往多部破产法合而为一。据报道，作为殖民地时代的遗产，全印度有若干部法律涉及破产。其中有关企业破产的法律至少有 11 部，主要包括：前述 1985 年的《病态公司法》、1993 年的《银行和金融机构逾期债务清偿法》（Recovery of Debts Due to Banks and Financial Institutions Act）、2002 年的《金融资产证券化与重建及证券利益实施法》（Securitisation and Reconstruction of Financial Assets and Enforcement of Security Interest Act），2008 年《有限责任合伙法》（Limited Liability Partnership Act）、2013 年的《公司法》（Companies Act）等；而涉及个人破产的法律有 2 部，即 1909 年颁布的《英属印度诸省破产法》（Presidency Towns Insolvency Act，适用于孟买等地）、1920 年的《地方破产法》（Provincial Insolvency Act，适用于其他各省）。根据这些法律，高等法院、公司法委员会、工业与财经重建委员会以及债务回收法庭，都有权对处理破产问题。

根据 2014 年 12 月的数据，债务回收法庭正在审理的未决破产案，多达 62,000 件，每年都有 10,000 起破产案经由债务回收法庭宣告。涉及破产的法律很多，但却没有一部全国性的破产法来规范相关事宜，多龙治水，必然导致政出多门，混乱不堪。不管是债权人还是债务人，都是谈破色变。《印度破产法》将上述诸多法律，合成第一部全国性的破产法，绝对是印度破产法史上的开天辟地之举。

第二，大大缩短了破产程序耗费的时间。根据世界银行对各国破产法体系的综合排名，印度先前的破产程序平均耗时4.3年，在全世界189个国家的排名中排第136名；相比之下，中国2006年《企业破产法》颁布后，破产程序平均耗时1.7年，在全球范围内能排到第55名。根据世界银行的评估，印度的债务回收率只有25.7%，远低于美国80%的回收率。通过这些数据，足以发现其破产低效的严重程度。《印度破产法》对破产程序的期限做了明确规定，正常情况下，破产程序必须在180天内完结；特殊情况下经75%债权人同意、法院许可，也只能再展期90天。另外，《印度破产法》还提供了为期90天（可展期45天）的简易程序。这对于提高债权人对破产程序的信心，无疑具有十分重要的意义。

第三，创建立双轨制破产程序。该法将处理除金融机构外包括所有公司、合伙和个人的破产事务，金融机构破产将由独立、专门的法律规范。另外，该法律提供了重整（resolution）和清算（liquidation）两种程序；在这两个程序中，破产监管人（regulator）、破产执业者（insolvency professions）、信息部分（information utilities）及审判机构将共同发挥作用，共同形成正式且省时的破产重整和清算程序。

第四，将催生全新的破产职业：破产执业者（Insolvency Professional Agencies）。按照该法，破产执业者将在这部法律的实施中发挥重要的作用。他们将迅速接管陷入财务困境的企业和银行，主导重整，同时向债权人会议提交重整计划。如果达到清算的条件，破产执业者亦将主导清算程序的进行。破产执业人协会（Insolvency Professional Agencies）将会应运而生，负责破产执业人的登记和规范事宜，同时监管破产执业人的行为。

第五，将催生新的机构印度破产事务委员会（Insolvency and Bankruptcy Board of India）。前述破产执业人协会，将进一步受到印度破产事务委员会的监管。按照印度《破产法》，破产事务委员会将充当监管者（regulator）的角色，发挥一定程度的立法、行政和类司法的功能。破产事务委员会既负责对破产执业群体的规范，尤其是破产执业者的准入、登记及退出，亦负责规范信息登记系统内印度所有公司信用信息的存储与管理，同时监管所有重整程序的进行。

第六，将催生系列新的司法机构：全国公司法法庭（National Company Law Tribunal）。全国公司法法庭（National Company Law Tribunal）将主持审理所有公司及有限责任合伙的破产案件，而债务回收法庭（Debt Recovery Tribunal）将主持审理所有个人及合伙的破产案件。

第七，将建立全新的破产信息系统（Information Utilities）。印度以往的破产程序之所以耗时甚久，最主要的原因是因为法院需要花费大量时间来确认债务。筹划中的破产信息系统，将通过将收集、分类、存储并分配相关数据，建立印度所有企业的财务信息储存库，创建并存储债权人提供的财务信息，以使之成为破产案件主审法官决策的直接依据。

第八，尝试为跨境破产提供新框架。上文已提及，随着开放程度的提高，印度在全球经济中的份额加大；这种经济地位势必要求其有更为开放的跨境破产体系。在2016年印度新破产法通过之前，根据1908年的印度《民事程序法》第13条、第44（a）条，印度法只承认来自英国新加坡等互惠区域的外国判决和裁定；而且，印度尚无承认境外破产程序的先例。早在2000年，时任公司破产与清算委员会主席伊拉蒂就建议修改印度1956年《公司法》，根据联合国贸易委员会的《跨境破产示范法》来加入相关条款；接下来十多年间，有多份研究报告都建议印度及早采纳跨境破产示范法。《印度破产法》起草中，起草者们显然留意到跨境破产的重要性，但鉴于种种考虑，印度立法机构并未采纳《跨境破产示范法》，而是采纳了更为审慎的模式。

按照《印度破产法》第35条，破产程序中一旦涉及债务人在境外的财产，法庭将授权临时管理人（interim resolution professional）控制这些境外财产，并将之计入债务人的资产负债表、前述破产信息系统、证券登记系统或其他登记系统。接下来，法庭将授权清算人控制并变卖债务人在境外的财产。

另外，根据《印度破产法》第234条，印度联邦政府将与外国政府签署跨境破产案件的承认与执行协议，以便及时将债务人在印度境外的财产纳入破产财产，从而提高印度债权人的清偿率；而根据《印度破产法》第235条，破产管理人将向相关司法机构申请，请求法院发布启动上述互惠跨境破产协定的证据或授权；法院批准后，相关破产管理人则可通过请求函，向境外法院申请执行。当然，政府间的谈判旷日持久，能否达成协议以及究竟在多大程度上达成协议，不确定性因素甚多，甚至可能会使跨境破产程序复杂化。

《印度破产法》是莫迪主打的改革牌之一，势必将成为印度政坛选战中重要的筹码。该法的颁布，不光受到投资者和印度金融界的热烈欢迎，实业界对于该法的实施早已迫不及待。徒法不足以自行，这部地标性的印度《破产法》，其最终实施效果还将取决于印度的司法改革，尤其是破产执业群体的培养、破产法官和专家的成长等。

（本文首发于《法制日报》2016 年 7 月 13 日，第 12 版。）

美国大萧条时代的破产法

美国经济学家本·伯南克在其《大萧条》一书开篇，即掷地有声地提出，“解释大萧条是宏观经济学的‘圣杯’。大萧条不仅使宏观经济学成为一个独立的研究领域，而且还持续影响着宏观经济学家们的信条、政策建议和研究进程”。无论大萧条是否真具有如此开天辟地的意义，就我个人而言，我一直对大萧条时期的破产法，有着强烈的好奇心和探求欲。我想知道在20世纪30年代，破产法领域发生了什么、为什么发生以及是否有更多的选项。

大萧条波及甚广，几乎在社会每个角落都发生着影响。按照伯南克的统计，大萧条时代如下几个特征尤其十分突出：第一，金融机构因“挤兑”风潮，不得不抛售资产，最终陷入破产境地，引发倒闭潮，整个金融系统都受到极大的冲击。第二，债务人普遍无力偿债，价格和货币收入的长期下降，极大地提高了债务负担。大萧条开始之际，债务人一半以上的房产被抵押；而农民的处境比房主还惨，有统计表明，1933年年初全美国45%的农场主陷入无力偿债境地，而政府违约率也大幅度提高，中小企业的破产率更是居高不下，用哀鸿遍野来描述绝对不算夸张。

如果大家读过拙文《有什么能给债务人面对每个清晨的勇气》，或者说直接读过这篇读后感的母本约瑟芬·约翰逊小说《十一月的此刻》，那么对大萧条对普通美国人带来的债务重压，应该不陌生。在这部小说中，作者借助小女孩玛格丽特的视角，全景式展示了她们一家在大萧条时代的债务重压下举步维艰的生活，读来令人窒息。可以说，《十一月的此刻》为我们从微观层面理解大萧条时代的债务与日常，提供了绝佳的素材。

从微观层面，破产作为一种经济现象不可避免。伯南克即指出，破产是不完全市场的产物，因为只有在不完全市场下，债权人和债务人才会意识到，简单的贷款协议和破产的事后判决，要比拟定和执行一份完全的贷款合同更为划算；职是之故，无论是债权人还是债务人，宁愿从有限的破产财产中拿出一大部分支付给破产执业者和法院或行政机构，而不是把这些钱省下来平均分摊。而在完全市场状况下，一份成本高但内容完美、复杂的合同，完全可以让放贷人通过定期监督等各种手段，放心贷款并及时收回贷款。这一点，无论是大萧条时代还是风调雨顺的年景，其实都没有太大的变化。

那么，从宏观层面，大萧条时代，破产法何为？或者说，破产法在大萧条中究竟应该扮演什么样的角色，才能因应时代的需求？破产政策是否应该有所调整？……在经济下行周期，思索这样的问题，可能有点危言耸听，但绝非杞人忧天。

最近我一直在看罗斯巴德的《美国大萧条》。在这本书第 11 章“1932 年的胡佛新政”中，有一节专门评述 1932 年美国破产法的修订。1933 年 3 月 1 日，国会最终通过新破产法。

罗斯巴德对这一波亲债务人的改革，极其不满，“1932 年胡佛新政的另一要点就是修改联邦破产法，削弱债权人的财产权利。即便破产法律轻率地允许债务人可以免除他本应承担的许多责任，那么它至少应该规定债权人有权接管债务人的财产。可是胡佛总统甚至连这一点也觉得过分，在 1932 年和 1933 年的年度咨文中，他都要求对破产法进行修改以削弱债权人的权利”。罗斯巴德还抱怨说，“这些修正法案要求大部分债权人接受有利于破产债务人的方案，这些方案要求延长偿付期限，但又不剥夺债务人的财产。结果，债权人本可以立刻获得属于他们自己的合法财产，而现在他们的这一正当权利被剥夺了。”在罗斯巴德看来，一旦债务人陷入财务困境，最佳办法就是，“如果在债权人中间存在一个多数投票决定原则，那么处理这个问题必然而唯一的方法就是立刻研究破产情况，使债务人的资产迅速分给每一个债权人。此外，少数债权人权利被剥夺了，他们现在几乎一无所得”。

罗斯巴德的观点并不让我感到意外。一方面，罗斯巴德终究是经济学家；在我看来，经济学家与法学家思考问题的最大差别，就在于前者特别注重效率，而后者更注重公平。就破产程序而言，迅速破产清算，当然比通过债务重组延展清偿期限要更在时间上更有效率。另一方面，罗斯巴德作为经济学家中奥地利学派的代表性人物，可以说近乎极端地排斥政府对经济的干预。

同样在罗斯巴德的《美国大萧条》中，张维迎先生在序言里提道："政府对破产企业的拯救不仅扭曲了市场的惩罚机制，延缓了结构调整，而且常常把小问题变成大问题，因为政府只解决大问题不解决小问题。政府的拯救措施也降低了企业界自救的积极性，导致更多的投资行为和更多的坏账。"这段论述，可以说十分贴切地体现了罗斯巴德的破产观，——在罗斯巴德看来，1933 年《破产法》的出台，正是政府在破产领域胡作非为的体现。

其实从这个角度看，无论这一轮改革亲债权人还是债务人，罗斯巴德都不会满意；只不过如果更有利于债权人的话，他的怨气会稍微轻点。

当然，奥地利学派对政府干预的极端仇视，是出了名的。时隔近百年，我们再看美国大萧条，尤其是观察大萧条时代的破产法，可能需要更多的同情与理解，甚至需要为这一轮改革送上更多的掌声。回头，我会告诉你为什么。

（本文 2018 年 11 月 22 日首发于澎湃新闻财经频道"澎湃商学院"栏目。）

谢司起义：债务人的革命

一部美国破产法史，可以说就是一部浓缩的美国史。美国史上不少重大事件，都少不了破产法的影子。甚至有的事件，本身就是破产法问题放大的结果，比如赫赫有名的谢司起义。

我想到这一点，是受比尔德《美国宪法的经济观》的启发。按照比尔德的观点，美国 1787 年的宪法，更多是经济利益的产物，参与制宪的先贤们则是美国宪法的主要受益者。而按照比尔德的提示，1786 年发生在马萨诸塞邦的谢司起义，正是债务人阶层改变自身状况的武力斗争。

在美国独立战争期间，马萨诸塞既是独立革命的发源地，也是重灾区。马萨诸塞为独立战争提供了大量的军力、财力，邦债和邦联债等公债加起来高达 1500 万美元之巨，而当时美国全部内外债加起来才不过 4200 万美元，马萨诸塞占了近一半。这些负担，最终都转嫁在只有 38 万人口的马萨诸塞邦民头上。由此，导致战后数年间，马萨诸塞邦邦民税负极重，苛捐杂税多如牛毛，仅人丁税一项就高达每人 50 美元，占去一般农民全家收入的 1/3。在这种情况下，尽管马萨诸塞地理便利，1785 年农业丰收，但农作物仍然由于缺乏国外市场而腐烂浪费，再加上大陆券和旧纸币的作废，民不聊生，大量居民不得不或者举债度日，或者以低于 1/3 以上的价值出售地产，或者因不能清偿到期债务而被拘禁。据说仅 1784 年，不到 5 万人口的伍斯特县，就有多达 2000 件债务诉讼，而法院连一半都处理不完，各类律师、讼棍反而大肆盘剥，使债务人阶层雪上加霜。

由于早期英国殖民的背景，北美各殖民地早期的破产颇受英国破产法的影响。英国破产法发展源远流长，从1542年破产法开始，在数个世纪的进化中，才形成了一些现代破产法的支柱。当时英国破产法的特征，体现在两个方面：第一，破产法（bankruptcy law）只适用于商人，主要目的在于在债权人之间等比例分配债务人的财产，因此，债务人如果尽可能合作，尤其是尽可能提高偿付比例，那么经过绝大多数债权人的同意，不仅可以免除剩余的债务，甚至还能从破产财产中获得一定的津贴；但如果债务人不配合，尤其是涉及欺诈性破产，那债务人就不得不接受最高刑罚为死刑的刑事处置。第二，无力偿债法（insolvency law）则适用于非商人，债务人将被投入监狱，直至其还清债务为止。

包括马萨诸塞在内，北美各殖民地的破产法，正是以英国破产法为蓝本，在此基础上结合当地情况做了个性化的改造。马萨诸塞在1757年通过了一部破产法，规定无论是债权人还是债务人，都可以针对商人提出破产申请；破产程序结束后，如果占绝大部分债权额且绝大部分债权人同意，债务人随后即可被免除剩余债务。马萨诸塞的破产法允许债务人在清算并向所有债权人分配其财产后，从监狱中获释。这也就意味着，如果不能清算并向债权人分配其财产，马萨诸塞的债务人们只能在监狱里望穿秋水。马萨诸塞殖民地的这项法律，在1758年被英国当局拒绝批准，但这并不影响其在当地的约束力。

鉴于民不聊生，大约从1782年开始，马萨诸塞邦人民即通过各种方式呼吁当局，要求延长还债期限、降低税负、发行新币，到1786年时不得不通过公开请愿，来呼吁当局采取有效措施防止破产潮的蔓延。有一份50多人签名的请愿书写道，“在战争末期，出于牢固地保证和促进我们的人民的自由之热望，我们毫无怨言地向我们的国家提供了一切要求与我们的援助和支持……但是我们恳请你们注意，在最短期间，如果你们还不采取什么有效措施来保障人民生活，我们一半居民就要破产了”。

1786年夏天，马萨诸塞邦议会开会，但由于利益集团的阻挠，邦议会并未回应民众的呼吁。到了8月，1500多名农民手持简易武器，来到北安普敦，迫使县法院停止审理与债务有关的案件。人同此心，心同此理，其他县如伍斯特、米德尔谢克斯等县民众纷纷跟进，将起义的矛头对准审理债务案件的当地法院。按照预定议程，马萨诸塞邦最高法院将在9月底开庭。起义者们决定全力以赴，阻止在下次选举前继续开庭审理债务案件。

9 月 26 日，退伍军人丹尼尔·谢司率领民众，在斯普林菲尔德发动武装起义。起义者们高呼，“消灭一切债务的时刻已经到来！”极大鼓舞了其他邦苦不堪言的债务人阶层，马萨诸塞也接二连三涌现出了其他几支起义军，颇有“星星之火、可以燎原”的氛围。

然而，随着 1786 年严冬的到来，谢司和他的支持者们失尽天时，举步维艰。尤其是 11 月底另一支义军遭到当局突袭，领袖沙土克被捕，起义军群龙无首，很快星散。谢司收编沙土克旧部，整编训练，最后在 1786 年 12 月底围攻了伍斯特法院，还冲进当地监狱，释放了大批因负债而遭到监禁的穷人。当局亦未作壁上观，在当地实业界的大力支持下，组建军队，采取各种手段镇压这一行为。民意汹涌，而镇压残暴。由于当局及利益集团的联合打压，谢司义军于 1787 年 2 月 4 日被打散，而其他起义亦于 1787 年 2 月 26 正式宣告结束。

1787 年 5 月 25 日，美国各邦代表齐聚费城，打着修订《邦联条例》的旗号来起草宪法。这一天，距离谢司起义的落幕不到 100 天。只是，按照比尔德的说法，那些邦代表基本都来自债权人阶层，他们对自身利益的关注，远甚于对债务人窘境的关注；这或许能够说明为什么，尽管最终“破产条款”入宪，但破产问题在美国制宪会议上，并未刷出存在感。

（本文首发于《法治周末》2017 年 5 月 17 日，第 23 版。）

美国破产律师的崛起与分裂

我国2006年《企业破产法》的亮点之一，即创立管理人制度。十多年来，成千上万的管理人在执业第一线，或者叱咤风云，或者艰难跋涉，成为破产法实践中一道靓丽的风景线。平心而论，管理人制度“开风气之先”的意义自不待言，但其弊端亦显而易见。来自实务界、学术界的抱怨与吐槽，常常让管理人制度有如炙烈火之感。由此，我常常想从美国破产同行的发展史中，寻求些许可能为我们借鉴的经验。

美国破产律师崛起于20世纪，亦即1898年《破产法》实施之后。在这之前一个多世纪的时间里，债务催收是美国律师的核心业务之一。是时，美国的破产法动辄废止，举步维艰，整个19世纪只有十多年时间有破产法。而在这漫长的世纪里，只有在1841年《破产法》、1867年《破产法》实施的那几年，才有极少数律师为破产案件中债权人、债务人提供法律服务，极个别破产律师已开始在报纸上登广告推介自己。但这毕竟不是常态，“对于大多数律师，破产法仍然是一个有限的、边缘化的业务。……美国还是没能出现真正的破产律师业”。

1898年《破产法》的颁布，为美国破产律师的集体崛起提供了千载难逢的良机。按照该法案，美国对抗式的破产模式由此肇端——破产仲裁人不会过于积极地干预破产程序，破产程序的进行，完全取决于债权人和债务人双方的角力。在这种模式下，专业的破产律师成为债权人、债务人双方急需的服务者，社会各界对破产律师的需求亦迅速扩张。破产律师集体崛起并成为破产程序的主角。

在1898年之后，美国的破产律师们不仅在业务方面迅速崛起，在专业圈的话语权也迅速扩大。在极短的时间内，破产律师就成为美国律师协会商法委员会的核心力量，并在随后组成独立的美国律师协会破产法委员会，成为1898年《破产法》的坚定支持者。另比如亲债权人组织“商法联盟”，几乎与1898年《破产法》一道产生，而破产法议题始终是其关注的核心议题之一。

破产律师行业的崛起，也催生了破产律师中的明星，比较著名的有弗兰克·雷明顿和埃德温·布兰登伯格。雷明顿早期在克利夫兰做商业律师，而1898年《破产法》实施后他成为早期的破产仲裁人之一。破产仲裁人作为新生事物，在当时的实践界不显山、不露水，但雷明顿通过系列行动，使他成为20世纪初期的破产法明星之一，他论述破产法的专著亦洛阳纸贵，成为当时执业者的行动圣经；在1903年、1910年《破产法》的修订中，雷明顿亦发挥了十分积极的作用。

如果历史终止于这个时代，美国破产律师注定会十分团结，社会形象也会十分正面。但随着1850年以来美国铁路公司重整潮，破产律师尚未完全从鲜花与掌声中清醒过来，便开始分道扬镳了。

在很长一段时间内，铁路公司几乎是美国国内唯一的大型企业类型。囿于前文提及的美国破产法在整个19世纪的付之阙如，可以说“太大而不能倒”的大型铁路企业，并没有有效的破产法制度供给。既无成文法可资参引，普通法本身也未为铁路企业的破产提供有效的先例。在这种情况下，破产律师和法院在实践中经过长时间磨合，依据普通法的传统，形成了一种全新的制度：法院可以按照衡平法，指定破产财产接管人来管理破产企业的财产；如果债务人无法履行其义务，那么抵押权人有权取消抵押物的回赎权。依托这两个核心构成，普通法上的破产财产接管制度应运而生，对铁路公司破产财产整体拍卖、实现其价值最大化成为各界的共识。

但随着铁路企业与华尔街的联系越来越紧密，这些“套路”显得过于简单。铁路企业越来越习惯于通过普通股、优先股、抵押债券等多种方式来融资，那么铁路企业破产时，其债权人的构成也更为复杂，债权体系更为纷繁复杂。在这种情况下，当铁路公司出现债务违约时，那些活跃在华尔街的铁路企业债券承销商就出动了。他们会迅速组成债券持有人委员会、普通股股东委员会、优先股股东委员会，要求普通债权人将其债券、股票等统一缴存到相关委员会，授权委员会全权处理相应的债券或股票。这使成千上万的债权人能够迅速地形成各自的代言集体，——当然，这种代言越集中，那么华尔街金融机构和重整律师们对破产程序的影响力就越大。

那么，在接下来的协商中，金融机构和重整律师们便会联手，主导重新设计铁路企业的资本结构，修复资产负债表，确保破产接管结束后，这些企业能够处在一个正常的财务状态。进而，在各个委员会就重整计划达成一致后，由各个委员会组成的重整委员会应运而生，并通过手里持有的股票和债券，在整体拍卖中“买下”铁路企业的所有资产，并将其全部转移到专门成立的壳公司，并将壳公司的股票和债券分配给原来的投资者。

在上述复杂的操作中，华尔街金融家和重整律师们，成为其中的操盘手，也成为铁路公司破产重整的受益者。用斯基尔的话说，“由于华尔街专业人士引领者破产接管程序的前进，任何旨在促进破产接管制度功能的创举，都意味着他们会发挥更大的作用，并得以从中收取更多的费用。”这种所谓的“勾结型破产接管”模式，使金融家和破产律师们能够成为破产程序的最大受益者，重整计划越来越卷帙浩繁，在破产律师之外宛如天书。至此，重整律师已经摆脱代表草根债权人的平民形象，而成为与贪得无厌的华尔街共进退的精英。

而先前那些代表普通债权人搞债务催收或者参与破产程序的破产律师们，则每况愈下。案件越来越少，标的越来越小，他们成为行业里的失败者。暗夜慢慢，他们只能遥望华尔街上那些同行们的项背，发出艳羡的叹息！

在这种情况下，美国破产律师在崛起的过程中，迅速地各自奔天涯了。

（本文首发于《法制日报》2018 年 1 月 17 日，第 12 版。）

美国破产法的光荣与梦想

这几天我一直在忙里偷闲读劳伦斯·弗里德曼的《二十世纪美国法律史》。尽管破产法并不是这本书的主题，也只是美国法律史上的一个片段，但顺着弗里德曼的笔触，我们依然能够在字里行间，感知到美国破产法在整个20世纪的光荣与梦想。

弗里德曼的这本《二十世纪美国法律史》，共分为三个部分：旧秩序、新政和它的继承者们、现在的生活方式：里根和后里根时代。弗里德曼对整个20世纪的美国法律史，大体按照“三三制原则”分段，在他眼里罗斯福新政前属于旧秩序时期，而罗斯福新政及其继承者则开创新纪元，这一过程随后又被里根和后里根时代取代。美国破产法的亦概莫能外。

在旧秩序时代，商事法的法典化是其特色之一。在这个时段里，信用成为浮起商业巨轮的海洋，弗里德曼忍不住感叹，“商业浮在信用的海洋上”。正因如此，法律的绳索如何能够维持信用关系的良性发展，成为考验美国商界智慧的核心问题，“为了保护贷款方，这条绳索必须足够紧；但是如果太紧的话，则会抑制交易和危害经济”。久而久之，当债务人不能清偿到期债务时，他们不得不离开正常的商业交易世界，而堕入称为“破产”的商业地狱。弗里德曼指出，美国宪法赋予了国会制定全国统一破产法的权力，但在整个19世纪的大部分时间里，美国国会并未接受这项挑战，“长期的联邦破产法并不存在；虽然有少数的法律被通过，但是它们很快便销声匿迹”，这一切直到1898年美国《破产法》的通过才迎来根本性改变。在弗里德曼看来，美国1898年破产法规定了自愿破产和非自愿性破产，“仲裁人”负责该法的实施，1904年时美国联邦法院便有13,784件破产案件；美国《破产法》在实践中的高歌猛进，并不能掩盖其“晦涩难解”“高度技术性”的特点。但美国《破产法》此时便已确定其核心任务之一，即给予债务人第二次机会；这个任务与公平对待债权人一道，成为奠定美国破产法的基石之一。

弗里德曼敏锐地指出，在整个旧秩序时代，借贷与破产只是正常商业生活的一部分，但在随后的经济大萧条时期，破产潮的出现导致20世纪30年代破产案件急剧增加，铁路公司的大量破产，催生了“破产管理”机制的诞生，破产的企业进入“一种像是僵尸般活力悬浮的状态”，而这种状态下，“企业死也不是，活也不是。火车仍旧在运行，同时，旧组织的实体——铁路公司，通常会在新的所有人的意志指导下重组和重生”，由此催成联邦破产法院的诞生和1933年《铁路公司重整法》的通过。后者并未废弃既有的破产程序，而是为其提供了替代性解决方案，亦即在破产法庭的保护下重组，进而“试图将重组铁路公司的方式与程序纳入合理化、现代化的道路”。

1938年通过的《钱德勒法案》第10章、第11章，更是为公司的重组、重构大开绿灯。正如弗里德曼所言，纵然旧破产法中有类似的规定，但在实践中基本上被闲置；而新法案的第10章亦未能发挥作用，但第11章却获得了“即刻的成功”，“适用于第十一章的企业，将拟定重组债务（经过法院许可）的计划。然后就可以重新上路”。

在书中，弗里德曼也花费笔墨介绍了《钱德勒法案》第13章及其实施。该章针对雇员建立因巨额分期付款而导致破产的解决方案，允许债务人在更适当的时候来偿还债务，而债权人对此除了同意之外几乎毫无选择权可言；信托公司将专门打理债务人的资产，除发给债务人必要的生活费之外，其他部分都要按期分配给债权人。据弗里德曼观察，事实上这一制度在实践中遭到了隐形的抵制，1964年时威斯康星州一项研究结论提出，只有14%的债务人对《钱德勒法案》第13章感兴趣，更多的债务人宁可直接破产。

弗里德曼还发现，同样是在威斯康星州，较之直接破产的债务人，更多的债权人更愿意按照《工资扣押法》，通过工资抵押的方式来规避破产程序：债权人可以直接向法院申请支付令，要求雇主扣留债务人的部分工资，直接支付给债权人。当然，扣留的数额总是会有这样那样的限制，比如伊利诺伊州1947年就规定，一家之主每月工资至少有20美元不能被扣押，而佛罗里达州在1960年甚至宣布，一家之主的工资一分钱都不能被扣押。但这类细枝末节的仁慈，却掩盖不了工资扣押节节攀升的事实：1933年俄亥俄州五个城市中，这类抵押占民事诉讼的50.5%；而1968年芝加哥地区涉及工资扣押的法庭令，高达148,773件。这里面大部分债务人，都是因为汽车或其他奢侈消费而债台高筑，债权人宁可扣留工资，亦不愿意收回这些商品。这项司法业务的火爆，使破产律师行业极度繁荣，债权人委托托收公司之后，托收公司将会接管债券并向法院申请扣押令，债务人不得不承担额外的费用如律师费、代理人手续费、利息和其他费用；而雇主也讨厌这样的扣押令，他们的对待方式往往更直接，热衷于债务制造的工人极有可能在短期内被炒鱿鱼。种种乱象，迫使国会通过新的法律，不光将工资扣押的幅度限制在25%之内，同时也规定雇主不能因为工人债台高筑就动辄解雇。

整体而言，在新政及其继承者的时代，破产法的高技术性和晦涩难懂一如既往，人们对破产效率低下的抱怨亦从未止歇。迫于各界的吁求，联邦国会在1968年组建破产委员会，举办了数量极多的听证会来广泛征集各界对破产法的意见，并在十年后，通过了实施至今的1978年《破产法》。

1978年美国《破产法》最大的创新之一，在于在联邦层面创建破产法院系统。作为联邦法院的子系统，总统在经过常规的参议院提名和批准程序后，可以任命破产法官；较之于终身任职的普通法官，联邦破产法官的任期为14年。而在破产法院系统之外，这部破产法沿袭了自愿破产和非自愿破产的程序。随着个人破产案件的持续增多，涉及破产的案件也在大萧条之后迎来飞速增长：20世纪前十年年均破产案不过2万件，但大萧条时期飞涨至6万件，即便1942年时依然有5.2万个破产案件；整个新政时代，除了1945年破产案件短暂回落到1.2万件之外，到1954年又回到5.4万件的水平，到1990年更是多达143万件，其中90%属于个人破产。破产污名化的时代从此一去不复返，普通的美国人亦不再谈破色变。

1978年《破产法》的改革，也触及了对《钱德勒法案》第11章的修订。处于该章破产程序下的公司，债务人可以管控公司并提出自己的重整方案，债权人只能通过投票的方式来表达其态度；美国推出这一制度的目标，便是在公司病人膏肓前，由债务人积极行动，拯救公司于债务的水火。而通过 1983 年的美国大陆航空公司破产案和 1983 年的曼维尔公司破产案，破产律师们充满灵感地激活了这一章的实施，该章成为公司规避债务的自我保护程序。

弗里德曼精妙绝伦的笔法，让这段艰难曲折的美国破产法史跃然纸上。弗里德曼反复提及“安全网”一词，在他看来，包括破产法在内的许多机制，便是保障投资者创业激情的安全网，“如果人们想到因债务坐牢或是终身受贫困是失败的代价的话，那么他们还会将他们的积蓄投资比萨店或网络初始公司吗？如果你想让很多人走在你的钢丝上，那么最好为他们提供安全网”。一部弗里德曼笔下 20 世纪美国破产法的历史，犹如大江东去不复回，唯有先驱者们的光荣、后来者们的梦想永恒，令人感慨万千。

（本文首发于《法制日报》2016 年 9 月 21 日，第 11 版。）

破产法庭的联想：从美国到中国

2019 年春节前夕，我国破产司法改革再次迈出革命性的步伐：先是深圳在 1 月 14 日率先宣告成立破产法庭，接下来北京、上海也次第宣布在近期组建破产法庭。这是继 2016 年以来全国范围内设置 98 个破产庭之后，破产司法改革推出的 2.0 版本。

就目前来看，世界范围内独立设置破产法院的国家和地区并不多，而大家最耳熟能详的，则是美国的破产法院。美国现行破产法院的设置，肇始于 1978 年《破产法》。或许，我们通过对美国破产司法史的简要梳理，能够获得经验和教训，进而为我国破产法庭的设立和健全寻求灵感。

一、美国破产法院的宪法背景

美国的破产法院体系，深深植根于其宪法传统。作为联邦制国家，其于 1787 年《宪法》第 1 条第 8 款设置了“破产条款”，明确将破产法立法权保留在联邦，由此，奠定了破产法院必然超脱于各州的司法体系的格局，破产司法自然也属于美国联邦司法体系的组成部分。但由于美国立国初期，破产法并未获得稳步发展，整个 19 世纪只有 16 年时间有破产法，破产司法系统在 1898 年《破产法》颁布前，并未获得高速发展。

在 1973 年前，美国破产司法尽管贵为联邦事务，但只能由破产仲裁人处理，连个法官的名分都没有。而且，破产仲裁人是一种类似于律师的中介服务机构，只能通过自己的工作，按劳取酬。或者换句话说，破产仲裁人并不是“公家人”，位不高、权不重，无论是在联邦法官还是地方法官面前，都只能自叹弗如、自惭形秽。唯一差强人意的是，在新政改革中，《钱德勒法案》赋予破产仲裁人批准债务免责的权力；而1946年之后的系列修正案，则使破产仲裁人获得报酬的方式，由过去收取酬金，变成领取固定薪资。长远来看，美国破产法官的地位在逐步改善，也更有尊严感，但远未达到联邦法官的层次。

大约从1960年代开始，随着破产申请数量的陡增，社会负债水平和结构也发生天翻地覆的变化，罗斯福新政中构建的破产法体系，已难以满足现实需要，美国各界对于修改破产法达成共识。但对于如何修改破产法，他们却陷入长久的争执。在新一轮破产法修订中，各界争执的焦点之一，便是破产司法如何改善的问题。

概言之，破产法修订中有关破产司法的争议，可分为几个小问题，比如：第一，就破产案件和破产衍生诉讼的管辖权而言，如何在破产仲裁人与地方法官之间妥善分权；第二，究竟应否设立破产管理署，进而将破产法仲裁人处理的行政事务，剥离到破产管理署；第三，应不应该提供破产冲裁人的待遇，赋予其联邦法官的地位……

二、通往1978年《破产法》之路

美国1978年《破产法》的通过，也是“十年磨一剑”的产物。

美国国会于1968年正式启动破产法的修订工作。各界首先就成立专门的破产委员会，审查现行破产法达成了一致；但对于究竟谁应该进入破产委员会，则争议甚大。

委员会人选由总统、最高法院首席大法官及参、众两院议长选择。最初的方案认为破产委员会至少应该由两名破产仲裁人、两名破产律师参加。破产仲裁人们自认为理论上比任何人都更加清楚了解破产法的复杂性，视为理所当然；但联邦地区法院的法官们对此强烈反对，认为破产仲裁人与破产程序关系太过密切，而缺乏独立性。1970年全国破产审查委员会成立，联邦地区法院法官入选，而破产仲裁人则被排除在外。兵马未动，先失重镇。由此，可以看出破产仲裁人的弱势地位。

人同此心，心同此理。破产仲裁人对于被忽视、被排斥，当然怒不可遏。

1973年改称法官、获得法官的名分前后，他们决计奋起反击。反击之道，就是组成全国破产法官协会，与全国破产审查委员会平行、同步工作。在全国破产审查委员会拿出审查报告的同时，全国破产法官协会也完成自己的审查报告。

全国破产法官协会提议，破产程序应保持其司法定位而非行政定位，部分行政工作可以交给托管人，但破产法官应该居于破产程序的中心；除此之外，全国破产法官协会就破产法其他改革事项的建议，与全国破产审查委员会大同小异。

三、破产法官应否终身任职?

1975年，参、众两院的司法委员会围绕上述两个报告，展开旷日持久的听证。几经交锋，各有妥协，最终众议院以第8002号议案的方式，将两份建议合成一份。

1977年，国会参众两院围绕破产法改革问题，再次围绕上述议案展开听证。众议院听证会的最大共识，便是赋予破产法官美国宪法第三条的地位，即以联邦法官身份从事破产审判，获得终身任职的机会。然而，参议院听证会并未如此慷慨，按照参议院的方案，破产法官可以获得联邦法官的身份，但只有12年任期，而非终身制。

如果按照众议院的方案，这不啻是破产法官的福音。然而，这个福音并未能获得广泛的认同，其他联邦法官反对尤其强烈。

在这个过程中，有个人物很有代表性。这个人就是联邦最高法院首席大法官沃伦·伯格。伯格强烈反对提高破产法官的待遇和地位，反对给予破产法官美国宪法第三条规定的联邦法官终身任职的待遇和规定。在伯格看来，提高破产法官的地位，将会降低联邦法官的威望，同时他也担心破产法官的素质偏低，难以满足公众对联邦法官地位和形象的期待。据说，在听证会期间，伯格曾私下向一个法学家发问：“难道你会愿意接受一个破产法官的职位吗?”

伯格的观点，就是广大联邦法官的观点乃至公众意见的缩影。早在1973年，最新修订的《联邦破产程序规则》正式发布，根据该规则，破产仲裁人改称法官，而不是仲裁人。然而，正是这一提高破产法官地位的努力，却招来众多联邦法官的反对。

在广大联邦法官看来，破产法官处理其事务比较简单低端，任其获得联邦法官的地位，无疑降低自己团体的水准。因而，其他联邦法官都将破产法官被赋予联邦法官的地位视为对自身地位的威胁。

而从破产法官的公共形象而言，也好不到哪里去。无论是1930年代的多诺万报告，还是1971年布鲁金斯学会发布的破产报告，破产法官与托管人沆瀣一气、同流合污，令人震惊，“破产帮”的臭名昭著，极大地消解破产法官提升自身地位的努力。

四、破产法官应否分权

另外，破产管理署的设置，也从侧面论证当时破产法官并不受人尊重。

前文提及的1971年布鲁金斯学会报告中，就建议国会通盘评估破产程序，破产程序的本质应该是行政性的，而不是司法性的；对于个人破产中豁免财产的范围、免责与否的判断，甚至无产可破案件的处理，都应该由行政机构处理，而不应该由司法机构来处理。布鲁金斯学会指出，“我们已经看到，在大多数情况下，破产问题是引导和管理的问题。当下最紧要的是针对每年数量达几十万的小型案件进行快速、有区别、合理的处理。这是一项行政管理工作，而不是司法工作”。布鲁金斯学会建议，个人破产中，完全可由行政官员完成事实调查和免责决定；甚至在企业破产中，也可以由行政官员来选择破产托管人并建立债权人委员会。按照布鲁金斯学会的建议，法院的权力将仅限于审理破产托管人提出的破产撤销权相关诉讼。

布鲁金斯学会的报告对全国破产审查委员会的报告，产生重要影响。尤其是有关上述设置破产管理署处理日常破产行政事务的观点，被完全吸收到全国破产审查委员会的报告中。

破产法官们对此当然强烈反对。包括康拉德·希尔法官在内，全国破产法官协会站在反对的第一线。希尔法官公开表示，外界所批评的破产执业中的利益冲突问题，破产法官会遇到，破产行政官员同样会遇到；破产管理署既要承担行政事务，又要承担准司法任务，那么在行政机构调查债务人，并决定债务人是否可以免责时，由于行政官员已十分了解债务人的情况，有可能会对债务人应否获得免责产生偏见；另外，政府官僚主义的无序和失控，会使破产程序运作的成本大幅度攀升，破产案件处理的质量则会大幅度降低。

破产法官的反对与其工作岗位息息相关。据粗略估算，如果设立破产行政机构的思路得以推行，当时220名破产法官中，差不多1/3以上的破产法官将不得不离任。

为彻底解决破产法院行政管理和司法审判功能的混同，各方围绕破产行政机构该不该设立、破产法官数量该不该减少，展开了激烈的交锋。最终达成的妥协方案，是破产法官的数量仍旧需要削减70位，而立法机构则不提出设立破产行政机构的建议。

几经博弈，1978年11月，参、众两院的分歧终于达成一致：根据参众两院的共识，破产法官将获得更大的权力，但不享有美国宪法第3条规定的终身任职资格。

消除各种分歧后，1978年《破产法》最终正式通过。但是，破产法官行使联邦司法权，但却不享有联邦法官的待遇和地位，这一窘境最终在宪法层面埋下隐患。1982年，在“北方管道建筑公司诉马拉松管道公司”一案中，联邦最高法院直接裁定1978年《破产法》违宪。为此，美国国会不得不再度修订破产法，形成1984年修正案。

五、美国破产司法体系的“漏洞”

目前，美国总共有349名破产法官。作为联邦司法体系的一部分，破产法院的设置，并未按照州的数量，而是按照美国司法区的数量，在全美国设置94个破产法院。有的州可能只有一个破产法院，而有的州可能有两个以上破产法院。

鉴于上述背景，尽管美国破产法院隶属于联邦司法系统，但依旧留下几个漏洞：

第一，根据美国宪法第3条任命的联邦法官，系终身职务，除非主动辞职或者被弹劾，否则轻易不能被免职；但是破产法官只有14年任期，而且只能连任一次。

这导致破产法官既难以获得联邦法院的荣誉感，也会产生两个难以避免的问题：其一，破产法官多从地方破产执业者中产生。尽管选任破产法官事宜由联邦上诉法院负责，但联邦上诉法院并不会“空降”破产法官，而只能从相关司法辖区破产执业者中产生。这样的话，任何破产执业者要想成为破产法官，必然意味着要与地方行业协会处理和谐的关系，甚至为获得连任提名，在日常破产审判中当然不能自绝于地方破产执业者。这会对其独立审判产生潜移默化的影响。其二，破产法官由于有任期限制，难免有“后路思维”。无论一个任期还是两个任期，任期结束后都得为自己找退路。检索网络，破产法官任期结束后转行做律师的新闻并不鲜见，甚至会成为律师事务所对外宣传的噱头。无论是从个人执业伦理，还是从破产司法体系的严肃性角度，都难免有瓜田李下之嫌。

第二，从 1982 年开始，破产法官的薪水只有联邦法官薪水的 92%。按照美国官方发布的数据计算，2018 年联邦区法官年薪为 20.8 万美元，巡回法官为 22.06 万美元，最高法院大法官 25.53 万美元，而最高法院首席大法官年薪则为 26.7 万美元。据此测算，破产法院作为基层联邦司法机构，其年收入当不超过 22 万美元。

第三，联邦法官多由总统提名并经参议院批准后任命，但破产法官由联邦巡回上诉法院选任，级别上也差一大截子。这种现状，当然不利于破产法官在联邦司法系统中的尊严和地位。

六、我国破产法庭往何处去?

我国设立破产法庭之举的缺憾之一，就是包括互联网、金融、知识产权、环境等在内，在新一轮司法体制改革中，都直接升格为“法院”。只有破产，依旧保留“法庭”的称谓。一字之差，级别迥然有异。

还有个待解的问题，即未来破产法庭究竟是在级别上升格为破产法院，地域上在全国范围内普遍设立，还是级别上仅仅停留在破产法庭层面，并只允许深圳、北京、上海设立破产法庭？这个问题关乎破产司法体系改革的前景，既让人好奇，也让人期待。

另外，我国破产法庭作为司法体制改革蓝图的一部分，既需要在实体上设立独立的机构作为依托和支撑，更需要在体制机制上配备配套措施。这里面，涉及员额制改革在破产审判中的适用、破产法官的选任、考核、待遇等，都需要在现有司法政策之外寻求“特区”，但这在多大程度上能够获得同行和决策者支持，同样让人好奇和期待。

更宏观的问题在于，设置破产法庭之举，也需要妥善解决破产司法与破产行政的关系问题。对此，各地都在探索联动机制解决，但这种解决方案不得不因人而异、因地而异、因时而异，难以给债务人、债权人提供稳定预期。

作为学者，我个人对破产法庭的设置，表示审慎地欢迎。之所以审慎，既由于破产法庭具体情况公开的信息有限，更是由于破产法庭的未来，需要澄清的地方甚多。那么，破产法庭的未来会如何？对此问题，需要司法改革的决策者能够更为开放地集思广益，寻求中国破产司法的“最佳实践”方案。

（本文 2019 年 2 月 8 日首发于澎湃新闻财经频道“澎湃商学院”栏目。）

破产大案为什么喜欢“选择法院”？

2019 年 7 月 19 日，针对地方试点个人破产问题，我曾写过一篇《地方“试点”个人破产宜缓行》。在该文中，我提出，在制度供给缺位、地方创新冲动强烈的背景下，地方在个人破产法构建中努力应该尊重，但并不值得鼓励。兹事体大，利害攸关，这里继续申说。

地方能否“试点”个人破产的问题，归根结底还是破产法视角下如何处理中央和地方关系的问题。而且，从破产法角度看中央和地方关系，个人破产问题不少，企业破产同样也问题如山。今天，我们就来谈谈破产重整与中央和地方关系。

安然公司破产案，为我们展开这个问题提供了绝佳的视角。2001 年 12 月 2 日，星期天，位居美国企业 Top10 的安然公司，通过互联网突然向美国纽约南区破产法院提出破产保护申请。鉴于安然公司身陷财务造假丑闻且不可自拔，其破产并不让人意外；但让人大跌眼镜的，是安然公司在申请破产前，处心积虑的“临门一脚”，精心选择了心仪的破产法院。

安然公司是一家在得克萨斯州休斯敦市登记的能源企业，其总部安然大厦也在休斯敦。当然，包括董事会主席肯尼斯·赖（Kenneth Lay）在内，2 万多员工都在 50 层高的安然大厦里努力工作。得克萨斯南区破产法院，距离安然大厦不过 7 个街区。无论是从地理还是常理，安然公司在得克萨斯南区破产法院申请破产，都名正言顺。

但是，安然却选择在纽约南区破产法院提出破产申请。在纽约，安然子公司的员工仅 57 人；纽约南区破产法院，距离安然公司 1600 多英里。更让读者拍案惊奇的是，纽约南区破产法院居然安之如饴地启动破产程序。这样的破产申请，也实在太任性了吧？

《华尔街日报》两位记者斯密斯和埃姆什威勒，在后来完成的《24 天：安然垮台真相》一书中指出，早在 2001 年 10 月，安然公司就在准备破产事宜，只不过戴能杰收购拖延了这一进程；当戴能杰收购进入死胡同，安然立刻准备启动破产程序。这本书中写道，“安然的主管们希望成为此案中第一个诉诸法庭的公司，这样就可以在出庭地点的选择上有一些主动权。纽约处理过很大的破产案，所以安然认为那里的法庭在审理上，比之那些夹在所有愤怒的将要失业的安然员工中间的休斯敦当地的法庭，会减少一些被感情左右的不利因素”。2001 年 12 月 2 日 14 时，安然公司在网上向纽约南区破产法院提出破产保护申请。

通过此举，安然成功地暂时实现其核心目标，即通过申请美国破产法第 11 章重整程序。按照美国的法律设计，重整程序旨在拯救企业，债务人将有机会就清偿方案与债权人展开谈判，并根据谈判结果主动提出重整计划草案。重整程序可以尽最大限度保留原有管理层，尽可能阻止或者拖延外部力量对公司内部的调查。正如《24 天：安然垮台真相》所写，无论是重整还是破产清算，“不管采取哪种形式，像安然这样的巨型公司，整个破产的处理过程，怎么也得折腾上个几年时间”。

安然公司的债权人，对此当然极为不满，随即向纽约南区破产法院提出动议，要求向得克萨斯南区破产法院移交管辖权。此举遭到主审法官阿瑟·贡萨雷斯（Authur J. Gonzalez）的驳回。

不仅如此，面对不少债权人请求指定管理人的动议，贡萨雷斯法官干脆无限期推迟相关听证会。而在推迟期间，法院主导各方达成协议，安然管理层在部分更换后留在原位置，甚至领取了总计 5000 万美元的留守基金。肯尼斯·赖也选出心仪的转机管理专家斯蒂芬·库珀（Stephen Cooper）作为自己的继任者，出任破产程序中安然公司的 CEO。此后，指定管理人的动议自然被法院驳回……最终，肯尼斯·赖成功金蝉脱壳，纽约南区破产法院也再度夯实其作为债务人企业管理层“保护伞”的形象。后来，尽管安然公司面临包括国会在内的调查，前安然副主席巴克斯特也在 2002 年 1 月 25 日选择自杀，审计公司安达信在销毁证据后受到刑事检控，肯尼斯·赖尽管被公众与本·拉登相提并论为布什总统“最该抓获的人”，但截至2003年夏天，肯尼斯·赖“和他的太太还在城里，有时候一起出席晚会，有时候去橡树河区的乡间俱乐部打球。他们看上去过着闲散舒适的生活”……

安然破产案的上述争议，本质上是“选择法院”（forum shopping）。“选择法院”问题，在破产司法领域并不新鲜，但在1978年美国破产法改革尤其是成立破产法院之后，这个问题却大有愈演愈烈之势。法院的核心目标是输出正义，破产法领域同样需要破产法院输出破产法意义上的正义。在一个高度市场经济本位的破产市场，给予破产程序参与各方更多的选择权，包括允许并鼓励其在合法的框架内“选择法院”，这似乎无可厚非。

破产程序中不同参与方对“选择法院”的趋之若鹜，既囿于美国破产法宽松的管辖权规则，更是基于其各种各样的利益诉求——

站在债务人的角度，破产法院能否成为管理层的“保护伞”，或者说能否尽可能适用“债务人经管”（Debtor - in - possession），就成为债务人企业“选择法院”的核心目标。按照《美国破产法》，“债务人经管”制度是其常态，也往往是诱导债务人申请破产的核心因素。选择“债务人经管”制度后，公司原有经营管理一如既往，基本不受大的影响，也不需要面对外部管理人刨根究底的调查，像安然公司这样丑闻缠身的管理层自然更容易躲开调查。而更重要的是，按照“债务人经管”模式，在180天的时间内，债务人企业有排他性的提出重整计划草案的权力；包括债权人在内，在这期间适用自动中止制度，对债务人企业无法做任何实质性的干预。由此，这项权力也成为债务人的管理层与债权人就债务削减谈判，甚至胁迫债权人就范的“尚方宝剑”。

在20世纪90年代，特拉华破产法院一度是债务人申请破产的首选。但随着特拉华破产法院案多人少，对大案要案的吸引力逐渐消退，这给包括纽约南区破产法院在内的后起之秀可乘之机。特拉华破产法院和纽约南区破产法院可谓破产领域的泰山北斗，除此之外其他破产法院也对大案要案管辖垂涎三尺。

安然公司管理层处心积虑地选择在纽约提出破产申请，正是因为纽约南区破产法院从2000年开始后来居上，一举成为美国名副其实的“破产之都”：该法院大案要案扎堆，法官见多识广；纽约地区破产执业者高手如云，总有一款适合你；在以往的大案要案审理中，纽约南区破产法院对债务人企业管理层一向以友善著称……这些因素让大型债务人企业在“选择法院”时，对“破产之都”趋之若鹜。正如《24天：安然垮台真相》所写，“安然意识到自己在老家已经没有任何主场优势了”。

除债务人企业的管理层外，其他破产程序参与方，对于“选择法院”也各有心思。债权人“选择法院”，当然更注重的是债务清偿率，还有法院对债权人意见的尊重程度。而管理人“选择法院”，特别关注两点：一点是相关法院大案要案多不多，更多的大案要案，意味着更高的管理人报酬；另一点则是更注重法院对管理人报酬的打折程度：打折幅度越大，管理人就越避之唯恐不及；打折幅度越小，管理人当然就越趋之若鹜。在一个高度技术化、专业化的破产服务市场中，总有人能够提供具有市场竞争力的法律服务，实现客户利益的最大化；在破产案件开始前精心“选择法院”，就像刑事案件中精心选择陪审员一样，成为胜诉与否的绝佳保障。

退一步说，在美国，破产法院自身也有强烈的被选择动机。洛普基教授在其大作《法院的失败：大案竞争如何腐蚀破产法院》（Courting Failure：How Competition for Big Cases is Corrupting the Bankruptcy Courts）一书中，就提及破产法院的法官会基于如下理由，千方百计吸引大案要案：其一，个人因素，即破产法官喜欢审理大案要案时的权力感。一纸裁定即可左右动辄上百万、上千万乃至数以亿计的债权归属，法官无疑是破产程序中最有权力的太上皇。其二，光环因素，即与权力相伴而生的名人效应。因为大案而吸引的媒体关注，会将审理该案件的破产法官塑造成声震寰宇的明星法官。明星法官自然会有更多的演讲、获得荣誉和接受采访的机会。即便明星法官驾鹤西归，相关判决的里程碑意义也足以使其百世流芳。其三，社群因素，即破产法官产生于当地破产执业团体，而且其一个任期只有14年，需要考虑连任问题。据统计，在1998~2002年，美国破产法官连任的比例低于92%。对任何处于第一个任期的破产法官，超过8%的淘汰率，都是一柄悬在头上的达摩克利斯之剑。而法官连任与否，完全取决于破产法官与其所在破产执业社群的和谐程度，大案要案必然会成为破产法官和当地破产执业者群体的润滑剂。

应该说，“选择法院”既是破产法实施本身市场化的体现，也是美国破产制度进化过程中一个始料未及的现象。纵观美国史，无论是殖民地时期还是邦联时期，各殖民地（邦）都互相独立，包括司法裁定之内，互相很难承认和执行。这一历史事实，为债务人逃废债，提供巨大的舞台。正因如此，按照查尔斯·比尔德的《美国宪法的经济观》，以债权人利益为代表的参与美国制宪会议的先贤们，最终在1787年美国《宪法》中，写入“破产条款”，将破产法的立法权保留在联邦中央。考虑到各州有自己的宪法、刑法、公司法、财产法等几乎所有法律，各州可以自由选择死刑存废、枪支管制甚至同性婚姻，“破产条款”的入宪确实是一个革命性的立法。按照我的论文《美国宪法“破产条款”入宪考》，尽管“破产条款”入宪极为偶然，但确实有其内在逻辑和动力。而且，这一革命性的立法，后来也得到澳大利亚宪法等的移植。由此足以说明，“破产条款”入宪本身，确实为从宪法层面，为处理破产法中的中央和地方关系，提供一个优质范本。

如果说“破产条款”的入宪本身，已解决破产法与宪法对接这一现代化问题，但“破产条款”的入宪本身，并不能一劳永逸地终结该问题。或者说，我们现在面临的问题是一个后现代的问题：“破产条款”的入宪，并未终结破产法层面中央和地方关系面临的挑战。实践中“选择法院”的大行其道，可能使破产法层面对于中央和地方关系的处理，面临新的挑战。新挑战当然需要新对策，美国破产界同行也还在探索。

这个问题，对于我们这样一个处于前现代的破产法体系，从未雨绸缪的角度具有很高的参考价值。相比于美国相对宽泛的破产案件管辖权规则、相对独立的破产司法体系、相对专业的破产服务市场，我国破产法从立法到实施，还有很大的进化空间。长期以来，《企业破产法》第3条设定的债务人住所地管辖权规则，苛刻而死板，司法和实务界均受困于该规则良多；在关联企业破产语境下，这一规则不仅无助于问题解决，反而可能产生更多的问题。在可以预见的将来，采取更为宽松的管辖权规则，可能是我国破产法改革的方向。也就是说，在不远的将来，我们同样会面临“选择法院”这一后现代问题：法院对破产案件受理标准的宽松与否、法院是否尊重债权人会议决议乃至是否偏好强裁、法院是否喜欢对管理人报酬打折、法院以往案件对债务人的宽容程度、法院对债务人经管的偏好、法院对共益债务的认定、法院与管理人群体的和谐度、法院与地方政府的联动程度等，都可能成为参与破产程序各方“选择法院”的因素。

反过来，随着清算与破产审判庭的普遍设立以及北京、上海和深圳破产法庭的设立，破产司法体系的专业化、独立化程度可能会越来越加强，这也意味着不同地方法院也可能会面临一定程度的案源竞争、大案竞争，或者说渴慕成为破产程序不同参与方“选择法院”的首要候选目标。

到时候，中国的“安然”和“肯尼斯·赖”们，又会往“选择”哪个法院呢？这真是一个幸福的烦恼。

（本文2019年9月9日首发于澎湃新闻财经频道“澎湃商学院”栏目。）

陪审制与破产审判：剪不断，理更乱？

最近，何帆翻译的著名律政电影《十二怒汉》剧本中译本，由译林出版社出版。可以说，因了这部电影，美国的陪审制度在全世界范围一直广受关注，该书的出版显然会为陪审制的风靡锦上添花。站在破产法学者的角度，我好奇的是，陪审制与破产审判之间，究竟有着什么样的关系？

在小戴维·斯基尔《债务的世界：美国破产法史》中译本“序言”和“导论”中，斯基尔两度提到了德士古公司破产案：

1987 年，德士古公司（Texaco）申请破产。当时，其拥有约 250 亿美元的净资产。就在两年前，因为德士古在宾州油品公司（Pennzoil）收购盖蒂石油公司（Getty Oil）的非正式协议中从中作梗，德士古被陪审团判处赔偿宾州油品公司 105.31 亿美元，这是当时赔偿数额最大的陪审团判决。当德士古申请破产时，人们还是根本不相信这个石油巨头真的会倒逼，也没人相信其资产会随风而逝。然而，德士古抢先申请破产，以阻止宾州油品公司执行这个判决，并迫使宾州油品公司与其达成和解。最终，德士古依靠这个策略取得了成功。两年后，德士古又从破产程序中走了出来。

这段话讲述了一个由于陪审团裁定导致破产申请的事件。但显而易见，这只是个案层面陪审制与破产案件之间的偶然联系。

事实上，美国陪审团对破产体系的影响，并不仅仅停留在个案层面。比如在 20 世纪 20 年代末，一个联邦大陪审团的报告，将人们对纽约“破产帮”的不满与愤懑，全部公诸舆论。按照该报告，当时纽约的破产执业环境，充斥着“代理律师、财产管理人、托管人、资产评估人、监管人、拍卖人，以及美国联邦地区法院内部或者其管线范围内的其他个人、协会或者公司严重滥用职权并玩忽职守”。由此，纽约市律师协会委托威廉 · 多诺万上校，启动了对破产行业的大调查。多诺万在检查了 1000 多个案卷、调查近 4000 人之后，最终在 1930 年发布“多诺万报告”。根据该报告，有 12 位破产律师受到指控，有的潜逃并自杀，有的承认有罪并被判刑，还有人被迫退出纽约律师协会并被剥夺律师资格；除律师界，政府机构也有拍卖人和监管人受到指控，破产记录办公室有职员被开除甚至试图自杀；在司法界，调查期间即有法官辞职。这份由大陪审团报告引发的黑幕调查，最终触发美国破产法体系在 20 世纪 30 年代的革命。

一份大陪审团的报告，引发美国朝野各方对“破产帮”的围剿，同时也为美国破产法体系革命性的变化带来契机。如今，美国破产法在全球范围内如日中天，这种大陪审团掀起的“扒粪行动”，可以说功不可没。

但是，美国陪审制与破产审判之间的关系，如果仅仅停留在这个层面，依旧显得外围、偶然。两者之间有没有更紧密的关系？或者说，我们可不可以进一步追问：破产审判到底应不应该有陪审团的参与？

我相信绝大部分破产法领域的读者，一定会对这个问题感到讶异，甚至会感觉不可理喻。在破产圈内部看来，破产审判就是法官席上的桂冠，能够从事破产审判的法官，纵然不是三头六臂，但说其才高八斗、学富五车，绝大部分破产法官都会笑眯眯地笑纳这顶高帽子。舆论总会强调破产审判的特殊性、复杂性甚至神秘性，既在同行中制造优越感，也以这种话语策略来向“上面”要政策、要待遇。

这话，可不全是我说的。波斯纳在其《各行其是》“引论”中，就狠狠地揶揄了司法界的“装作”：绝大部分法官都是以整体和直觉的方式评审案件，得出初步结论，然后用严格的技术性法律分析该结论；而为维持司法职业的优越感，法官会用神秘感来作为其终极防身密器。波斯纳写道：“法律是个严密学科，值得敬畏并伴随有神秘装饰，这类说法都是法院系统大力推销的说法，也是许多法官自吹自擂的信仰。其实都是假的……”

鉴于此，我相信绝大部分破产法官第一反应，都会将陪审制拒之门外。毕竟陪审制的本质，是在审判过程中引入毫无法律知识背景的普通人，让普通人依据理性和常识，来就民事、刑事案件中罪错问题作出判断，作为法官追究具体责任的原点和依据。显然，陪审制的草根特色，与破产法官精英化的自我期许大相径庭。陪审团能懂什么破产？站在破产法官的角度，陪审团显然离得越远越好。

然而，破产案件审判究竟要不要引入陪审制，在美国依旧是个值得探讨的问题，并无定论。爱泼斯坦等著的《美国破产法》最后一节中，就专门讨论过陪审制与破产审判的结合问题。按照美国的司法体制，破产立法乃至破产法院系统的设立，既源于美国联邦宪法中的“破产条款”，更源于衡平法传统；而在衡平法传统下，审判不需要陪审团的参与，当事人也没有权利要求引入陪审团。但是根据1898年《破产法》，当时的破产法院在没有经过当事人一致同意情况下，仅享有简易管辖权，不得就案件展开正式审理，而正式审理则需要由州法院、联邦法院而非破产法院来审理，——一旦案件进入州法院、联邦法院，则破产案件与其他民商事案件无异，既适用所有的民事诉讼规则，当事人当然可以请求陪审团参与审判。而1978年《破产案》颁布后，正式管辖和简易管辖的差异消失，所有先前由联邦法院或州法院审理的破产案件，都交由破产法院审理。但即便在这种情况下，国会依旧规定，该《破产法》并不影响任何由陪审团审判的权利。接下来数十年间，美国司法系统尤其是最高法院，通过一系列判决，尤以1989年Granfinanciera v. Nordberg案为代表，对破产案件适用陪审团审判的问题做出倾向性结论：破产程序中的债权人提起的大部分诉讼，都不需要陪审团参与审判，但并不绝对排除；而债务人自动申请的破产案件，则不得要求陪审团参与审判。

哎呀呀，陪审制与破产审判之间的关系，真是剪不断、理更乱。读者诸君，你觉得呢？

（本文首发于《法制日报》2018年3月14日，第12版。）

后记

这本小册子，是我2016～2019年，在不同媒体所发表破产法相关文章的汇集。这些文章不仅在媒体发表过，也在“破产法快讯”微信公众号推送过。因此，读者朋友们如果不是因为对书香的偏好或者其他因素，大可不用为本书破费。

当然，这只是客套。尽管因为上述发表和传播，每篇文章基本已达到其传播力的最大值，但我仍然十分郑重其事地将这些文章汇集成册。夸张地说，对于我来说，每一篇文章都像自己的孩子；汇编出版，更感觉像是把流落四面八方的浪子们，召集回家。纵然所谓的区块链有着更永恒的魔力，但我始终觉得，任何文字，只有印成书籍，才会获得神圣感，也才会在尘世中获得永久的生命力。

这本书里的文章，大部分发表在我在不同媒体前后开过的几个专栏。其中一个，是曾在《法制日报·法学院周刊》开设的专栏“破产法札记”；另一个，是在“澎湃”新闻财经频道“澎湃商学院”开设的专栏“破产法的温度”。当然，还有个别篇什，出自曾在《法治周末》开设的专栏“方寸正义”。此外，部分文章散见于《民主与法制》《新京报》《大众日报》及“经济观察网”等媒体和平台。

写专栏听起来很光鲜，实际上是吃力不讨好。按照现在的学术评价规则，衡量学者的优劣与否，完全看发论文、拿课题。这两个事，恰恰都是我极其不擅长的。就现有学养而言，我远远达不到做大学问的火候，所以我乐于且只能躲在这些专栏堆砌的纸中城邦里，偷看这个有趣的破产法世界。跟学术论文比，专栏更让我甘之如饴。在学术花园里，既需要主题景观花团锦簇，也需要犄角旮旯里自生自灭的野百合。

在瞬息万变的历史性进程中，破产界既需要坚守也需要创新，既需要呐喊也需要批评。作为学者，尽管学力尚浅，但毕竟言责在身，该是则是，该非则非，嘘声掌声在所不问，鲜花荆棘随他去罢。纵然处江湖之远，但总有一种忍不住的关怀需要诉诸笔端，总有一种不得不说的激扬需要直抒胸臆。专栏可长可短，亦庄亦谐，似乎特别适合我这样的讷言者。我喜欢信马由缰地让思绪在笔端纷飞，有时“指点江山，激扬文字”，有时“谈笑间，樯橹灰飞烟灭”。当然，我最喜欢的，还是把这些文章带来的微薄稿费，换成一瓶瓶比利时精酿，填充每天晚上雷打不动的快乐时光。

在转型中国，破产法本身尚属于“小偏高冷”学科。尤其是谈“破”色变的文化背景下，破产法总是被避之唯恐不及，甚至酒酣神游，我也常有“但愿世间人无病，何惜架上药生尘”的悲悯感。这当然是一种对破产法的误解。破产法绝非不食人间烟火，破产法的世界也绝非“冷冷清清，凄凄惨惨戚戚”。以我观“破”，万物皆着“破”之色彩。在我看来，破产法既关乎宏观政策的方向，也关乎市场主体的生死，更关乎普罗大众的幸福。因此，我更乐于持之以恒地追寻破产法的温度。这也是专栏名称和这本小册子书名的由来。

专栏有点像职业足球联赛：如果想要获得赛季冠军，既需要球队上下同欲，更需要漫长赛季里持续稳定发挥，在享受胜利、接受平局和面对失败的交织中，全力争取下一场比赛的 3 分。唯其如此，球队才会在赛季末达到积分榜最高位置，否则幸运则平庸保级，不幸则直接降级。写专栏有点这个感觉。尽管已经殚精竭虑，但我没法保证每篇文章都是上乘之作，没法承诺每一篇文章都完美无缺，我唯一能做的，就是尽力让每篇文章都维持在我、媒体编辑和读者都能接受的水平。正因如此，这些文字因为学力所限或者时间紧迫，落笔难免潦草，行文不免仓促，甚至因为信息和认识的变化，也想部分修正甚至彻底改变自己的观点。不过整体而言，差强人意，还不到完全让自己悔其“旧”作的程度。现在汇集成册，恰如赛季结束，究竟是夺冠、N 大皆空、保级还是降级，读者你说了算。

就书稿编排方面，我并没有按照发表时间先后顺序编排。按照编年史的方式排列，优点是时间清晰，但缺点是主题混乱。这些文章，本来就不是系统思考的结果。这些文章，大多数都源于会议间隙或差旅途中的灵光乍现，也都紧扣其时破产法相关新闻或热点。正因如此，这些文章难免会有特定语境和时代痕迹。在编订成书过程中，我一仍其旧，尽最大可能保持这些文字的历史原貌，并通过标注首发媒体和日期，为读者理解这些文章的历史性暗示时间信息。

上述这一切努力，只是因为想让你在茫茫书海中，多看“她”一眼；而且，再也不要忘记“她”的容颜。

就其本质而言，破产法是商业世界里集中清理债权债务的艺术。但这本小册子，却让我成为一个道德意义上的债务人。这种债务，恰恰是破产法的死角。这种世俗之法万难清理的债务，远非“感谢”二字所能尽述；但这里的致谢，无疑会让我内心的亏欠感略有减少——

感谢中国政法大学终身教授江平先生。十多年前，机缘凑巧，让我有机会协助先生整理其口述自传《沉浮与枯荣：八十自述》，后来又完成《出没风波里：江平和他的时代》。江平先生以他 90 多年的人生经历，不仅留下一部编年史，更留下一种“只向真理低头”的精神。我永远达不到这种境界，但虽不能至，心向往之，我希望能够尽可能秉持这种精神，在破产法领域努力耕耘。先生府上有《法制日报》，这本小册子里部分文字在“破产法札记”专栏发表时，他每期必看，我们常有讨论。这种来自前辈的关注，既让我紧张，也让我努力。而且事实上，也是先生最早提议将这些文字汇集成册。这本小册子，可以视为江平先生布置、我完成的一份作业。

感谢中国政法大学破产法与企业重组研究中心李曙光教授。也许是冥冥之中的缘分，2001 年 10 月 17 日中国政法大学破产法与企业重组研究中心成立时，当时刚上大二的我，有幸以《中国政法大学》校报记者身份躬逢其盛并发表报道。6 年后，蒙李老师不弃，我有幸成为“曙光名门”一员，多年来得到老师悉心指导，至今依旧在徜徉老师和众多优秀同门共同营造的大家庭中，乐不思归，永不毕业。坦率说，当年之所以拜入曙门，并非因为我对破产法有多热爱，而是因为李老师和几位同时代法大青椒们曾在《中国政法大学》校报开设专栏“人文札记”，令后来如我者神往。这个专栏持续时间不短，不仅是校报编辑部的传奇，也成为法大校史上一段流光溢彩的记忆。距离我初次阅读李老师的文字，时隔近 20 年，但那些文字背后的思想、文采和情怀，至今依然历历在目；我也常常奢望，假以时日，我的文字也能够给读者带来这种被击中的感觉。这本小册子，可以视为沿着“人文札记”的余绪，向老师学习和致敬之作。

感谢邀约和编发这些文章的蒋安杰、蔡军剑、宋学鹏、武杰、计伟民、李晓丹、李冰冰、李檬等媒体界朋友。要没有绵延不绝的供稿压力，还有这些编辑朋友们温柔但坚定的督促，很多灵感估计都停留在脑海中，并且一定会在各种冗务和惰性中消弭于无形。从这个意义上，这些媒体界朋友才是催生这些文章和这本小册子的幕后高手。

感谢知识星球“破产法百家谈”的星友们。收录在这本小册子里的文章，绝大部分都在完成初稿后就在“破产法百家谈”分享，让星友们尽可能提前地先睹为快，作为我给星友们微不足道的回馈。从这个意义上，“破产法百家谈”的星友们，是这些文章最早的读者。

感谢贺丹师姐和“破产法快讯”公号编辑部过去三年的历届编辑们。收录在小册子中的这些文字，除首发媒体外，都通过“破产法快讯”与破产界的读者见面。从这个意义上，“破产法快讯”既像这些文章零存整取的银行，更像一个临时栖息的港湾。

感谢法律出版社法商分社薛晗、田浩等编辑团队。我们的合作，始于《破产法信札》，继于“破产实务前沿”系列出版物。这本小册子，既是过往合作的延续，也是未来合作的起点。

感谢我在中国政法大学指导的研究生林可非和郭书池同学。她们花费不少时间，将这些文章汇集成册并精心编校。这本小册子，是她们研究生阶段学习破产法的起点，可能也是帮她们打开破产法世界的一把钥匙。

最后但最重要的感谢，给家人海艳、斯荷、亦荷。因为这些文章的写作，更因为我天生劳碌、不事家务，这几年跟她们真正在一起的时间很有限，亏欠太多。我愿意把这本小册子在精神上献给她们；当然如果有读者诸君垂青，这本小册子的物质收入我也会一分不少地补贴家用。

陈夏红

2020 年 8 月 7 日定稿于京郊昌平